旅游管理/酒店管理专业　理实一体化教材

餐饮市场营销
（第2版）

主　编　陆　朋　王立宝　董　硕
副主编　王成贵　陆相林　何　静

企业管理出版社
EMPH ENTERPRISE MANAGEMENT PUBLISHING HOUSE

图书在版编目（CIP）数据

餐饮市场营销：第 2 版 / 陆朋，王立宝，董硕主编 . -- 北京：企业管理出版社，2021.1
ISBN 978-7-5164-2194-9

Ⅰ . ①餐…　Ⅱ . ①陆…　②王…　③董…　Ⅲ . ①饮食业—市场营销学—高等职业教育—教材
Ⅳ . ① F719.3

中国版本图书馆 CIP 数据核字（2020）第 149988 号

书　　名：餐饮市场营销（第 2 版）
作　　者：陆　朋　　王立宝　　董　硕
责任编辑：寇俊玲　　黄　爽
书　　号：ISBN 978-7-5164-2194-9
出版发行：企业管理出版社
地　　址：北京市海淀区紫竹院南路 17 号　　　邮编：100048
网　　址：http：//www.emph.cn
电　　话：编辑部（010）68701638　发行部（010）68701816
电子信箱：qyglcbs@emph.cn
印　　刷：北京虎彩文化传播有限公司
经　　销：新华书店
规　　格：185 毫米 × 260 毫米　16 开本　17.25 印张　378 千字
版　　次：2021 年 1 月第 1 版　　2024 年 7 月第 5 次印刷
定　　价：58.00 元

前言 PREFACE

21世纪的中国旅游业充满了生机和活力，酒店业作为旅游业支柱产业之一，也得到更加广阔的发展空间，同时也遭遇更加严峻的竞争。面对机遇和挑战，旅游酒店企业经营管理的状况成为企业成功与否的关键。

企业市场营销活动能够顺利、有效地开展，需要优秀的市场营销管理者和工作人员，本书旨在培养符合旅游酒店及餐饮企业发展需求的营销人员，以适应21世纪旅游和饭店业的发展。本着为我国餐饮业的实际人才培养提供理论依据和技能指导的初衷，我们以学生就业为指导，以培养学生能力为核心，在长期从事本课程教学和研究的基础上，广泛吸收新观点、新思想编写了这本教材，作为高等院校旅游管理/酒店管理专业理实一体化教材之一。

《餐饮市场营销》（第2版）的创新点在于：针对餐饮市场营销教学的特点及学生就业岗位需要，以管理理论为指导，根据饭店餐饮市场营销的客观规律，将市场营销理论与餐饮市场运作特点紧密结合，按照餐饮市场营销实际经营活动过程，选择餐饮营销活动中的典型工作任务及必备能力设置学习项目和任务，以当前最新最实用的管理方法为主要内容，增强教学内容的实用性，既培养了学生的营销服务技能，又为学生将来的发展培植了理论基础。本书既是高校旅游管理与酒店管理专业的教学用书，又可以作为酒店行业人员培训和工作参考用书。

在内容上全书共设置学习项目13个，包括餐饮市场营销概述、餐饮市场营销环境分析、消费者购买行为分析、餐饮市场调研、餐饮目标市场营销、餐饮产品策略、餐饮产品价格策略、餐饮营销渠道策略、餐饮促销策略、餐饮营销策划方案设计、餐饮服务营销、客户关系管理、餐饮营销人员能力素质训练。

本书由河北师范大学旅游系陆朋、王立宝、董硕担任主编。参加本书编写的撰稿人及其分工如下。

项目一：董硕，河北师范大学旅游系；

项目二：冀静，河北传媒学院；

项目三：何静，济南市技师学院；

项目四：王静，河北科技学院；

项目五：陆相林，石家庄学院经济管理学院；

项目六：王立宝，河北师范大学旅游系；

项目七：鲍晓宁，河北传媒学院；

项目八：徐璐，怀来职业技术教育中心；

项目九：杨士英，河北科技学院；

项目十：朱继磊，石家庄邮电职业技术学院；

项目十一、十二、十三：陆朋，河北师范大学旅游系。

本书在编写过程中，参考了许多同人的观点和已出版的教材，对于在编写过程中给予支持和帮助的有关人员深表感谢。本书是各高等院校相关专业教师倾力合作与集体智慧的结晶，但由于水平所限，且时间仓促，书中难免有疏漏之处，恳请读者提出宝贵意见，以便修改完善。

本书还配备了电子教学资料包，包括电子教案、教学指南、练习题答案等，能够为老师授课和学生学习提供诸多便利，请通过以下联系方式获取。

电话：（010）68701408　13261648869 企业管理出版社编辑部

邮箱：qyglcbs@yeah.net

陆　朋

2020 年 4 月

目录 CONTENTS

项目一 餐饮市场营销概述 …… 001

任务一 餐饮与餐饮营销 …… 002
任务二 餐饮营销观念 …… 004
任务三 餐饮营销发展趋势 …… 008
任务四 餐饮营销组合 …… 018

项目二 餐饮市场营销环境分析 …… 024

任务一 餐饮市场营销宏观环境分析 …… 025
任务二 餐饮市场营销微观环境分析 …… 032
任务三 餐饮市场环境综合因素 SWOT 分析 …… 036

项目三 消费者购买行为分析 …… 043

任务一 消费者需要理论 …… 044
任务二 消费者餐饮需求特点及发展趋势 …… 045
任务三 餐饮市场需求与需求预测方法 …… 048
任务四 餐饮消费者外出就餐的动机分析 …… 050
任务五 餐饮消费者购买行为的内容及模式 …… 053
任务六 影响餐饮市场顾客消费行为的主要因素 …… 056

项目四 餐饮市场调研 …… 064

任务一 餐饮市场调查方案设计 …… 065
任务二 餐饮市场调查问卷设计 …… 075
任务三 餐饮市场调查报告的撰写 …… 079

项目五 餐饮目标市场营销 …… 094

任务一 餐饮市场细分 …… 095
任务二 餐饮目标市场选择 …… 103
任务三 餐饮市场定位 …… 108

项目六 餐饮产品策略 …… 125

任务一 餐饮产品概述 …… 126
任务二 餐饮产品生命周期 …… 132

任务三　餐饮产品组合 …… 137
任务四　餐饮新产品开发 …… 141

项目七　餐饮产品价格策略 …… 148

任务一　餐饮产品价格构成 …… 149
任务二　餐饮产品价格的制订 …… 150
任务三　餐饮产品定价方法 …… 155
任务四　餐饮产品定价的策略 …… 159

项目八　餐饮营销渠道策略 …… 168

任务一　餐饮分销渠道概述 …… 169
任务二　餐饮销售渠道模式 …… 170
任务三　餐饮企业销售渠道选择与评估 …… 175
任务四　餐饮分销渠道冲突及调节 …… 181

项目九　餐饮促销策略 …… 188

任务一　广告促销 …… 189
任务二　人员促销 …… 194

项目十　餐饮营销策划方案设计 …… 202

任务一　餐饮营销策划类型 …… 203
任务二　餐饮营销策划书的种类、结构和内容 …… 206
任务三　餐饮营销策划书的撰写和制作技巧 …… 209
任务四　餐饮营销策划的要点 …… 210

项目十一　餐饮服务营销 …… 222

任务一　餐饮服务营销设计 …… 223
任务二　餐饮服务差距管理 …… 229

项目十二　客户关系管理 …… 237

任务一　餐饮客户关系的建立 …… 238
任务二　客户关系维系与管理 …… 244

项目十三　餐饮营销人员能力素质训练 …… 255

任务一　营销人员能力素质训练 …… 256
任务二　处理顾客异议 …… 262

参考文献 …… 270

项目一

餐饮市场营销概述

学习目标

知识目标

1. 了解餐饮营销的含义；
2. 理解餐饮营销的特点；
3. 掌握餐饮营销观念的发展阶段；
4. 了解餐饮营销的发展趋势。

能力目标

1. 能够运用4Ps营销理念和4Cs营销理念对餐饮企业进行分析；
2. 能够运用理论知识对餐饮企业案例进行理论分析，并且有针对性地对餐饮企业的近期营销重点进行分析。

任务导入

广州清平饭店——百款鸡肴标准化

春节过后，广州清平饭店不以降价竞争，而是从品牌质量入手，并通过挖掘传统与创新，研制出鸡肴100多款。

“清平鸡”是清平饭店的招牌菜。以前顾客反映鸡味有时咸时淡现象。该店为抓好品牌质量，规定“八定”：一定毛鸡质量；二定宰杀标准；三定光鸡、熟鸡停留时间；四定卤水和冷浸汤用料；五定浸制时间和水温；六定每次浸鸡数量；七定加料规律；八定售卖标准及佐料规格。在狠抓质量的同时，该店将传统与创新相结合，运用各种烹饪技巧，用鸡做主料，以海味、果蔬和干鲜货为配料，烹制成鸡肴100多款，并编印出一本鸡肴菜谱，分为八大类：明炉、烧烤、卤味类，汤羹、炖品类，煲仔、锅仔、钵仔类，铁板烧类，风味小厨类，粤菜类，粉面饭类，特色点心类。

任务分析

餐饮营销的特殊性之一是质量的波动性特点，这是由餐饮手工加工的客观实际决定的。餐饮营销过程中强调和实施标准化，是解决这一问题的根本途径。标准化的具体途径有很多，但菜品生产的标准化是最重要也是现阶段最有可能的标准化途径之一。广州清平饭店的做法是将其拳头产品“清平鸡”的加工过程进行详细分解，对每一道工序都规定了具体的标准，并找出了关键的质量环节。通过实施标准化的制作和管理，有效地解决了顾客反映的时咸时淡的问题。

餐饮企业的营销活动是在特定的餐饮企业营销观念指导下进行的，它概括了一个餐饮企业的经营态度和经营方式。餐饮企业营销观念的正确与否直接影响餐饮企业营销战略和策略的制订，制约着餐饮企业、顾客和社会三者的关系，关系到餐饮企业经营的开拓，只有了解了现代餐饮企业营销观念的转变过程，树立正确的营销观念，才能在激烈的市场竞争中立于不败之地。

知识准备

任务一　餐饮与餐饮营销

自改革开放以来，我国餐饮业初步形成了投资主体多元化、经营业态多样化、经营方式连锁化、品牌建设特色化、市场需求大众化、从传统产业向现代产业转型的发展新格局。当前我国餐饮业发展正处于最好的时期，呈现出蓬勃发展的良好态势。国家统计局数据显示，2017 年中国餐饮行业收入达到 3.96 万亿元，较 2016 年上涨 10.7%，占 GDP 的 4.8%。2018 年，中国餐饮行业收入达到 4.27 万亿元，同比增长 9.5%。随着近几年餐饮行业收入的连续增长，使得整个体量达到 4 万亿元的规模，推动了整个餐饮业更加成熟和规范化。

一、餐饮的含义

餐饮，词面上有两个含义，《辞海》解释：餐为“饮食”，饮为“喝”、为“饮料”。中国古代指餐饮为“饮食”，是最恰当了。因为食指“吃”，也指“食物”，饮指“喝”，又指“饮料”，故“饮食”也就是“喝酒（古时除水以外，酒是主要饮料）、吃食物”。

在改革开放之前，中国的酒楼称为饮食店，餐饮业称为饮食业。随着饭店的增多，新词汇的丰富，诞生了“餐饮”一词。又据说餐饮来源于餐馆（Restaurant）一词，按照法国百科大辞典的解释，是使人恢复精神与气力的意思。顾名思义，可以帮人恢复精神、缓解疲劳的方法，不外乎进食和休息。于是人们开始以 Restaurant 为名称，在特定场所提供餐食、点心、饮料，使客人在此场所中得到充分休息、恢复精神，在这种方式下进行获利，这就是西方餐饮的雏形。

由此可见，餐饮业是一个历史悠久的行业，是指利用餐饮设备、场所和餐饮原料，从事饮食烹饪加工，为社会服务的生产经营性服务行业。古今中外，餐饮业为客人提供饱食就餐服务的社会职能并没有改变。随着人类社会生产力的迅速发展，人民生活水平的不断提高，在各个领域的交流日益频繁，家务劳动社会化程度日益提高，旅游和休闲的日程增加，现代餐饮业也发生了极大的变化，正朝着设备先进、环境优美、产品特色突出、服务质量优良的方向发展。同时餐饮的发展也反映着一个地区或国家在开发和利用自然资源方面的能力，标志着一个国家和民族的物质文明和精神文明程度。

小知识 国民经济行业分类（GB/T 4754—2017）

按照国家统计局2017年国民经济行业分类与代码（GB/T 4754—2017），餐饮行业类型划分如表1-1所示。

表1-1 餐饮行业类型

代码				类别名称	说明
门类	大类	中类	小类		
H	62			餐饮业	指通过即时制作加工、商业销售和服务性劳动等，向消费者提供食品和消费场所及设施的服务
		621	6210	正餐服务	指在一定场所内提供以中餐、晚餐为主的各种中西式炒菜和主食，并由服务员送餐上桌的餐饮活动
		622	6220	快餐服务	指在一定场所内或通过特定设备提供快捷、便利的餐饮服务
		623		饮料及冷饮服务	指在一定场所内以提供饮料和冷饮为主的服务
			6231	茶馆服务	
			6232	咖啡馆服务	
			6233	酒吧服务	
			6239	其他饮料及冷饮服务	
		624		餐饮配送及外卖送餐服务	
			6241	餐饮配送服务	指根据协议或合同，为民航、铁路、学校、公司、机关等机构提供的餐饮配送服务
			6242	外卖送餐服务	指根据消费者的订单和食品安全的要求，选择适当的交通工具、设备，按时、按质、按量送达消费者，并提供相应单据的服务

续表

代码				类别名称	说明
门类	大类	中类	小类		
		629		其他餐饮业	
			6291	小吃服务	指提供全天就餐的简便餐饮服务，包括路边小饭馆、农家饭馆、流动餐饮和单一小吃等餐饮服务
			6299	其他未列明餐饮业	

二、餐饮营销的含义

餐饮营销是一种交换活动，它在餐饮市场上实现、为以满足市场需求为核心。餐饮营销各环节、各层次的工作都是围绕餐饮市场开展的。餐饮营销是餐饮企业经营管理的核心，它是一个系统的工作过程。

餐饮营销是指餐饮经营者为使顾客满意、为实现餐饮经营目标而开展的一系列有计划、有组织的活动。

三、餐饮营销的特点

餐饮产品在营销时表现出与一般商品不同的特点。

餐饮营销是一种餐饮产品和服务的交换活动，因此是一种社会性的管理活动。

餐饮营销是以满足顾客需要为出发点和归宿点的交换活动，因此如何满足顾客的需要成为餐饮营销的核心。

餐饮营销是一个完整的过程，而不是一些支离破碎的零星活动，更不是零碎的推销活动。

任务二　餐饮营销观念

营销观念被誉为“商业营销之魂”。餐饮企业的营销活动总是在一定的营销观念指导下开展的，餐饮经营的效果受制于经营者所持有的营销观念。了解餐饮营销观念及其演变，对餐饮经营者更新观念、加强营销管理具有重要的意义。

餐饮营销观念是餐饮企业经营管理活动过程中的指导思想，餐饮营销观念随餐饮活动深化发生演变，餐饮企业的营销观念制约着餐饮营销和经营活动的方向、方式和结果。餐饮市场营销经过了以下几个发展阶段。

一、生产观念（Production Concept）

生产观念形成的背景是餐饮产品供不应求，顾客的消费需求在数量上不能得到满足，因此他们的主要兴趣是餐饮产品的有无，会在购买者间形成竞争。对企业而言，生产的餐饮产品没有销售的障碍，它们只关心是否能大量生产出产品，而不用关心顾客是否需要。

（1）生产观念的内容。表现为“餐厅能提供什么就销售什么”，这是一种最古老的营销观念。

（2）生产观念的企业行为表现。这一营销观念指导下的餐饮企业的经营行为，就是想方设法扩大生产能力，大量组织生产。为降低生产成本，获得更大的利润，企业通常会减少产品的品种，增大同种产品的生产规模，取得规模效益。所以，这一时期的餐饮供应品种非常单调，服务项目单一。

二、产品观念（Product Concept）

随着社会生产规模的扩大，餐饮产品的供给数量增加，供求关系得到一定程度的缓和，消费者对餐饮产品的选择要求逐渐增强。他们不再仅仅追求数量的满足，而开始以质量和价格作为选择产品的基础。在这一背景下，企业的经营理念也随之发生变化，产生了产品观念。

（1）产品观念的内容。表现在企业营销者认为“顾客喜欢良好的菜品、设施和服务，因此餐饮企业要做的工作就是提供上述东西”。

（2）产品观念的企业行为表现。持这种营销观念的经营者，会致力于为顾客提供所谓物美价廉的餐饮产品，如注重菜品、服务、设施、环境等方面的改进和提高等。但由于他们没有意识到顾客的需求正在发生变化，没有去关心顾客的需求和愿望，所以很容易导致“营销近视症”的弊端，即餐饮企业迷恋于自己的产品，却看不到市场消费需求的变化；只注重菜品、服务、设施、环境等方面的改进和提高，忽视对需求的研究，缺乏销售推广。事实上，实践很快就证明了，并非物美价廉的产品都是畅销品。

小知识　营销近视症

营销近视症是著名的市场营销专家、美国哈佛大学管理学院的莱维特（Theodore Levitt）教授在1960年提出的一个理论。营销近视症就是不恰当地把主要精力放在产品上或技术上，而不是放在市场需要（消费需要）上，其结果是导致企业丧失市场，失去竞争力。这是因为产品只不过是满足市场消费需要的一种媒介，一旦有更能充分满足消费需要的新产品出现，现有的产品就会被淘汰。同时顾客的需求是多种多样并且不断变化的，并不是所有的顾客都偏好于某一种产品或价高质优的产品。莱维特断言：市场的饱和并不会导致企业萎缩；造成企业萎缩的真正原因是营销者目光短浅，不能根据顾客的需求变化而改变营销策略。

营销近视症的具体表现是：自认为只要生产出最好的产品，不怕顾客不上门；只注重技术的开发，而忽略消费需求的变化；只注重内部经营管理水平，不注重外部市场环境和竞争等。只看自己，不看窗外。

三、推销观念（Selling Concept）

这一市场营销观念产生的直接背景，是生产规模的继续扩大，市场上的餐饮产品供给数量进一步增加，餐饮企业间的竞争日趋激烈，原本较为顺畅的销售环节出现了较大的障碍。实践中，餐饮企业感到光有物美价廉已经不足以实现推销，必须在推销上花很大的工夫才能卖出更多的餐饮产品。此时，餐饮企业担心的已不再是如何大量生产，而是如何推销。此时，有关推销的各种研究应运而生，餐饮企业也很注重推销队伍的建设，销售工作中也非常强调推销。

（1）推销观念的内容。推销观念认为，“餐厅一方面要创新菜品、增加设施、改进服务，另一方面还需加强推销”。

（2）推销观念的企业行为表现。这一阶段，虽然经营者已经认识到，产品的销售有困难，必须在经营中予以重视，但是，餐饮产品出现销售困难的原因，却被认为是因为有太多竞争者的存在，还没有意识到真正的原因来自顾客需求的变化。因此，餐饮企业的一切营销活动，包括打折、赠送或其他促销活动，都只是把产品推销出去了事，而对产品是否满足顾客需求漠不关心，甚至采取不正当的手段侵害消费者利益。所以，推销导向观念的弊端，是没有把顾客需求放在第一位，推销工作只是从自身利益出发，难以形成长期的竞争优势和知名品牌。

四、市场营销观念（Marketing Concept）

市场营销观念产生于 20 世纪 50 年代，它的出现是餐饮企业市场营销上的一场变革。第二次世界大战结束后，在来自顾客和竞争者的双重压力下，企业开始意识到，只有识别顾客需求并满足他们的需求，企业才能够顺利生存和发展。在这个时候，全社会开始以市场营销观念作为其主流市场营销观念。

（1）市场营销观念的基本内容。市场营销观念在餐饮企业经营中表现为以下内容，满足顾客需求是餐饮企业一切工作的核心，企业不是考虑什么可供销售，而是考虑顾客需要什么。“顾客第一”是这一观念的直接体现。例如，拉萨的西藏朝天骄餐饮有限公司餐厅的进门处，郑重地宣称，“餐饮是良心与道德之事业”“顾客第一”“第一条，顾客总是对的；第二条，如有异议，请参考第一条”。这些都是对顾客导向观念的现实性诠注。

（2）市场营销观念的两个核心。从产生的背景可以看出，市场营销观念的核心由两部分组成：一是顾客观点，即从顾客出发，满足顾客需要；二是竞争观点，要求企业在满足顾客需求的同时，还要使自己的产品在与竞争者的竞争中取得优势。在这种市场营销观念下，餐饮企业的经营活动，一方面要盯着顾客，另一方面要盯着对手。

五、社会营销观念（Societal Marketing Concept）

社会营销观念是20世纪70年代以后形成的营销观念。由于社会生产的进一步发展，以及顾客需求的进一步多样化，企业营销中常出现社会资源浪费和引起环境污染的现象发生，损害了社会利益。企业在满足消费者需要的同时，也出现了大量损害消费者利益的事件。比如，餐饮顾客喜好野味，餐饮企业为满足这种需求、追逐企业利润，不惜大量捕猎国家保护的野生动物，破坏生态环境，损害了顾客对环境方面的要求，使顾客的长远利益受到侵害。又如，为满足顾客日益增长的数量要求，餐饮企业大量采用人工种植和养殖的农副产品原料，有些存在过量的有害物残留，直接损害了顾客的利益。因此，20世纪70年代后，在世界范围内兴起了消费者权益保护和环境保护运动。在这种背景下，企业迫于压力，不得不对自己的经营行为进行调整，因此在营销观念上就形成了新的认识，产生了社会营销导向观念。

社会营销观念的内容是，企业的经营行为应寻求企业利益、顾客利益和社会利益的和谐统一。餐饮企业应生产和经营那些既是消费者需要，又是自身擅长的餐饮产品项目，同时要注意把消费者需要、社会利益和企业专长密切结合起来。这是现代餐饮企业可持续发展的正确指导思想。

餐饮企业发起的不销售野生动物的联合签名行动、积极参与绿色餐饮企业认证、推行ISO14001的行为，都是这一营销观念的具体体现。

小知识　国际标准化组织

ISO的全称是International Organization for Standardization，就是“国际标准化组织”。现已制订出国际标准10300多个，主要涉及各行各业各种产品（包括服务产品、知识产品等）的技术规范。

ISO 9000标准是国际标准化组织（ISO）制定并颁布的有关质量管理的国际标准。我国已全部将其转化为国家标准。ISO 9000族标准在各种性质、各种规模的行业和组织中具有广泛的适用性，它已有近20个标准，其中ISO 9001和ISO 9004是核心标准。

ISO 14000是国际标准化组织（ISO）从1993年开始制定的系列环境管理的国际标准的总称。它由环境管理体系、环境行为评价、生命周期评估、环境管理、产品标准中的环境因素等部分组成，向各行业、各类组织的环境管理提供了一整套科学管理体系，体现了市场经济条件下环境管理的要求。

ISO 22000是一种建立在良好操作规范（GMP）和卫生标准操作规程（SSOP）基础之上的控制危害的预防性体系，它的主要控制目标是食品的安全性。既是描述食品安全管理体系要求的使用指导标准，又是可供食品生产、操作和供应的组织认证和注册的依据。

生产、产品、推销观念属于生产观念范围，都是以产品为中心，餐饮企业首先考虑的是产品，不是顾客，然后通过推销，去销售已经生产出来的产品，把市场看作生产和销售过程的终点；市场营销、社会营销观念是以消费者为中心，餐饮企业首先考虑的是消费者，不是产品，然后根据顾客需要，设计生产市场需要的餐饮产品，并对市场营销因素进行合理有效的组合，制订出既满足顾客需要又有利于餐饮企业长期发展的营销策略。传统营销观念与现代营销观念的差别如表 1-2 所示。

表 1-2 营销观念比较

观念类型		出发点	观念前提	主要任务	指导思想	产生时间	适用环境
传统	生产观念	生产能力	物以稀为贵	以量取胜	以产定销	20 世纪 20 年代以前	卖方市场
	产品观念	生产能力	物以优为贵	以质取胜	以产定销	20 世纪 20 年代左右	卖方市场
	推销观念	生产能力	推销取胜	强力推销	以产定销	20 世纪 50 年代以前	均衡市场
现代	市场营销观念	市场需求	顾客是上帝	需求管理	以销定产	20 世纪 50 年代中期	买方市场
	社会营销观念	兼顾社会、企业与消费者利益	内部条件、外部环境、营销目标动态平衡	战略性市场营销管理	企业优势与市场需求统一	20 世纪 70 年代以后	买方市场

每种营销观念的产生和存在都有其历史背景和必然性，都是与一定的社会经济发展水平和市场条件相联系或相适应的，是在商品经济不断发展和市场营销实践经验不断积累的基础上逐步发展和完善起来的。餐饮企业为了生存和发展，必须树立具有现代意识的市场营销观念、社会营销观念。

任务三 餐饮营销发展趋势

20 世纪 90 年代以后，营销方式出现了许多新变化。餐饮营销的概念也日益发展。如随着互联网的出现和个人计算机的普及，产生了“餐饮网络营销”的概念；随着人们对绿色产品的喜好和对环境保护的关注程度的增加，出现了“餐饮绿色营销”的概念；随着“知识经济”时代的到来，诞生了“餐饮文化（知识）营销”和“餐饮服务营销”。此外，还出现了“餐饮关系营销”“餐饮连锁营销”等概念。

一、餐饮网络营销

随着信息技术的迅猛发展与互联网的普及，网络营销对顾客、餐饮中间商、餐饮企业产生了巨大的影响。通过互联网开展餐饮网络营销，成为餐饮企业拓展营销渠道的新方式。

（一）网络营销渠道的作用

1. 品牌建设

餐饮企业通过互联网，可以使用文字、图片、声音、影像等多媒体方式，多角度、全面、详尽地展示餐饮产品的特色，全面展示餐饮企业的形象，提高品牌的认知度。

2. 与消费者直接交流

互联网是宣传餐饮产品的理想媒介，可以运用鲜艳色彩、多媒体技术的动态效果、实时更新的信息效率和检索查询的交互功能。交易双方可以采用标准化的合约、单据、发票等进行即时传递和自动处理，在网上直接办理谈判、签约、支付结算等手续，从而缩短交易时间。有效提高跨地域信息交流的效率，另外通过饭店网站 FAQ（常见问题解答）功能，餐饮企业也可以为顾客提供常见问题的解答。

3. 进行直接销售

顾客通过互联网获得餐饮目的地信息、餐饮产品价格、旅游计划安排等相关信息，进而进行在线咨询、餐饮预订等活动。实现餐饮企业与消费者的网上交易，能够有效实现餐饮企业与餐饮消费者之间的直接交易，从而最大限度地减少渠道中间商。

4. 市场营销调查

通过互联网，餐饮企业可以通过开展网上调查、售后服务、顾客意见收集等工作，充分了解顾客对餐饮企业的意见和建议，从而不断改善自身的服务品质。

（二）餐饮网络营销渠道的实现方式

1. 企业网站

餐饮产品生产企业可以通过建立自己的网站或网页向公众展示自己的餐饮产品和服务，也可以开发网上预订业务，顾客则可以通过网络获得所需的餐饮信息。

2. 专业销售网络信息系统

近年来较为流行的专业性旅游销售网络系统主要有两种：一是旅游中心预订系统（Central Reservation System，简称 CRS）；二是全球分销系统（Global Distribution System，简称 GDS）。这两种系统的建立和维护都需要较高费用，因此，只适用于有一定实力的餐饮企业。

旅游中心预订系统（CRS）：该系统在不同的旅游市场区域和成员企业内设立预订终端，直接或通过互联网、电话、传真等方式向消费者销售每一个成员企业的产品。同时，这些销售终端又通过专门的计算机网络相互连通，并与预订中心相连接，从而使每一个成员企业都可以通过旅游中心预订系统，获得其他成员企业的旅游产品和服务信息、价格信息、产品和服务存量信息等。该系统一般是由大型旅游企业集团开发、建立并拥有，目的是通过系统的统筹安排，更大程度地发挥其下属成员企业组合形成的整体合力，降低集团运行成本，为全体成员企业服务。

全球分销系统（GDS）：是由国际性航空公司联合组建的，最初以航班订位为主要经营业务，以后发展为同时向饭店、度假村、汽车租赁公司、铁路公司、轮船公司等其他餐饮相关行业提供预订和市场营销综合服务的销售系统。各个GDS系统均依托自己的计算机预订系统，通过国际航空电讯协会（简称SITA）的通信专网，将加入GDS的“卖方（Vendors）”——饭店、航空公司等产品（服务）的提供者和加入GDS的“代理方（Agent）”——遍布全球的旅游代理商，连成一个旅游专业网络系统，并通过后者实现对“最终用户（Consumer）”——世界各地旅游者的销售。

小资料

希尔顿饭店的网上订房

希尔顿饭店集团积极开展电子商务，2000年，集团总收入28.3亿美元，净收入2.72亿美元，电子商务收入占净收入的9%。在过去的几年间，利用互联网，希尔顿集团已成功地推进了客房预订业务，大幅削减成本。2000年它的所有网站客房预订收入超过3亿美元，是1999年的两倍。而后，希尔顿饭店集团又进行了它的第二次电子商务改革，利用电子商务增强营销能力、拓宽分销渠道、提高预订能力、购买能力和集体内部管理水平。希尔顿集团致力于B2C网络业务，对实施新的多品牌战略十分重要，分析家说：“我们看到，希尔顿集团正努力通过一个综合频道推销其所有品牌。”

2001年6月，美国Internet Week网站公布了2000年度全美电子商务100强企业的评选结果，希尔顿饭店集团荣膺百强之首。此次评选意在表彰这些公司利用互联网达成商业成功的努力，评选的主要依据是各家公司所取得的切实的电子商务业绩，诸如增加客户、提高收益、降低成本等。相关的调查研究了这些公司如何利用互联网增进企业与消费者及供应商之间的联系，如何开拓电子市场，以及如何利用互联网推进企业基础建设等。

小资料

新餐饮时代，全链路线上线下一体化成新趋势

随着移动互联网对于居民生活的渗透不断深入，以及80、90后等网生代消费者成为餐饮消费的主力军，当前市场对手机线上点餐、等位和支付等需求出现持续增加，同时对餐饮消费便利性、个性化和品牌化的需求也在与日俱增，这使得餐厅在功能与服务线上化、用户消费体验持续提升以及全链路线上线下一体化等维度的竞争，成为国内餐饮行业进一步转型升级的主阵地。至2018年中国餐饮行业互联网化发展历程如图1-1所示，2018年中国餐饮消费新趋势如图1-2所示，2018年新餐饮消费要求如图1-3所示。

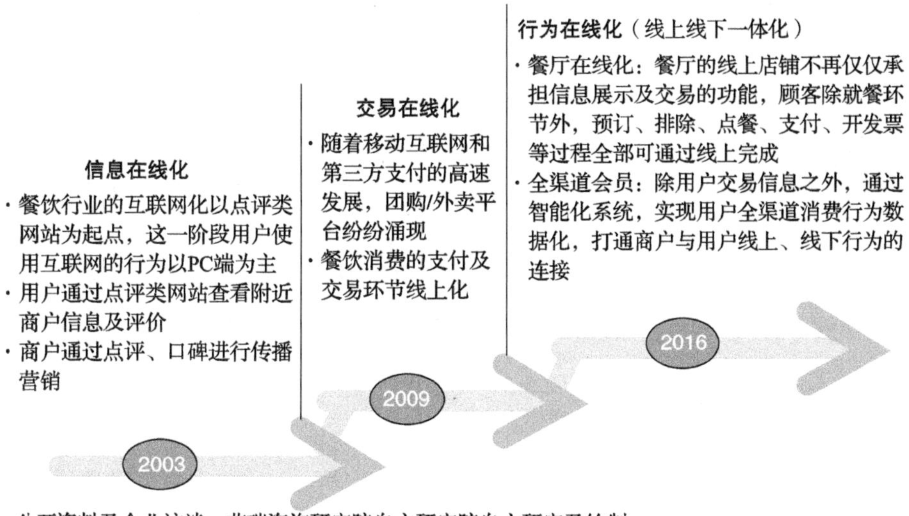

来源：公开资料及企业访谈，艾瑞咨询研究院自主研究院自主研究及绘制。

图 1-1　至 2018 年中国餐饮行业互联网化发展历程

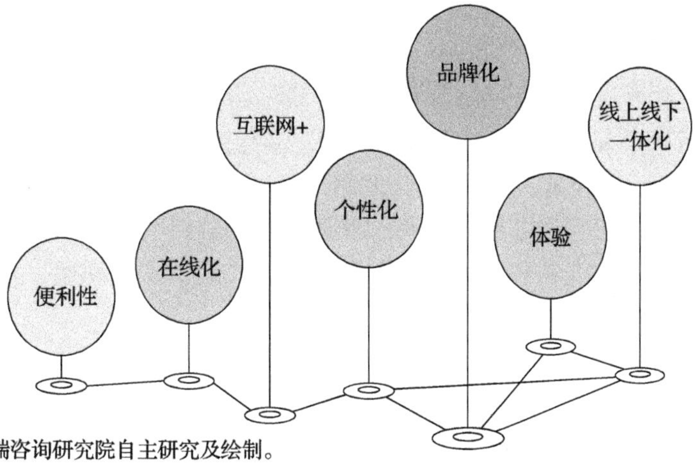

来源：艾瑞咨询研究院自主研究及绘制。

图 1-2　2018 年中国餐饮消费新趋势

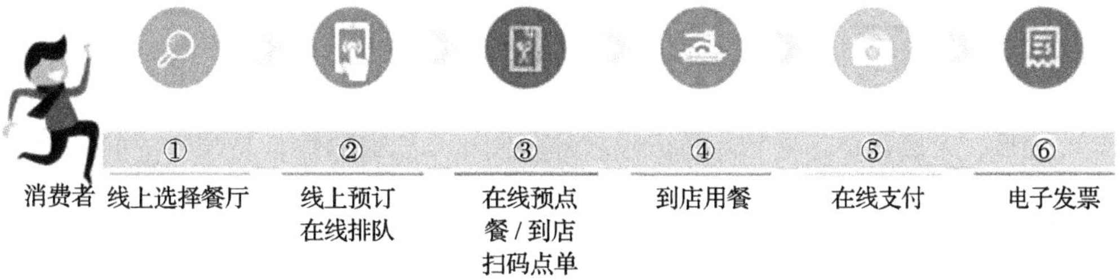

来源：公开资料，艾瑞咨询研究院绘制。

图 1-3　2018 年新餐饮消费要求

新餐饮消费趋势走向自助化、智能化时代，全流程提升效率优化体验成制胜市场关键。

随着互联网对居民生活渗透的深入，越来越多的顾客习惯通过在线渠道满足自己对餐饮的各类需求，通过在线生活服务平台挑选、预定餐厅也已成为顾客就餐时的常规选择。与此同时，以新中产为代表的一批主流餐饮消费人群，除了一如既往重视餐食的品质安全外，也会越来越关注餐饮全流程的效率和体验，这使得新技术、新体验将成为餐饮行业下一步发展的重心，逐步用智慧化、数字化的经营理念迎合年轻消费者的喜好，而移动化、自助化、智能化的新餐饮体验也将成为未来餐饮的重要发展方向。

二、餐饮绿色营销

新的营销观念要求企业不但要重视顾客的需要，也要重视社会公众的一些共同需要或利益，如生态环境和社会环境的保护等。社会营销中保护生态环境的营销就是所谓的“绿色营销”。

（一）绿色餐饮发展情况

国内饭店已认识到“绿色产品”是当今消费市场的“宠儿”，从而规划自己的“绿色行为”，竞相开发自己饭店的绿色产品，创立自身绿色形象。绿色形象给饭店和餐厅带来了经济效益和社会效益。有资料表明，绿色食品的售价比同类非绿色食品的售价高 30% ～ 100%。而据一项调查，北京有 72%、上海有 84%、广州有 90% 以上的消费者对绿色食品感兴趣并愿意出高于普通食品的价格购买。绿色餐厅能正确处理好消费者需要、餐厅利润和环境保护之间的矛盾，实现消费者利益、餐厅利益、社会环境利益的统一和协调发展。

（二）发展绿色餐饮的对策

1. 培育绿色餐饮文化，树立绿色观念

绿色餐饮文化的核心是强调对社会和环境的责任，实现人与自然界、人与人及人的身心和谐。并将环保目标与餐饮经营管理目标融为一体，激励员工节约资源，保护环境，树立餐饮绿色形象。制定道德规范，使员工受社会公认的规范制约，从而强化全体员工的绿色意识和行为。

2. 创建绿色餐厅，使用绿色食品

增加餐厅装修和物品的“绿色含量”，如使用“绿色”餐具。绿色食品即无污染、安全、优质、天然营养的食品。最大限度地限制化学合成物在食品制作中的使用；食品开发不得破坏生态环境，如菜肴中不得涉及珍稀野生动植物；食品份量适度，避免浪费；控制和处理污水、废油和废气的排放；控制和处理泔水。

3. 采用先进的节约设备

安装节能装置、节水设备、能源控制设施，如节能灯、感应水阀、限能系统等。

4. 开展绿色营销

强化与绿色价格、绿色渠道、绿色促销的配合，吸引消费者，增加产品的市场覆盖率。实行绿色价格，树立消费者和餐厅的“环境有偿使用”新观念，把餐厅保护生态环境的费用计入成本。

小资料

无线点餐系统

无线点餐系统是在无线网络技术（目前主要是802.11b/802.11g无线局域网技术）平台基础上，针对餐饮行业所研发的综合性餐饮信息化解决方案软件。其最主要的特征是实现随时随地点菜。在信息化高度发展的今天，无线点餐管理系统凭借其完善餐饮行业的业务流程、高效方便的操作、稳定透明的财务查询、科学有力的决策依据、优雅温馨的环境档次提升，赢得了广大客户的认可。

无线点餐软件的两种无线模式：无线基站＋点菜机；无线AP+PDA。

无线点餐系统的优点如下。

1. 节省人力

应用无线点餐系统后，即使只有两、三名服务员也能够准确无误地为20张餐桌服务（原先需要6～8名服务员完成的工作量），不但节省了大量的人力，而且失误率几乎为零。

2. 提高服务水平

服务人员可以腾出更多的精力向顾客提供更好的服务，提高用户对餐厅的认可度。

3. 降低营运成本

无线点餐系统从点餐、厨房分单到送菜、结账等各个环节实现了全方位、智能化管理，大大降低了因失误做菜而造成的资源浪费，从而降低了运营成本。

4. 提高餐厅的整体形象

当发现服务员手中不再是传统的菜谱和点餐单，而是一个高科技感十足的PDA时，顾客对这家餐厅的印象一定相当深刻，对此餐厅的忠诚度自然也高了一成。

5. 美化工作环境、提升企业形象

使用无线PDA，减少了大量的布线，减少了固定的工作站，增加了营业面积，给客户一个舒适的环境，同时PDA小巧的外观、无限的功能，提升了企业的形象。

三、餐饮文化（知识）营销

餐饮业文化营销就是弘扬中华饮食文化。饮食文化，狭义地说，是指餐饮业的产品文化，就是在一定历史时期，餐饮业某一类或某一种菜点在色、香、味、形、器等方面以及在制作和享用过程中形成的具有文化内涵的特征。

（一）餐饮文化营销的策略

1. 弘扬饮食文化

弘扬饮食文化，就是餐饮业不断挖掘、继承和发扬历史上形成的饮食文化，并将饮食文化用于营销之中。

2. 进行文化包装

餐饮业的文化营销，除了弘扬饮食文化或菜点文化外，还有文化包装。文化包装，就是塑造文化环境。如始创于1875年的上海老饭店，走进这家饭店，每个楼面墙上都悬挂着上海开埠以来不同阶段的老照片，使人仿佛置身于二十世纪三四十年代的上海滩。尤其是老饭店三楼的包房区域，借用有轨电车和旧时招牌等道具向宾客传递了老上海独有的韵姿，上海俪都宾馆、百乐门大饭店舞厅、百老汇大厦，再次勾起人们对旧上海的回忆。细观记录这申城八景的一幅幅画卷，令人不禁沉浸其中而浮想联翩。

餐饮环境的许多要素，如地段、建筑外观、周边环境、内部装修、布局、气味、灯光、音响、餐桌、餐具、楹联、菜单、人员、顾客、气氛等，都可以成为文化包装。城市文化是许多大城市的餐饮企业喜欢采用的包装。乡土文化是不少跨地区和跨国营销的餐饮企业喜欢采用的包装。旅游文化是许多旅游城市或景点的餐饮企业喜欢采用的包装。

3. 开展文化促销

餐饮业的文化促销活动，主要有举办美食节和引进社会文化等。餐饮企业举办美食节和管理美食节活动，可掌握灵活性、多样性、广泛性、文化性和周密性等原则。

餐饮业文化促销活动的另一个主要方式是引进或赞助社会文化。餐饮企业在营销过程中引进社会文化，可以满足顾客精神上的享受和迅速提高文化品位。

（二）餐饮知识营销的策略

餐饮业的知识营销，就是培养和增强人员的知识素养，利用知识和信息来吸引和满足顾客，充分发挥知识和信息在餐饮营销中的作用。餐饮知识营销的策略，是实行餐饮产品、餐饮环境、餐饮生产、餐饮创新和餐饮人才的知识化，进行知识传播和保护知识产权。

1. 知识产品

餐饮产品应当多融入食品科学、营养学、医药保健等科学知识以及与产品有关的历史掌故、乡土文化等人文知识，使餐饮产品不仅满足物质享受，而且满足知识（精神）享受的需要。餐饮产品应发展成知识产品。如全聚德烤鸭现在非常讲究营养学，而不是单纯地追求口感，追求色、香、味、形、器。

有专家研究过进入21世纪后现代餐饮的三个时尚趋势，即养生、健美和绿色，这实际上就是现代餐饮产品的三个知识点。也就是说，现代餐饮业应重视有关餐饮产品养生、健美和绿色的知识，并在营销中宣传和介绍这些知识。

2. 知识产权

餐饮业应当重视和保护知识产权，提高整个产权中知识产权的比重，实现产权知识化。餐饮业可以利用注册品牌保护餐饮知识产权。例如，上海著名的“小绍兴”白斩鸡的制作诀窍已经以店牌的名义注册封存，从而达到保护知识产权的目的。福建的“沙县小吃”，具有独特的加工工艺和风味（也是一种专有技术诀窍），在福建各地很受欢迎，可是几千家“沙县小吃”店中有不少假冒者。后来，正宗的“沙县小吃”店进行了商标注册，开始保护自己的知识产权。又如，餐饮业可以利用专利保护知识产权。北京金三元酒家以一道菜“扒猪脸”申报并获得中国首例菜肴发明专利，开创了中国餐饮业申报发明专利的先河。

3. 知识环境

餐厅应当尽量采用高新技术来体现一定的文化氛围，并由此给顾客一种知识的享受。现在国外许多饭店流行的电脑点菜，就是把高新技术引入店堂环境中。美国洛杉矶的一家麦当劳分店，为了进一步加强麦当劳快餐现代化、科学化的形象，将座席装修得像宇宙飞船的船舱，将店堂设计成一个剧场，让顾客一边观赏航天科技，一边品尝汉堡包，很受欢迎。这就是一种知识环境，它既可以暗示麦当劳快餐与现代科技的某种联系，提升麦当劳快餐的形象档次，又巧妙地利用了美国人崇尚科技的心理，因而大大增强了营销吸引力。

4. 知识生产

知识生产是知识营销的基础。餐饮生产，从原料选购、运输、贮存到加工、制作，应该制定严格的、科学的标准和程序，“标准”和“程序”就是知识。现在，中国许多餐饮企业都开始加大餐饮生产中的科技投入，即知识投入，这就为餐饮业的知识营销建立了基础。传统的名菜、特色菜的制作也应规范化、标准化、知识化。中国传统菜谱应当尽量数据化，只有数据化才能更好地规范化、标准化和知识化，从而更好地发挥菜谱（知识）对餐饮生产的指导作用。

5. 知识创新

创新是知识经济一个最主要的特点。餐饮业的创新首先是新产品、新品种的开发。菜点创新之本在于“变”，因季节时令而变，因消费时尚而变。所谓“变”，就是做到“三新”，即原料要常用常新，品种要常换常新，烹调方法也要经常更新。

6. 知识传播

知识传播和沟通也是知识经济的一个主要特点。餐饮业要重视餐饮知识的传播，只有让更多的老百姓懂得吃和喜欢吃，餐饮业才能有更好的发展。例如，过去西安的顾客按传统的方法吃汤包，既烫嘴又搅混了调味汁。小六汤包店便为群众着想，动脑子编了吃汤包的 24 字诀：“轻轻夹，慢慢晃；戳破窗，勺接汤；先吃包，再喝汤；既文雅，又排场”。汤包店把这一吃法介绍给顾客，顾客一体验，确实不错，于是传扬开来，广受社会各阶层人士的称赞和欢迎。

四、餐饮关系营销

关系市场营销观念是美国市场营销学者巴巴拉·本德·杰克逊于 1985 年最早提出的一种新型的市场营销观念。一经提出，就引起了企业界的反响，并得到了迅速的发展。正如现代营销学之父菲利普·科特勒指出的：市场营销是买卖双方之间创造更亲密工作关系和相互关系的艺术。因此，餐饮关系营销的目的，就在于同顾客结成长期的、相互依存的关系，发展顾客与餐饮业及其产品和服务之间的连续性的交往。以提高品牌忠诚度和巩固市场，促进产品持续销售。

小资料

现代营销学之父——菲利普·科特勒博士（Dr.Philip Kotler）

菲利普·科特勒博士生于1931年，是现代营销的集大成者，被誉为“现代营销学之父”。具有麻省理工学院的博士、哈佛大学博士后及其他8所大学的荣誉博士学位。他多次获得美国国家级勋章和褒奖。

科特勒博士见证了美国40年经济的衰落跌宕和繁荣兴旺的历史，从而成就了完整的营销理论，培养了一代又一代的美国大型公司企业家。

他是许多美国和其他国家大公司在营销战略和计划、营销组织、整合营销上的顾问。这些企业包括IBM、通用电气（General Electric）、AT&T等。此外，他还曾担任美国管理学院主席、美国营销协会董事长和项目主席以及彼得·杜拉克基金会顾问。同时他还有将近20本著作，并为《哈佛商业评论》《加州管理杂志》《管理科学》等一流杂志撰写了100多篇论文。

餐饮关系营销是以系统论为基本思想，将餐饮企业置身于社会经济的大环境中来考察餐饮企业的市场营销活动，其核心是建立并发展与消费者、竞争者、供应者、分销者、政府机构和社会组织的良好关系。

餐饮企业关系营销的对象主要有内部关系营销和外部关系营销。本质特征是双向沟通、合作、双赢、亲密和控制。

五、餐饮连锁营销

餐饮连锁营销是指经营同类产品或服务的若干个店铺，以一定的形式组成一个联合体，在整体规划下进行专业化分工，并在分工的基础上实施集中化管理，使复杂的商业活动简单化，以获取规模效益。

餐饮连锁营销的“八个统一”是统一采购、统一配送、统一管理、统一核算、统一店名店貌、统一价格、统一服务规范、统一广告宣传。

（一）优势

餐饮连锁营销具有三大优势。

1. 降低风险

作为连锁企业集团的一员，可以获得许多现成的技术设备、完善的管理和供应系统等，从而减少经营中面临的许多问题，降低独立开店的风险。

2. 减少宣传费用

知名的餐饮企业已在人们心目中形成良好的形象，本身就是很好的宣传，集团可以统一宣传策划，连锁店越多，分摊的广告费越低，这些是独立单一店铺难以获得的。

3. 货源有保证

连锁集团实力雄厚，供应商自然会优先保证供应，不会造成俏货短缺，同时连锁企业一般拥有配送中心和物流设施。

（二）主要模式

1. 直营连锁

直营连锁，又叫正规连锁（Regular Chain，简称 RC），是大资本通过吞并、兼并或独资、控股等途径，发展壮大自身实力和规模的一种形式。国际连锁店协会对直营连锁的定义是："以单一资本，直接经营 11 个以上商店的零售业或者饮食业"。总之，直营连锁本质上是处于同一流通阶段，经营同类商品和服务，并由同一个总部集权型管理机构统一领导下，进行共同经营活动的零售企业集团。即所有权属于同一公司或同一领导，由总公司直接经营的店铺。直营连锁曾是美国连锁店的基本形态。连锁店在建立早期一直采用直营店的方式，在实力日渐雄厚，名声越来越大之后，便开始征求加盟店，这是连锁店发展的规律之一。

2. 特许连锁

特许连锁，又称合同连锁或加盟连锁（Franchise Chain，简称 FC），产生于美国，是以契约为基础的连锁方式。是指主导企业把自己开发的商品、服务和营业系统（包括商标、商号等企业象征的使用，经营技术，营业场所和区域）以契约的形式授予加盟店在规定区域内的经销权和营业权，加盟店则需交纳一定的营业权使用费，并承担规定的义务。它与直营连锁最大的区别在于它的所有权是分散的，而经营权是集中的。

3. 自由连锁

自由连锁，又叫自愿连锁（Voluntary Chain，简称 VC），是保留单个资本所有权的联合经营。自由连锁的最大特点，是各店铺在所有权和财务上是独立的，与总部没有所属关系，只是在经营活动上的协商和服务关系，统一订货和送货，统一使用信息及广告宣传，统一制订销售战略。各店铺不仅独立核算、自负盈亏、人事安排自主，而且在经营品种、经营方式、经营策略上也有很大的自主权，每年只需按销售额或毛利额的一定比例向总部上交加盟金。这种形式主要存在于中小企业中。自由连锁的核心是共同进货，这样可以使中小型企业获得低廉的商品进货价格，这也是中小企业成为自由连锁店的最大诱因。而对总公司而言，自由连锁店铺是总公司有力的分销渠道，从而形成了自由连锁的"联购分销"机制。

自由连锁形成的原因，是众多中小企业在与一些规模庞大、实力雄厚的大型连锁公司的竞争中，由于势单力薄，竞争力下降，占有的市场份额日益萎缩。为了摆脱困境，若干零售商共同投资设立机构，负责共同进货，促销和开展广告宣传等活动，以降低成本，提高利润率。可见，自由连锁是中小零售商对抗大型连锁店而自行发起的组织。自由连锁在日本比较普遍，最大的自由连锁店是食品零售业的 CGC 集团，年营业额在3000亿日元；加入店铺最多的是食品零售业的“全日食连锁店”，有1500家左右的店铺。

小案例

“小肥羊”的成功之路

内蒙古小肥羊餐饮连锁有限公司（以下简称小肥羊）是一家以自然人做发起人的股份制企业，公司于1999年8月诞生在草原鹿城——包头市，以小肥羊特色火锅连锁为主业。于2008年6月12日在香港上市，是中国首家在香港上市的品牌餐饮企业，被誉为“中华火锅第一股”。

“小肥羊火锅”将延续了千百年的蘸着小料涮羊肉食法，改革为“不蘸小料涮羊肉”的新食法。锅底料采用几十种上乘滋补调味品；羊肉选择来自纯天然、无污染的锡林郭勒大草原的六月龄“乌珠穆沁羊”。二者珠联璧合，形成了“肉品鲜嫩、香辣适口、回味悠长，久涮汤不淡、肉不老”具有浓厚的内蒙古民族餐饮文化特色的小肥羊火锅品牌。

小肥羊公司现拥有一个调味品基地、两个肉业基地（一是物流配送中心：二是外销机构）、国内五大餐饮市场区域、国际三大餐饮市场区域的大型跨国餐饮连锁企业；360家火锅连锁店遍布了全国，以及美国、日本、加拿大等海外市场。

无论企业如何发展，小肥羊都是把出品的质量看得至关重要。为了保障出品质量，小肥羊专门建立了“羊肉追溯体系”。如果一盘羊肉出现了质量问题，该店可通过追溯系统查出出现问题的整卷羊肉，根据肉卷上的代码又可以追溯到加工厂，进而追查至相应的牧区，最终可以还原到具体是哪只羊。除了北美和日本，小肥羊自产的羊肉在全球其他地区都实现了统一配送。而小肥羊公司生产的调料和火锅底料实现了包括北美和日本在内的全球统一配货。

小肥羊不断寻求创新。店面方面，小肥羊要把店面重新分类，一类是开设精品店，主要满足商务人群的需要；第二类是主流店，主要针对商务加居民消费；第三类是社区店，从店面的细分来满足不同人群的需要。对于菜品的创新，从夏季的“清凉锅”“茶香锅”，到冬季的“劲骨锅”，都是小肥羊的得意之作。此外，小肥羊还计划根据顾客的需求对羊肉的出品部位进行细分，有的部位的肉一只羊才能出几两。

任务四　餐饮营销组合

营销组合是营销观念发展的重要概念。随着营销观念的发展，餐饮营销组合也相应发生着变化。随着人们营销观念的更新，传统的4Ps市场营销正在接受着4Cs市场营销的挑战。

一、餐饮营销组合的含义

营销组合的概念是20世纪50年代由美国哈佛大学的尼尔·波顿教授提出的。餐饮营销组合是餐饮企业按照营销战略的要求，为在目标市场上实现预期的营销目标，所使用的一整套营销工具。餐饮营销组合也是餐饮企业对可控制的、与营销活动有关的营销变量的组合运用，形成与特定目标市场相适应的营销方式。

存在以4Ps和4Cs两种市场营销组合为基础的餐饮市场营销。

二、4Ps营销的含义

餐饮企业4Ps营销是由产品（Product）、价格（Price）、渠道（Place）和促销（Promotion）四个营销要素组合形成的餐饮营销方式。由于四个要素的首字母均是“P”，该营销组合及营销方式被称为“4Ps”(其中s表示复数)。

4Ps营销组合是1960年美国著名市场营销学家杰罗姆·麦卡锡，在对波顿教授的市场营销组合概念进行归纳的基础上提出的，并使其进一步得到了完善，因此在现代营销中得到了包括餐饮企业在内的各类企业的高度重视和广泛应用。

餐饮企业4Ps营销组合的每个变量又包含了若干分变量。

三、4Ps营销向4Cs营销的转变

近30年来，营销观念又有所创新。新的营销观念之一是从原来的4P营销转变到4C营销。4Cs营销组合理论是美国市场营销学家罗伯特·劳特伯恩于1990年提出的。其主要内容是研究消费者的需要与欲求（Customer needs and wants)，了解和关注消费者为满足其欲求所愿付出的成本（Cost to customer)、给顾客方便（Convenience)，与消费者沟通（Communication)。

餐饮企业的4Cs营销是由顾客（Customer)、成本（Cost)、便利（Convenience）和沟通（Communication）四个对餐饮营销有影响的因素组合而形成的营销方式。4P营销是“卖方市场”的营销，而4C营销是“买方市场”的营销，从4P营销转变到4C营销，是从“卖方市场”转变到“买方市场”的需要。对于早就是“买方市场”的餐饮业来说，树立4C营销的新观念非常重要。

应该指出的是，餐饮营销者应正确处理4Ps营销和4Cs营销的关系。从餐饮营销的实际过程来说，4Ps仍然是基本的营销工具，具有无可替代的作用。但是4Cs营销的观念更加适应现代餐饮营销环境，所以不得不引起餐饮经营者的高度重视。在两者的关系上，应该用4Cs营销的观念来补充和扩张4Ps营销的不足，不能采取舍4Ps营销取4Cs营销的简单处理。

小案例

让顾客“希望成为常客”的实名杯

怎样通过设计积分促销制度让头回客变成回头客？重点应该放在开展个人消费积分兑换的优惠促销活动上。商家需要做的不仅是提供形式单一的打折优惠，而是怎样让头回客变成回头客、让回头客变成常客。

这里值得关注的是位于东京池袋的“小料理屋 东风”面向老顾客推出的“实名杯赠品”活动。该店对每位来店消费的顾客实行登记制度，到店消费一次得一分。集齐日间 50 分、夜间 20 分的顾客，将获得一只实名杯赠品。

这家店自开业两年以来，持有这种实名杯的顾客已突破 150 人。为了得到店方赠送的“常客证明”，有的顾客专门挑选每周四来此消费，因为周四到店消费可以享受双倍积分。

这种实名杯为陶制，是店方向专门制作手工艺品的供应商订制的。每只杯子上都刻着专属顾客的名字和座右铭，其魅力在于强调每个人都是世界上独一无二的存在。另外，这种杯子可以用来装掺冰块的烧酒，容量是普通杯子的两倍，价格却与普通的一杯酒持平，用意是答谢老顾客长期的支持与厚爱。

这家店的规模不大，面积仅 6 坪（1 坪 = 3.3057 平方米），由店主延嶋幸惠一个人打理。店主从培养回头客的角度出发，想出了实名杯促销法。实名杯由店方保管，摆在店内一角的收纳柜上。渐渐地，有的客人还带来了“专用筷”，交给店方一并保管。女性特有的细腻和小店的独特魅力，赢得了顾客的一致好评。

任务实施

餐饮营销的认知过程如图 1-4 所示。

图 1-4　餐饮营销的认知过程

第一步：掌握餐饮营销基本知识。

目前，餐饮业面临着巨大的竞争压力，餐饮营销成了众多餐饮企业推销自己的重要手段，那么，如何做好餐饮营销呢？餐饮市场营销基本知识的掌握是对餐饮市场营销进行客观正确认知的基础。

第二步：明确餐饮营销观念。

餐饮市场营销观念是餐饮企业经营管理活动过程中的指导思想。可以说，有什么样的观念，就会做出什么样的行动。对于餐饮营销活动来说，其具体的行动方案、步骤如何，取决于其经营者的营销观念如何。不仅为此，而且餐饮营销的效果也是由营销观念决定的。因此，提高餐饮人员营销素质的重要一步，就是确立科学的现代化的餐饮营销观念。

中国目前的餐饮营销存在以下认识误区：消费高价格贵就是高档；档次（高、中、低）自己说了算；有钱人喜欢吃贵的，钱少的从来不吃贵的；大排档影响形象，没钱赚等。

第三步：收集、加工、整理餐饮市场营销相关资料。

餐饮企业的市场营销活动是在复杂的环境中进行的，收集资料要多方面、多渠道进行。对收集来的影响餐饮市场营销的相关资料，要进行加工、整理、分类，对环境等因素的变化趋势及不连续变化的转折点要做出科学预测。对加工整理的资料，可采取定性分析和定量分析相结合的分析方法。

第四步：认真分析研究餐饮市场资料，进行餐饮市场认知。

根据资料判断餐饮企业市场营销影响因素的变化趋势，并对餐饮企业在未来发展中可能受到的威胁和可利用的机会做出科学预测。根据分析预测，结合餐饮企业现状，提出分析结论，进一步认知餐饮市场，并制订餐饮企业营销方案，为餐饮企业制订营销战略提供有价值的参考性意见。

任务总结

成功的餐饮企业必须有先进的理念指导企业的经营活动，因此餐饮企业必须首先树立现代市场营销理念，一切以消费者的需求为中心，同时现代餐饮市场营销活动不是餐饮企业经营过程的某一环节，而是贯穿于餐饮市场营销研究、餐饮市场调研、餐饮产品、餐饮产品价格、餐饮市场营销渠道、餐饮促销等整体过程。

不能用僵化的思想去认识餐饮市场、认识餐饮市场营销理念，餐饮市场与餐饮市场营销理念都是动态的、变化的，随着经济的发展，将会有新的营销观念出现，餐饮营销理论也会趋于完善，去指导餐饮企业的经营。

实训项目

目标

（1）培养学生对餐饮企业营销观念进行分析的能力；

（2）通过调查，掌握新旧餐饮企业营销观念的区别。参与餐饮企业营销实践，培养新型的营销理念。

内容与要求

（1）教师带领学生参观不同星级饭店的餐饮部或不同性质的餐饮经营场所，使学生对餐饮营销建立初步的直观感受；

（2）对不同档次、类型的餐饮企业进行调查，了解这些餐饮企业的营销理念处于哪个阶段？一般使用了哪些营销技巧？

（3）参观校内食堂，思考如何用餐饮营销新观念去经营学校食堂。

组织与实施评价

（1）以项目团队为学习小组，小组规模一般是 4 ～ 7 人，分组时注意小组成员在知识、性格和技能方面的互补性，选出小组长以协调小组的各项工作；

（2）建立沟通协调机制，团队成员共同参与、协作完成任务；

（3）各项目团队根据实训内容互相进行交流、讨论，并点评；

（4）评价与总结：各项目团队提交实训报告，字数不少于 400 字，并根据报告进行评估。

评估指标及标准如表 1-3 所示。

表 1-3　餐饮营销观念技能评价评分表

被考评人			考评地点			
考评内容		考评标准	分值 / 分	自我评价 / 分	小组评价 / 分	实际得分 / 分
专业知识技能掌握	餐饮营销含义	掌握	10			
	餐饮营销观念	掌握	10			
	餐饮营销发展趋势	熟悉	10			
	餐饮营销组合	熟练掌握	10			
	报告完成情况		20			
通用能力培养	学习态度	积极主动，不怕困难，勇于探索	15			
	团队分工合作	能融入集体，愿意接受任务并积极完成	15			
	道德自律	自觉遵守纪律，有责任心和荣誉感	10			
合计			100			

注：1. 实际得分 = 自我评价总分 ×40%+ 小组评价总分 ×60%。
2. 考评满分 100 分，59 分及以下为不及格，60—74 分为及格，75—84 分为良好，85 分及以上为优秀。

复习思考题

一、填空题

1. 餐饮市场营销经历了________、________、________、________和________五个发展阶段。
2. 餐饮网络营销渠道的实现方式主要有________和________。

3. 餐饮连锁营销的主要模式有________、________和________。
4. 餐饮企业 4Ps 营销组合包括________、________、________和________。
5. 餐饮企业的 4Cs 营销是由________、________、________和________四个对餐饮营销有影响的因素组合而形成的营销方式。

二、选择题

1. ________是餐饮企业经营管理的核心，它是一个系统的工作过程。
   A. 就餐环境　B. 餐饮营销　C. 服务人员素质　D. 餐厅位置
2. ________是一种最古老的营销观念，它的具体内容表现为“餐厅能提供什么就销售什么”。
   A. 生产观念　B. 产品观念　C. 推销观念　D. 市场营销观念
3. “顾客第一”是________的直接体现。
   A. 生产观念　B. 产品观念　C. 推销观念　D. 市场营销观念
4. 营销组合的概念是 20 世纪 50 年代由美国哈佛大学的________教授提出的。
   A. 莱维特　B. 菲利普·科特勒　C. 斯坦特勒　D. 尼尔·波顿
5. 餐饮连锁经营的统一指的是________。
   A. 统一采购、统一配送　B. 统一管理、统一核算
   C. 统一店名店貌、统一价格　D. 统一服务规范、统一广告宣传

三、简答题

1. 如何完整地理解餐饮营销的含义？
2. 餐饮营销的发展有哪些新趋势？
3. 餐饮营销组合的含义是什么？ 4Ps 和 4Cs 之间存在什么关系？
4. 4Cs 营销观念是如何在餐饮营销中体现出来的？

项目二

餐饮市场营销环境分析

学习目标

知识目标

1. 了解餐饮市场营销环境概念、特征、作用；
2. 了解餐饮市场营销宏观环境和餐饮市场营销微观环境的概念；
3. 掌握餐饮市场营销宏观环境和餐饮市场营销微观环境构成因素；
4. 了解餐饮市场竞争者分类、分析、策略；
5. 理解 SWOT 分析方法和分析步骤。

能力目标

1. 能够正确分析餐饮企业市场营销宏观环境；
2. 能够正确分析餐饮企业市场营销微观环境；
3. 能够运用 SWOT 分析方法分析餐饮企业经营环境。

任务导入

"金钱豹"的陨落

金钱豹国际美食汇自助餐（以下简称金钱豹）自 2003 年进入中国市场，凭借其高端国际复合式的自助餐定位，吸引了无数食客光顾，一时名声大噪，短短几年时间，门店迅速扩张至全国 26 家，被称为"自助餐中的劳斯莱斯"。到 2017 年，金钱豹门店开始陆续关门，同时，金钱豹声名狼藉，一系列负面新闻与官司缠身：拖欠货款与员工工资、会员卡无法退款、官方电话无法拨通……金钱豹风光不再。然而，这个曾以高端自助闻名全国的自助餐品牌突然倒下，不禁引发众人唏嘘。

金钱豹进入中国市场之初，随着人均可支配收入的增长，那个时期的人们开始追求物质和数量的双重积累，在金钱豹花二三百元吃上一顿包含海鲜、哈根达斯的自助餐，被视为一种高级的体验，赶上消费浪潮，提供特色稀有食材的自助餐饮的金钱豹顺势成长为高端餐饮的代表。但市场瞬息万变，金钱豹走到顶峰后开始与时代脱轨，危机逐渐来临。

随着市场环境的变化，我国居民的日常饮食消费习惯在理性回归，转而追求健康饮食，传统自助餐对于顾客的吸引力日渐衰减，金钱豹多年来一成不变的经营和营销模式已经很难留住和吸引食客，2012 年年底，中央政治局会议关于改进作风的八项规定，使中国高端餐饮步入为大众服务转型的时期，不能适应转型发展的金钱豹开始亏损。许多门店还未收回成本就匆匆关闭，2017 年 7 月 3 日，继世贸天阶、王府井、中关村和亚运村四家门店停业之后，北京最后一家金钱豹已停业。

曾经辉煌一时的金钱豹何以面临着纷纷关店的局面，究其根本在于自身模式老化，跟不上外部环境的发展变化。盛极一时的高端自助餐品牌落得如此下场，这与其固步自封的经营模式脱不了干系。

任务分析

任何餐饮企业的营销行为既要受到其自身条件的制约，也要受到外部环境的影响。企业的营销活动不可能脱离周围环境而孤立进行。因此，正确认识餐饮市场营销环境，把握餐饮企业所处环境的变化趋势才能适应周围环境，发现企业发展的新机会，避免环境变化所带来的威胁。

知识准备

任务一　餐饮市场营销宏观环境分析

一、餐饮市场营销环境概念、特征、作用

（一）餐饮市场营销环境的概念

餐饮市场营销环境是指与餐饮企业市场营销活动有关的一切内外部因素和力量的总和。一个企业的营销环境由企业营销管理机能外部的行动者和力量组成，这些行动者和力量冲击着企业管理者发展和维持同目标顾客进行成功交易的能力。

正确理解餐饮市场营销环境的概念，应明确它的两个基本内涵。

（1）市场营销环境是一个多因素的复杂系统。一个企业的营销环境是由一整套相互影响、相互作用的重要参与者、市场和其他相关力量构成。

（2）市场营销环境对餐饮营销的影响，包括直接和间接两种形式。

餐饮市场营销环境可以分为微观环境与宏观环境两大部分。微观环境指与企业紧密相连，直接影响企业营销能力的各种参与者，包括企业本身、餐饮供应商、顾客、竞争者以及社会公众。宏观环境指影响微观环境的一系列巨大的社会力量，主要是人口、经济、政治法律、科学技术、社会文化及自然生态等因素。

微观环境直接影响与制约企业的营销活动，多半与企业具有或多或少的经济联系，微观环境也称直接营销环境，又称作业环境。宏观环境一般以微观环境为媒介去影响和制约企业的营销活动，在特定场合，也可直接影响企业的营销活动。宏观环境

被称作间接营销环境。

宏观环境因素与微观环境因素共同构成多因素、多层次、多变的企业市场营销环境的综合体，如图 2-1 所示。

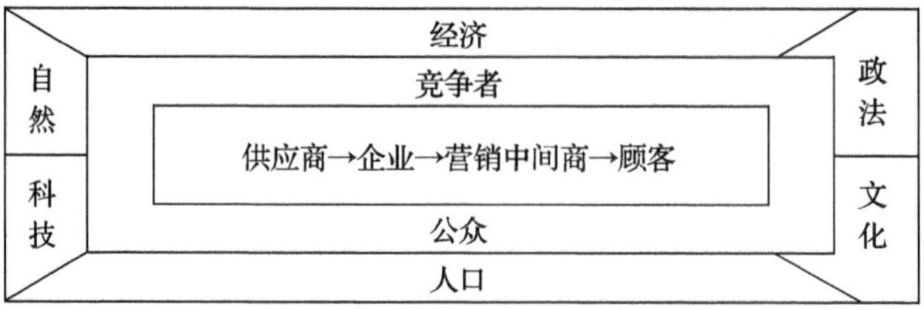

图 2-1　市场营销环境

（二）餐饮市场营销环境的特征

1. 客观性

餐饮企业的全部营销活动，都不可能脱离它所处的环境而发生，餐饮企业只要从事市场营销活动，就要受到各种环境因素的影响和制约。因此餐饮企业必须头脑清醒，准备随时应付所面临的外部环境的挑战以及把握外部环境变化带来的机遇。

2. 差异性

第一，不同的餐饮企业受不同环境的影响。如不同的国家、民族、地区之间在人口、经济、社会文化、政治、自然环境等方面存在着广泛的差异性，这些差异对餐饮企业的影响显然也不相同。

第二，即使是同样的一种环境因素对不同餐饮企业的影响也不同。如日益高涨的环保要求一方面限制了一次性餐具的生产，另一方面又促进了餐具消毒企业的大力发展。

3. 相关性

餐饮市场营销环境是一个多因素的集合体，各种因素之间存在程度不同的关联性，彼此相互依存、相互作用、相互制约。其中某一因素的变化会联动其他因素的变化，形成新的营销环境。如一个国家的法律环境影响着该国的科技、经济的发展速度和方向，而科技和经济的发展又会引起政治经济体制的相互变革，进而促进某些法律、政策的相应变革。

4. 动态性

餐饮市场营销环境在不断地发生变化，只是变化有快慢大小之分。如科技、经济等因素变化相对大而快，对企业营销活动的影响相对短且跳跃性大；而人口、社会文化、自然因素等变化相对较慢较少，对企业营销的影响则相对长而稳定。从总体上说，变化的速度呈加快趋势。昨天大家还趋之若鹜的“时尚”，今天可能成为人们竞相嘲笑的“恶俗”之物。这种难以琢磨、不确定性极高的动态市场环境既为企业提供了机会，也为企业带来了压力。因此，企业的营销活动必须适应环境的变化，不断调整自己的营销策略。

5. 不可控性

餐饮企业一般不可能控制环境因素及其变化，如一个国家的政治法律制度、人口增长以及社会文化习俗等，餐饮企业不可能随意改变。此外，各环境因素之间也常常存在矛盾，从而影响和制约餐饮企业的营销活动。如在倡导低碳节约和节能降耗的今天，一些餐厅节能环保的装修材料、新的节能空调应运而生，但这些都需要企业投入大量的资金成本，而且对企业的营业收入增加并没有立竿见影的作用，操作难度也比较大，在此情况下，餐饮企业就不得不调整自己的策略，在可用的资源条件下生产产品。

6. 餐饮企业对环境的能动性

强调餐饮企业对环境的不可控制，并不意味着企业对于环境无能为力，只能被动地接受环境，企业可以各种不同的方式增加适应环境的能力，避免来自环境的威胁，在变化的环境中寻找新的机会，并可能在一定条件下改变环境。

（三）餐饮市场营销环境的作用

1. 餐饮市场营销环境是餐饮企业赖以生存的基本空间

餐饮市场营销必须在一定的时间和空间条件下来开展，如果丧失了必要的时空生存条件，餐饮市场营销就无从说起。这一条件就是餐饮市场营销环境，它实质上是餐饮企业赖以生存的基本空间。餐饮企业的市场营销活动所需的各种资源需要在环境许可的条件下获取，餐饮企业推出的餐饮产品也需要获得消费者的认可和接纳。

2. 餐饮市场营销环境是餐饮企业难以控制的因素和力量

餐饮市场营销环境是餐饮企业市场营销活动的制约因素。餐饮企业的营销管理者虽然能够控制企业的大部分营销活动和分析、认识营销环境提供的机会，但却无法控制所有环境因素的变化，更无法有效地控制竞争对手。因此餐饮企业必须头脑清醒，准备随时应付所面临的外部环境的挑战以及把握外部环境变化带来的机遇，这样就使企业朝着有利的方向发展。

3. 餐饮市场营销环境增强了餐饮企业对外部条件的敏感性

与所有企业一样，餐饮企业也是在不断变化着的社会经济环境中运行，在与其他企业、目标顾客和社会公众的相互协作、竞争、服务和监督中开展市场营销活动的。同时，餐饮产品是一种不可储藏、不可转变的特殊产品，这一点决定了餐饮企业对可能影响其未来发展的所有外部条件的敏感性。

餐饮市场营销成败的关键在于能否把握市场营销环境的特点及其变化，只有与环境的变化相适应、相协调，企业才能顺利地开展营销活动并实现其预期的各项目标。所以，餐饮市场营销环境的变化可能导致餐饮企业新市场机会的产生，即营销机会；也可能导致对餐饮企业形成新的威胁，即环境威胁。这就要求营销者通过营销环境调研和分析，不失时机地抓住机会，减少威胁，采取对策，迎接挑战。

二、餐饮市场营销宏观环境构成因素

（一）餐饮市场营销宏观环境的概念

餐饮市场营销宏观环境是指对餐饮企业市场营销活动发生较大间接影响的行动者

及其社会力量的总和。

宏观环境对餐饮企业的市场营销活动一般不直接产生影响，而是通过那些可以对市场营销活动发生直接影响的微观环境因素，间接影响餐饮企业的市场营销。市场营销宏观环境是企业营销环境的社会大背景，宏观环境制约和影响着营销活动的载体平台——市场。它是造就市场机会和威胁的主要社会力量。所以，市场经营人员必须依据外部环境中的各种因素及其变化趋势制订自己的营销策略，以达到市场经营目的。

（二）餐饮市场营销宏观环境构成因素

1. 人口环境

人口是市场构成的第一因素。没有人就没有市场，没有经济。市场是由有购买欲望，同时又有支付能力的人组成的。人口的多少直接影响着市场的潜在容量。在其他条件既定或相同的情况下，人口规模决定市场容量和潜力，人口结构影响消费结构和产品构成，由人口决定的家庭数量、家庭类型及其变化，对消费品市场有明显影响。

（1）人口数量与餐饮市场构成的关系。在收入接近的条件下，人口的多少决定着市场容量。一般来说，人口数量与市场容量、消费需求呈正比。但是人口数量与具体商品的市场关系还必须视消费群的特质而定。这种与特定商品需求相联系的消费群体称为市场相关群体。餐饮市场营销就是要重视相关的人口数量，即相关群体的研究。

（2）人口城市化与餐饮市场的关系。一般来说，城市居民需求外出就餐的人数不仅比农村多，而且比例也高，随着城市人口的增多，如何适应人口城市化的特点去开发餐饮市场，是餐饮营销者面临的一个新的重要课题。

（3）人口年龄结构的不同会导致市场需求的变化。世界范围的人口增长并不均衡，一方面，发展中国家及地区的人口数量迅速增长；另一方面，发达国家及地区人口出生率下降，人口老龄化加速。这些对所在地区的餐饮经营策略会带来不同的影响。例如，餐饮经营场所需要餐厅内的服务设施是针对老年顾客的需要，为他们提供便利，还是添加更多的儿童活动设施和项目，以满足家庭顾客的需要。

（4）家庭是一个密切的社会单位，它影响着每个家庭成员所做出的大部分决定。家庭有两种形式：核心家庭与扩大家庭。一般来说，核心家庭中包括父母和未婚的子女，扩大家庭中常常几代同堂，家庭规模较大。中国正从扩大家庭向核心家庭过渡。

家庭是社会的细胞，也是商品采购和消费的基本单位。购买者家庭成员对购买者的购买行为的影响最为强烈，而对一个人的购买行为更为直接的影响，则是来自其配偶和子女。家庭餐饮的促销对象主要是核心家庭。

（5）性别的不同给消费需求、购买习惯、购买行为带来差异。随着妇女越来越走出家庭，参与社会工作，进入餐饮场所的女性顾客比例也在逐年提高。餐饮在进行营销活动时也更多地考虑了女性顾客的心理，相继出现的美容养颜的菜系都受到女性顾客的青睐。

（6）人口的地区分布关系与市场需求的异同。我国人口的地理分布大致为东部人口密度大，西部小；城市人口密度大，农村小。地理位置不同会导致需求和购买习惯也不同；密度则会使产品的流向和流量不同。

2. 自然环境

自然环境主要指营销活动所需或受营销活动影响的自然环境。在科技进步、社会生产力发展过程中，自然状况对经济和市场的影响总体上趋于下降，但自然环境制约着经济和市场状况的内容、形式。多年来经济快速发展，自然环境遭到很大的破坏，自然、生态环境越来越受到人们的欢迎。这为餐饮业带来了新的市场机会。

小资料

生态农业、绿色食品、保健环境将更为人们所重视

随着人们对环境污染、生态平衡、自身健康等问题的关心程度日益提高，无公害、无污染的绿色食品、保健食品，受到了消费者的欢迎，许多餐饮企业适应这种要求，纷纷推出了自己的保健绿色食谱，并增加保健设施，营造保健环境。

近几年，国内外的许多有识之士，对健康的概念提出了全新的解释。许多餐饮企业据此推出了一系列的促销措施。例如，推销健康食谱、引进健康信息（如提供与健康、运动相关的杂志，或附设健康俱乐部、瑜伽教室，或放映外国运动影片，举办健康食谱讲习班等）、提供健康设施（如设置按摩器、健身器、氧气供应等）、提供健康环境（如禁烟餐厅等）等，以此适应人们观念上的变化及其要求。

药膳的保健作用，已为越来越多的人所认识。药膳餐厅也越开越多。富含高纤维的蔬菜和水果，没有污染且营养丰富的野菜，在餐馆菜肴中所占比例日渐扩大，而原来作为餐馆的主菜、大菜的高脂肪、高蛋白食品则退居次要的地位。因为据科学分析，高纤维食品能够起到降低胆固醇，减低癌症罹患率，控制血糖浓度的作用；而一向不为餐馆所重视的野菜，因其味美且没有污染，安全可靠，又兼富含胡萝卜素、抗坏血酸和核黄素等有利健康的微量元素，具有良好的药用价值。据分析，野菜中的荠菜具有和脾利水、止血明目的作用，枸杞具有滋肝补肾、益精壮阳的功用，马兰头具有清肺消炎、止血凉血的作用，菊花脑有疏风散热、平肝明目的作用。野菜已成为市民餐桌上的重要内容，而餐馆亦适应市民消费需求的变化，纷纷推出了各种精工细作的野菜时蔬。

3. 政治法律环境

餐饮企业所在国家或地区的政局是否稳定对企业经营者来说尤为重要。

（1）国内政治环境。包括党和政府的各项方针、路线、政策的制定和调整对企业市场营销的影响。企业要认真进行研究，领会其实质，了解和接受国家的宏观管理，而且还要随时了解和研究各个不同阶段的各项具体的方针和政策及变化趋势。

（2）国际市场营销政治环境。一般分为政治权力和政治冲突两部分。随着经济的全球化发展，我国企业对国际营销环境的研究将愈来愈重要。政治权力指一国政府通

过正式手段对外来企业权利予以约束，包括进口限制，外汇控制、劳工限制、国有化等方面。政治冲突主要指国际上重大事件和突发性事件对企业营销活动的影响。

（3）法律环境。指国家或地方政府颁布的各项法规、法令和条例等。法律环境对市场消费需求的形成和实现，具有一定的调节作用。各个国家的社会制度不同、经济发展阶段和国情不同，体现统治阶级意志的法制也不同，从事市场营销的企业，必须对有关国家的法律制度和有关的国际法规、国际惯例有所了解。企业研究并熟悉法律环境，既保证自身严格依法管理和经营，也可运用法律手段保障自身的权益。

4. 经济环境

经济环境一般指影响企业市场营销方式与规模的经济因素，它是宏观环境分析中最为重要的方面。经济环境也是具体因素最多、对市场具有广泛、直接影响的环境内容。宏观经济环境包括经济体制、经济增长模式、经济周期与发展阶段以及经济政策体系等大的方面，包括居民的收入水平、市场价格水平、利率、汇率、税收等经济参数与政府调节取向，包括更具体的经济因素——居民收入来源，可处置收入比例以及支出结构等。

在众多的经济因素中，餐饮营销人员首先要分析的是宏观经济的总体状况，其中的关键指标有国民生产总值（GNP）增长率、银行的利率水平、劳动力的供给（失业率）状况、消费者收入水平、价格指数的变化（通货膨胀）等。在这些经济指标的引导下，宏观分析所在国家或地区的经济发展形势是属于高速发展还是属于低速发展或者是处于停滞倒退状态。一般说来，在宏观经济大发展的情况下，市场扩大、需求增加，企业发展机会就多。在国民经济处于繁荣时期，餐饮业会有较大的发展。反之，在宏观经济低速发展或停滞甚至倒退的情况下，市场需求增长很小甚至降低，各行业的发展机会也就少。

5. 社会文化环境

美国人类学家爱德华·霍尔曾经说过："我们的客户一而再、再而三地撞到无形的墙上……我们明白他们撞上的是截然不同的生活和思维方式，以及家庭、国家、经济制度甚至人本身的不同看法。"他所指的意思是文化差异是无形的，营销者如果不理解这点，很难在工作中取得成功。

一个国家、地区或民族的传统文化以及受其影响而长期形成的消费观念、风俗习惯、伦理道德、家庭关系，以及开放和国际化带来的现代文化，构成了营销活动的人文与社会环境。人文与社会环境的组成内容相当丰富，不同国家、地区、民族之间的差别非常明显。不同的国家有着不同的主导文化传统，也有着不同的亚文化群、不同的社会习俗和道德观念，从而会影响人们的消费方式和购买偏好，进而影响着企业的经营方式。因此餐饮营销者必须了解社会习俗、社会道德观念等文化因素的变化对企业的影响。特别是从事餐饮业服务的营销者更应该明了，世界各地的人们都对各自的文化充满感情，文化不存在对错好坏问题，只存在差异。餐饮企业管理者应当了解各国客人所处的社会文化背景，有针对性地开展营销工作。

小案例

重视人们对文化知识的追求

当今的社会发展一日千里，信息在爆炸、知识在爆炸，许多人为了赶上时代发展的步伐，都在忙于给自己“充电”，对文化知识的追求显示出了前所未有的热情。人们这种强烈的求知欲，即使是在进餐时也不例外。有些餐馆就针对这种需要，在餐馆中备有报纸、杂志、书籍等供客人随意阅读。有的餐馆还举办各种讲座、学习班、文化沙龙等活动。有的餐馆定期刊出有关营养、保健、医疗知识等方面的板报和印刷品。还有些餐馆就像个小型的展览厅，各自以不同的主题陈列着各式各样的相关物品，顾客在这里可以从中获取许多有用的知识。

东京惠比寿有一家休闲餐厅，店中有外国人专任教师教授英文会话。采用会员制，第一次试听顾客，1 小时付费日币 400 元，第二次就需付年费日币 4000 元，这种附加咖啡或红茶的学习英文会话方式，颇受欢迎。该店为了促进顾客彼此之间的友谊，每两个月举办一次郊游、露营、舞会等活动。在美国康涅狄格州有一家赠书餐厅，顾客不仅能在这里边就餐边阅读，甚至还能得到老板赠送的书本，尽管他的饭菜是一流的，但许多顾客却是醉翁之意不在酒，而是看中了他的书。自实行赠书活动后餐厅的营业额上升了 40%。

深圳竹园宾馆独树一帜，高举“竹文化”的旗帜。一方面有效地树立了“竹园”的形象，同时也迎合了人们的消费心态，使人闻雅名而生慕心，因慕心而欲亲身领略，享受温柔高雅的服务，领略贯穿于服务全过程的竹的风骨和竹园文化，因此回头率高达 60%。

2019 年 2 月，肯德基携手杜甫草堂博物馆联合打造的首家天府锦绣主题餐厅正式亮相成都市中心天府广场，与往常人们熟悉的餐厅风格并不一样。这家餐厅在装修与布置上都充盈着浓浓的杜甫草堂文化气息，门头上勾勒着传统的祥云图案，玻璃上贴着草堂风貌的图案。墙上描绘着唐朝人的生活场景图案，桌面、墙壁上处处是杜甫的经典诗歌及其相关的书画作品。餐厅取餐台旁的 3D 全息投影，立体还原了杜甫故居草堂的春夏秋冬，同时还伴有杜甫描写春夏秋冬的诗歌，如春天是“春夜喜雨”，夏日则“仲夏苦夜短”，秋天到了则“秋高风怒号”，隆冬时节“季冬树木苍”等。这家餐厅自开业以来吸引了不少带孩子的市民前来就餐。

在日本还有一种电影餐饮店，利用餐厅的一角辟为可容纳 20 人的小电影院。在日本福岛有家叫“花诗集”的咖啡店，是当地传送民歌动向的最新消息站，汇集了许多民歌爱好者。店内为每一位歌手准备了一本笔记本，任何歌迷都可以在笔记本上传送心声给歌星们，等本子满了以后，便直接寄给歌星本人。此项服务受到了许多爱好者的欢迎。

6. 科学技术环境

科技力量从两个方面影响餐饮企业的发展。①技术革新为企业创造了机遇，这主要表现在：一是新技术的出现使得社会和新兴行业增加了对餐饮行业产品的需求，从而使得企业可以开辟新的市场和新的经营范围；二是技术进步使得企业可以通过利用新的生产方法、新的生产工艺过程或新材料等各种途径生产出高质量、高性能的产品，同时使得产品成本大大降低。②新技术的出现也使企业面临着挑战，技术进步会使社会对企业产品和服务的需求发生重大变化。技术进步对某个产业形成机遇，却可能对另一个产业形成威胁。

任务二　餐饮市场营销微观环境分析

一、餐饮市场营销微观环境构成内容

（一）概念

餐饮市场营销微观环境是指与餐饮企业紧密相连、直接影响餐饮企业市场营销能力的各种因素和力量的综合，主要由企业内部环境、营销渠道企业、消费者、竞争企业和社会公众等方面组成。企业的营销活动能否成功，除营销部门本身的因素外，还受到以上诸多因素的影响。

一般情况下，宏观环境因素决定微观环境因素，宏观环境常常通过微观环境作用于企业的营销活动，对企业营销活动产生制约和影响。不过，微观环境对宏观环境也具有重要的反作用。所有环境因素直接或间接、单独或交叉地对企业构成机会或威胁。面对机会，餐饮企业要努力抓住，及时地将潜在机会变为企业发展的良机；面对威胁，企业要提前发觉，尽快采取策略，或对抗，或转移，减少损失。因此，企业趋利避害的基础是其对微观市场营销环境及其发展变化的客观认识和分析。

（二）餐饮微观市场营销环境的构成

企业的微观营销环境主要由企业内部各部门、供应商、营销中间商、消费者、竞争对手、社会公众组成。

其中企业微观环境的主要行动者：供应商——企业——营销中间商——消费者（顾客）构成的链条是企业的核心营销系统。同时，企业还受到另外两个群体的影响，即竞争对手和公众。

1. 餐饮企业内部

过去的就餐者只要能找个吃的地方就心满意足了，然而今天的餐饮企业必须通过努力才能赢得顾客的欢心。过去的顾客出门直奔指定的招待所餐厅，现在他们可以游刃有余地在激烈竞争的饭店中任意挑选和讨价还价。因此，餐饮企业要开展营销活动，必须成立某种形式的营销部门。它要瞄准特定的市场类别，以此作为餐饮企业的主要生意来源；要了解和运用错综复杂的分销系统；要担负销售餐饮产品——菜肴、酒水、服务、宣传广告和公关的职责；同时要随时关注市场上竞争者的出现和顾客需求的变化，及时调整战略，制订相应的营销方案。

在大多数餐饮企业中，营销部由营销与销售总监领导，其下属的销售经理、广告和公关经理及宴会销售经理向该总监汇报工作。这些人分别负责餐饮整体营销任务中的某项具体活动；销售人员负责寻找生意，给个人和公司打销售电话；广告和公关人员通过设计优秀的广告吸引客人，为饭店创造良好形象，宴会销售人员专门寻找和预定团体业务和会议业务。

通常，餐饮的营销职能被公认为是餐饮营销的精髓。营销职能不是孤立存在的。每个部门、每个员工都应该参与到这项满足客人需求的工作中来。这要求营销部与餐饮企业内部各部门之间的通力合作与协调。这种合作对营销决策的制订与实施影响极大，这些部门构成了营销计划制订者所必须考虑的企业内部微观环境。

2. 餐饮供应商

供应商是影响企业营销微观环境的重要因素之一。餐饮企业的供应商是向餐饮企业及其竞争对手，供应他们为生产特定的餐饮实物产品和无形服务产品所需的各种资源的工商企业或其他组织与个人。供应商提供的资源主要包括原材料、设备、能源、劳务、资金等。

供应商对餐饮营销活动的影响主要表现在以下三个方面：供货的稳定性和及时性；供货的价格变动；供货的质量水平。

3. 营销中间商

餐饮营销中间商是指处在餐饮生产者与消费者之间，参与商品流通业务，促使买卖行为发生和实现的集体和个人。它包括经销商、代理商、批发商、零售商、营销服务机构和金融中间商等。这些餐饮营销中间商一方面要把有关产品信息告知现实和潜在的消费者；另一方面又要使消费者得以方便地克服空间障碍及时到达备有餐饮产品的地方去。

餐饮中间商一般都处于旅游消费者密集的大中城市里，他们都有各自的目标群体。因次，通过他们易于沟通餐饮企业和顾客之间的联系。餐饮中间商是一批餐饮专门人才，他们的工作人员一般都受过餐饮专业训练，懂业务，有经验，最了解市场，也掌握消费者心理。他们能够给顾客提供最有价值的信息，帮助顾客选择最理想的餐饮产品，从某种意义上来说中间商可以帮助餐饮产品供给者提高产品质量。

4. 消费者

在餐饮企业中，消费者关心的核心问题是他的需求是否能够通过某一产品或服务而得以满足。市场营销所面对的挑战是并非所有的消费者都有同样的需求。按照不同的购买动机，消费者市场有不同的类型，餐饮企业可以根据自身的实际情况来选择合适的目标市场。

小资料

另类餐馆商机迭现

自定价餐馆

广东有一家名为“自定价格”的餐馆，店主别出心裁地想出一个由顾客自定价格的经营方式。店主将餐馆经营的各种菜肴、点心、饮料等分成五六种一套的套餐，每种套餐分别规定了高低不等的五种价格，由顾客自己在用餐结束后任选其中一种价格付账，店家决无二话。

而实际情况如何呢？据老板自己介绍，大部分顾客都是付一二等价格的，因为来就餐的顾客，认为自定价格偏低，有失体面。只有当顾客对餐馆的菜肴感到不合胃口，或遇到质量不好、服务不周时，才赌气只付三等价钱，这种情况十分少见。

该店老板认为，让顾客自定价钱，一方面可以招徕顾客；另一方面可以根据顾客付款情况来反馈自己的服务质量，以便改进经营，提高菜肴制作水平。该餐馆为此生意兴隆，食客云至。

DIY餐馆

其实，很多喜欢烹饪的顾客，自己都有一个或几个拿手菜。平时，他们只能在家中一显身手。如果开一家允许顾客到厨房炒菜的餐馆，不仅可以使一些顾客向亲友"炫耀"自己的厨艺，又能使顾客品尝到不同口味的美食，而且其形式也非常新鲜有趣，具有独特的吸引力。

上海就有这样一家"DIY"餐馆，如果顾客有自己炒菜的愿望，便可提前向餐馆预订所需原料、佐料等。餐馆将所有的原料和佐料切好、配好，然后由顾客掌勺炒菜，炒好的菜端到顾客就餐的餐桌。餐馆还把灶台、炒勺等工具搬到台前，让顾客在大家面前展示自己的厨艺，使顾客颇有成就感。

对于顾客炒的菜，该餐馆只收取工料的成本费用，因为，顾客一般只炒一两个菜。但如果顾客要求全部由自己去炒，该餐馆就会对菜的价格作适当的上浮调整。

怀旧餐馆

华灯初上，越来越多的人喜欢走出家门。晚上消费成了现代城市人的一种习惯。

杭州有一家名为"24小时怀旧餐厅"。餐馆内的装饰没有酒店的豪华，但也不同于一般餐馆的无个性。餐馆内装饰的都是一些民情风俗的黑白老照片、老城市市井图、老唱机、唱片、挂钟、老相机、旧草帽、旧书包、瓷器等。据店主刘女士说，这些有独特个性的老物件，极易引起顾客的好感和亲切感。

刘女士还说，餐厅内的餐桌椅都不是新的，因为这样她便可根据各种怀旧风格自做，如想突出老上海的酒吧风格，就装饰成酒吧的样子；如要突出知青风格，可以找些树皮、竹片做装饰，挂上一幅老奖状、一个军用书包，再挂些农作物就行；如想突出民俗风情，还可以找一些大红的木牌坊、循环不息的水车、石磨、剪纸等。为使餐馆的"怀旧"气氛浓烈，她常会放一些老歌曲，以引起人们的怀旧情思，营造不同的怀旧风格。现在，她的餐馆每天营利都在千元以上。

画廊餐馆

中国香港有一家"画廊餐馆"。餐馆里每张桌子的台布上都铺有一张大画纸，桌面上放着一个插满彩色笔的杯子，当顾客酒酣心热时，可以随时在画纸上涂绘，大有李白斗酒诗百篇、张旭醉后狂草美的意韵。如果顾客的作品上档次，便有机会被画廊展出和出售，达到“名利双收”的效应。如此一来，餐馆吸引了众多的专业、业余画家及绘画爱好者前来就餐，有人甚至不惜排队等候。而一般顾客在这里除享受美味佳肴外，还能欣赏形形色色、五花八门的图画，并能买到价廉物美的美术作品。这一“脑筋开窍、生意大好”的举措，吸引了众多顾客，使原本偏僻的酒店生意格外红火。

棋赛餐馆

河南唐河县一家饭店老板突发“棋”想，决定用棋赛招待顾客。他在店内设立了奇特的棋赛。所有的棋子都是特别的小酒吧瓶。顾客双方对弈时，只要吃掉对方的“棋子”，便可将其中的酒喝掉。由于这里既有酒喝，又可以下棋取乐，所以深受棋迷酒友的欢迎。

留言餐馆

天津有一家“留言餐馆”，该店吸引了众多的情侣和在校学生前往。在餐馆内两面约20平方米的墙上，填满了各种留言：第一类是许愿，如“如果我考上了大学……”“我希望我可以和女友 ×× 永远在一起”；第二类是一些渴望自由和快乐的话语，如“我希望我永远快乐”；第三类是情感流露式的话语，如“我爱你 ××”；第四类是交友类留言，如“希望我们能成为好朋友……”。

据“留言餐馆”的老板表示，每到这里来就餐的客人在墙上留下话语后，下回还会再来光顾的，而且会找回原来的位置，看看自己曾经留下的笔迹，所以生意十分兴隆。

5. 竞争者

企业要在市场中生存，就会有各种各样的竞争对手。企业之间形成的竞争使企业一方面感到了压力，另一方面也看到了改善竞争地位的机会。

6. 社会公众

公众是指对一个企业完成其营销目标的能力有着实际或潜在兴趣或影响的群体。从餐饮企业的角度来看，公众是指对餐饮企业实现市场营销目标的能力有实际或潜在利害关系和影响力的团体或个人。企业面对的广大公众的态度会协助或妨碍企业营销活动的正常开展。公众直接关系企业的命运，所有的企业都会积极采取措施，以便在公众面前树立良好形象。一般来讲，企业所面对的公众主要有融资公众、媒介公众、政府公众、社团公众、社区公众、内部公众和一般公众。

二、餐饮市场竞争者分类、分析、策略

（一）餐饮市场竞争者的分类

市场竞争者是餐饮企业营销活动的重要的微观环境因素之一。从消费需求的角度划分，每个企业都面临四种类型的竞争者，即愿望竞争者、一般竞争者、产品形式竞争者和品牌竞争者。

（二）餐饮市场竞争者的分析策略

（1）愿望竞争者是指提供不同产品以满足消费者不同需求的与企业构成竞争关系的众多企业。消费者的需要是多方面的，但很难同时满足，在某一时刻可能只能满足其中的一个需要。例如，一个家庭成员过生日，是选择去星级饭店的餐厅就餐还是选择去普通餐馆就餐，目前这个家庭的愿望对酒店和餐馆来说，就叫“愿望竞争者”。

因此，从最广泛意义上说，生产不同产品、满足消费者不同需求的企业间存在着竞争关系。

（2）一般竞争者是指提供不同产品以满足人们同一需求的与企业构成竞争关系的众多企业。消费者会在确定目前需求的基础上进一步判定选择，即“采取什么方法能满足这一欲望”。例如，上述家庭经过反复考虑，决定去普通餐馆就餐庆祝生日。而满足这一愿望，可选择经营各种菜系的餐馆，这种餐馆就属于“一般竞争者”。

因此，对企业而言，消费者选择的过程使这些餐饮产品的生产经营者之间形成一种竞争关系，它们也就相互成为一般竞争者。

（3）产品形式竞争者是指提供满足消费者同一需要不同形式的同一种产品的与企业构成竞争关系的众多企业。消费者在满足同一需要的产品中要进一步决定购买其中的某一类产品，例如，上述家庭在选择好菜系之后，他们可以选择高、中、低档次的餐馆，这种餐馆档次，就叫作“产品形式竞争者”。

（4）品牌竞争者是指提供满足消费者同一需要的同种形式的不同品牌产品的与企业构成竞争关系的众多企业。消费者在同一类产品品种中会面临品牌的选择，例如，当这个家庭选定了餐馆的档次后，又要考虑选择哪个品牌呢，这种品牌餐馆又构成了“品牌竞争者”。

因此，每个企业都应充分了解消费者的购买决策过程，确定目标市场的竞争者，了解其策略，熟悉其产品特征，做到知己知彼，扬长避短，以自身的优势吸引目标市场的顾客，提高市场占有率。

任务三　餐饮市场环境综合因素 SWOT 分析

一、SWOT 分析方法的含义

SWOT 分析法是进行企业外部环境和内部环境分析，从而找出二者最佳可行战略组合的一种分析工具。它是一种用于检测公司运营与公司环境的工具，是编制营销计划的首要步骤。

S 代表企业的长处或优势（Strengths），W 代表企业的弱势或劣势（Weaknesses），O 代表外部环境中存在的机会（Opportunities），T 代表外部环境所构成的威胁（Threats），如图 2-2 所示。

内部优势（S）	内部劣势（W）
· 市场营销的丰富经验 · 拥有创新产品或服务 · 拥有知识产权 · 具有成本优势 · 具有规模效益 · 质量工序与品质程序合理 · 其他能对产品与服务产生增值效应的方面	· 缺乏市场营销经验 · 产品或服务滞后 · 战略方向不明 · 竞争地位恶化 · 声誉不良 · 相对竞争对手成本过高 · 其他
外部机会（O）	**外部威胁（T）**
· 新兴市场的出现，如互联网 · 兼并、合资、战略联盟 · 进入细分市场获取更多盈利 · 新兴的国际市场 · 竞争对手退出的市场 · 其他	· 竞争对手进入本地市场 · 价格战 · 竞争对手研发出创新性的产品或服务 · 竞争对手拥有更好的分销渠道 · 政府对产品或服务开始征税 · 其他

图 2-2 SWOT 的含义

餐饮企业内部的优劣势是相对于竞争对手而言的，表现在资金、技术设备、职工素质、产品市场、管理技能等方面。衡量企业优劣势有两个标准：一是资金、产品、市场等一些单方面的优劣势；二是综合的优劣势，可以选定一些因素评价打分，然后根据重要程度进行加权，取各项因素加权数之和来确定企业是处在优势还是劣势。企业应扬长避短，内部优势强，就宜采取发展型战略，否则就宜采用稳定型或紧缩型战略。

餐饮企业外部环境是企业所无法控制的，有的对企业发展有利，可能给企业带来某种机会，如宽松的政策，技术的进步，就有可能给企业降低成本、增加销售量创造条件。有的外部环境对企业发展不利，可能给企业带来威胁，如紧缩信贷、原材料价格上涨、税率提高等。来自餐饮企业外部的机会与风险，有时需要与竞争对手相比较才能确定。有利条件可能对所有餐饮企业都有益，风险也不仅是威胁某一企业，因此，在有些情况下还要分析同样的外部环境到底对谁更有利或更无利。当然，餐饮企业与竞争对手的外部环境是不可能完全相同的，但很多时候却有许多共同点，此时，对机会与风险的分析就不能忽略与竞争对手相比较。

二、SWOT 分析策略

在对企业进行 SWOT 分析时，应分析企业内部环境，列出企业目前所具有的长处和弱点；分析企业外部环境，列出对于企业来说外部环境中存在的发展机会和威胁；最后综合以上情况，进行组合分析。根据每一种外部环境和企业内部条件的组合，制订出相应的应对策略。

1. 长处——机会（SO）组合

外部环境为企业提供了良好的发展机会，企业又能够凭借自身的长处和资源来最大限度地利用这个机会，这无疑是一种最理想的组合，宜采用发展型战略。但在竞争异常激烈的行业中，任何企业要想长久地处于这样的位置都是相当困难，所以一定要居安思危，保持危机感和紧迫感。

2. 长处——威胁（ST）组合

在这种情况下，企业应该利用自身的长处来对付外部环境的威胁，但这并非意味着企业必须用其自身的实力来正面迎击外部环境的威胁，而是应该扬长避短，采用多种经营策略达到发挥优势、降低威胁的目的。

3. 弱点——机会（WO）组合

在这种情况下，企业应采用的策略原则是通过外在的方式来弥补企业的弱点，以最大限度地利用外部环境中的机会，可采用先稳定型后发展型的策略。如果此时不采取任何行动，就等于将机会拱手让给了竞争对手。

4. 弱点——威胁（WT）组合

企业应尽量避免处于这种状态，但如果企业无法回避而不得不面对这种状态时，通常有两种选择，要么破产倒闭，要么破釜沉舟，置之死地而后生。事实上，企业要想摆脱这种不利境地，可以采取紧缩型战略，通过苦练内功，对内部进行优化整合，变弱点为长处来迎接外部环境的挑战。但这种做法往往受到企业自身条件（如财力、人力和技术水平）的限制。另外竞争对手也不会给企业留出充足的时间。因此，要想扭转企业所面临的不利局面，较明智的战略是通过合并重组，在短时间内迅速壮大企业的实力，以抗衡外部威胁。

需要注意的是，SWOT分析法因主观性强，在进行SWOT分析时，必须对企业的优势与劣势有客观的认识，要明确区分公司的现状与前景，考虑要全面，进行SWOT分析时必须与竞争对手进行比较，是优于还是劣于竞争对手。并且，要保持SWOT分析法的简洁化，避免复杂化与过度分析。

小知识　波士顿矩阵

波士顿矩阵又称波士顿咨询集团法、四象限分析法、产品系列结构管理法，是由美国大型商业咨询公司——波士顿咨询集团（Boston Consulting）首创的一种规划企业产品组合的方法，如图2-3所示。波士顿矩阵的基本思想是借助相对市场占有率和增长率两个指标构成一个产品组合矩阵，并结合其销售额，综合评价餐饮企业每一个产品的市场状态及其资金潜力。

波士顿矩阵四象限产品的含义及特点如下。

一是“明星”产品。是指高增长率和高相对市场占有率所组成的象限中的产品。根据餐饮产品生命周期理论，一般情况下，产品总要经历引入期、成长期、成熟期和衰退期这样一个发展历程，那么“明星”象限产品基本为成长期后期的产品（一般把10%的增长率作为成长期和成熟期的分界线），属于既畅销又赢利的产品，而且由于餐饮产品不像独立的实体产品需要大量的市场营销费用，所以它能给企业带来大量的利润，产生较多的现金净流量。

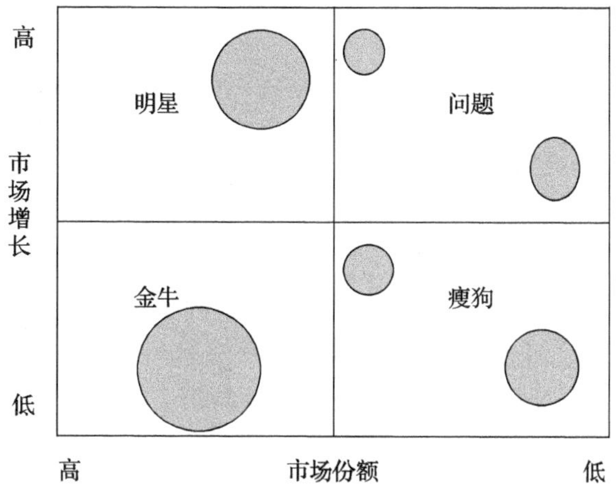

图 2-3 波士顿矩阵

二是“金牛”产品。是指高相对市场占有率和低增长率的产品。“金牛”产品基本上是成熟期的产品，它正为企业提供大量正的现金净流量是企业利润的主要来源，可以用以扶持其他产品的增长或用于企业其他开支。

三是“问题”产品。是指高增长率和低相对市场占有率所组成的象限中的产品，基本为成长期前期的产品。“问题”产品的高增长需要大量的资金支持，低市场占有率又决定了其回报不足，因此在现金净流量上可能出现较大的负数。同时它作为成长期前期的产品不一定能成长为带来丰厚利润的成熟期产品。

四是“瘦狗”产品。是指低相对市场占有率和增长缓慢甚至负增长的产品。“瘦狗”产品基本上是引入期或衰退期产品。对引入期产品来说，现金净流量往往呈现负数，而衰退期产品的现金净流量一般能够大体持平。

波士顿矩阵各象限产品的营销策略及规划如下。

一是发展。目的是扩大战略产品的市场份额，甚至不惜放弃近期收入来达到这一目标。这一战略特别适用于“问题”产品，如果它们要成为“明星”产品，其市场份额必须有较大增长。

二是维持。此目标是要保持战略产品的市场份额。这一目标适用于强大的“金牛”产品，如果它们要继续产生大量的现金流量。

三是收获。此目标在于增加战略产品的短期现金收入，而不考虑长期影响。这一战略适用于处境不佳的“金牛”产品，这种产品前景黯淡而又需要从它身上获得大量现金收入，收获战略也适用于“问题”产品和“瘦狗”产品。

四是放弃。此目标在于出售或清理产品，以便把资源转移到更有利的领域。它适用于“瘦狗”产品和“问题”产品，这类产品常常拖公司盈利的后腿。对于处于“明星”位置的，应珍惜机会加强力量；处于“瘦狗”位置的，如果没有非常站得住脚的理由来维持，就必须坚决放弃。

任务实施

SWOT 分析方法的分析步骤如图 2-4 所示。

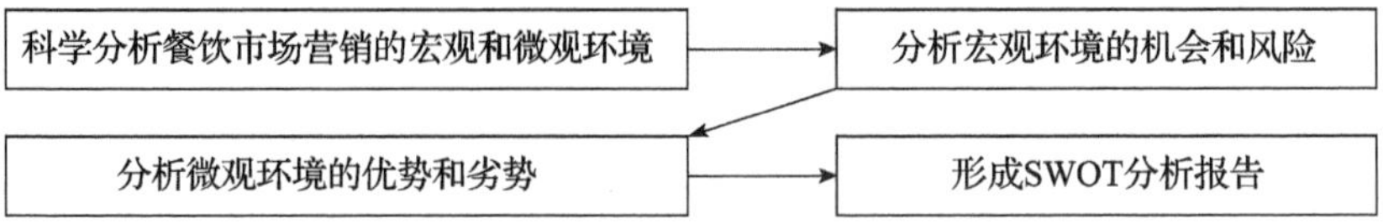

图 2-4 SWOT 分析方法的分析步骤

第一步：科学分析餐饮市场营销的宏观和微观环境。

SWOT 分析法是进行企业外部环境和内部环境分析，从而找出二者最佳可行战略组合的一种分析工具。所以，科学分析餐饮市场营销的宏观和微观环境是 SWOT 分析法的基础。

第二步：分析宏观环境的机会和风险。

企业机会，就是对这个企业的营销活动具有吸引力的、能享有竞争优势和获得差别利益的环境机会，即营销环境中对该产品营销的有利因素。企业营销人员对于已发现和识别的市场机会，还要根据自己的目标和资源进行分析评估，从中选出对本企业最适合的营销机会。

企业经营风险是市场营销的不利因素，它是生产经营活动中长期存在的客观现象。随着市场经济的发展、市场竞争的加剧，风险经营管理的重要性日益提高，营销人员应在营销活动中针对企业经营目标，以最小的费用将风险减轻到最小限度。

第三步：分析微观环境的优势和劣势。

餐饮企业内部的优劣势，表现在资金、技术设备、职工素质、产品市场、管理技能等方面。企业应扬长避短，内部优势强，就宜于采取发展型战略，否则就宜于采用稳定型或紧缩型战略。

第四步：形成 SWOT 分析报告。

根据分析结果，形成 SWOT 分析报告。分析报告要在保证全面系统地反映客观事物的前提下突出重点，提高其针对性、实用性。报告内容要简明扼要，并对其结构和内容精心组织、妥善安排，给人以完整、系统的印象。

任务总结

通过了解餐饮市场营销环境的概念、特征、作用，全面掌握餐饮市场营销宏观环境构成因素，通过合理的方法，初步学会分析餐饮企业市场营销所面临的宏观环境，并形成餐饮市场营销宏观环境分析报告，为餐饮企业提供一些有参考价值的宏观市场环境信息。

SWOT 分析法是进行企业外部环境和内部环境分析，从而找出二者最佳可行战略组合的一种分析工具。它是一种用于检测公司运营与公司环境的工具，是编制营销计划的首要步骤。

在对企业进行 SWOT 分析时，应分析企业内部环境，列出企业目前所具有的长处和弱点；分析企业外部环境，列出对于企业来说外部环境中存在的发展机会和威胁；最后综合以上分析，进行组合分析。根据每一种外部环境和企业内部条件的组合，制定出相应的应对策略。

实训项目

目标

（1）培养学生初步了解 SWOT 分析法；

（2）培养学生在所学知识的基础上，能正确运用 SWOT 分析法分析餐饮市场营销环境。

内容与要求

学生利用掌握的 SWOT 分析法，对自己所在城市的某家餐饮企业进行 SWOT 分析，形成分析报告。

组织与实施评价

（1）以项目团队为学习小组，选出项目负责人；

（2）建立沟通协调机制，团队成员共同参与、协作完成任务；

（3）各项目团队根据收集的资料和补充的资料进行分析讨论；

（4）评价与总结：各项目团队提交分析报告，并根据报告进行评估。

评估指标及标准如表 2-1 所示。

表 2-1　SWOT 分析技能评价评分表

被考评人			考评地点			
考评内容		考评标准	分值 / 分	自我评价 / 分	小组评价 / 分	实际得分 / 分
专业知识技能掌握	SWOT 分析方法的含义	熟悉	15			
专业知识技能掌握	SWOT 分析策略	熟练掌握	25			
	报告完成情况		20			
通用能力培养	学习态度	积极主动，不怕困难，勇于探索	15			
	团队分工合作	能融入集体，愿意接受任务并积极完成	15			
	道德自律 041	自觉遵守纪律，有责任心和荣誉感	10			
合计			100			

注：1. 实际得分 = 自我评价总分 ×40%+ 小组评价总分 ×60%。

2. 考评满分 100 分，59 分及以下为不及格，60—74 分为及格，75—84 分为良好，85 分及以上为优秀。

复习思考题

一、填空题

1. ________是指与餐饮企业市场营销活动有关的一切内外部因素和力量的总和。
2. 宏观环境因素与微观环境因素共同构成________、________、多变的企业市场营销环境的综合体。
3. 近年来，越来越多的主题餐厅涌现，如“音乐餐厅”“怀旧餐厅”等，是考虑到了餐饮市场营销微观环境中的________因素。
4. 市场营销宏观环境是企业营销环境的社会大背景，近年来网络上涌现出越来越多的“吃播”“探店”等现象，正是源于宏观环境中________因素的改善。
5. 餐饮市场营销微观环境是指与餐饮企业紧密相连、直接影响餐饮企业市场营销能力的各种因素和力量的综合，主要由________、________、________、________和________等方面组成。

二、选择题

1. 餐饮市场营销宏观环境中的政治法律环境包括________。
   A. 国内政治环境　　B. 国际市场营销政治环境
   C. 法律环境　　D. 国内文化环境
2. 餐饮营销中间商的特点是________。
   A. 购买产品和服务　　B. 购买次数较多，但每次购买数量较小
   C. 由专家购买　　D. 购买次数较少，但每次购买数量较大
3. 企业的目标市场可以是________。
   A. 消费者市场　　B 生产者市场　　C. 中间商市场　　D. 非营利性组织市场
4. 每个企业都面临四种类型的竞争者，即________。
   A. 愿望竞争者　　B. 一般竞争者　　C. 产品形式竞争者　　D. 品牌竞争者
5. 在 SWOT 分析策略中，可采用先稳定型后发展型的策略是________。
   A. 弱点——机会（WO）组合　　B. 长处——机会（SO）组合
   C 长处——威胁（ST）组合　　D. 弱点——威胁（WT）组合

三、简答题

1. 餐饮市场营销环境的特征是什么？
2. 餐饮市场营销环境的作用有哪些？
3. 供应商对餐饮营销活动的影响主要表现在哪三个方面？
4. 餐饮市场营销宏观环境构成因素包括什么？
5. 简述 SWOT 分析策略。

项目三

消费者购买行为分析

学习目标

知识目标

1. 了解马斯洛需要层次理论与餐饮消费需要；
2. 熟悉餐饮消费者需求特点及发展趋势；
3. 了解消费者外出就餐的动机；
4. 理解餐饮顾客购买行为模式内容。

能力目标

能够对餐饮消费者的购买行为过程进行分析。

任务导入

自己在啤酒作坊里酿造啤酒，两个星期后从储藏室里搬出那一桶自己酿制的啤酒，或自饮或与众人分享，这并非神话，也并非来自欧洲中世纪的一个传奇故事。位于北京的 ×× 啤酒自酿场，可以让每个有兴趣的消费者体味到这一切。正由于此，北京 ×× 啤酒自酿场才生意兴隆。

任务分析

尽管在许多城市，酒店饭馆到处皆是，但能天天爆满、收益丰厚的却并不是很多。为什么有些酒店不愁客源，有些却生意清淡呢？消费者的需求是多层次、多方面的，作为餐饮行业的经营者，只有摸清了消费者的口味并投其所好，才能把生意做活做大。

马斯洛曾把人的需要分为五个层次，其中最高一个层次是自我实现的需要。北京 ×× 啤酒自酿场运用了顾客在一定范围内自我实现的需要，使“上帝”们圆了个性化消费的美梦，自然趋之若鹜。

由此可见，消费者的购买行为与其消费需求和动机密切相关。餐饮顾客的购买行为也非常复杂，不同顾客对餐饮产品的购买表现出很大的差异。现代餐饮营销人员有必要了解和把握不同顾客餐饮消费行为的规律性，研究顾客购买行为模式，分析顾客购买行为，才能更好地开展营销活动。

知识准备

任务一　消费者需要理论

美国心理学家马斯洛在1943年发表的《人类动机的理论》一书中提出了著名的人的需求层次理论。人的需求有一个从低到高的发展层次，低层次的需要是生理需要，向上依次是安全需要、社交需要、尊重需要和自我实现的需要。

根据这一理论，人的需求不仅多种多样，而且具有层次性、发展性。①人们总是首先满足基础层次的需求，然后向较高层次的需求转移；②人的某一时期的行为取决于该时期最迫切的需求，并受其支配；③某种需求一经满足，便转化为其他方面的需求。当然，马斯洛上述需求层次理论只强调个人内在价值的实现，忽视了社会理想对人的积极性的作用，具有一定的片面性，但它对分析消费者对餐饮的需求依然具有指导意义。

根据五个需求层次，可以划分出五个顾客市场，如图3-1所示。

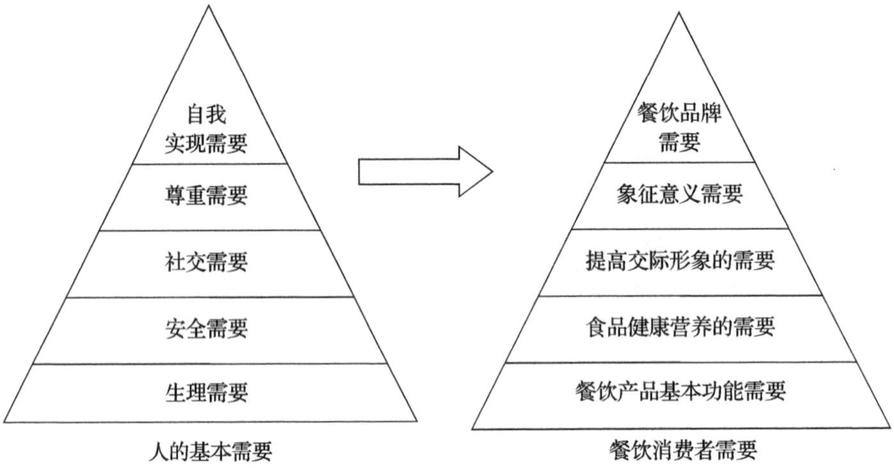

图3-1　人的基本需要与餐饮消费需求

1. 生理需要

包括对衣、食、住、行、健康、休息、锻炼等的需要。对餐饮市场而言，指满足最低层次的市场，顾客只要餐饮产品具有基本功能即可。

2. 安全需要

包括在生理上、心理上得到安全的需要。对餐饮市场而言，指满足对“餐饮安全”有要求的市场，顾客关注餐饮产品对身体的影响，如是否是健康食品等。

3. 社交需要

指有生活于和归属于某一社会群体，并得到他人关爱的需要。对餐饮市场而言，顾客关注餐饮产品是否有助提高自身的交际形象，而餐饮企业则要满足那些有“通过餐饮来交际”要求的市场。

4. 尊重需要

包括对自我尊重的需要和对社会地位及名义尊重的需要。对餐饮市场而言，指满足对餐饮产品有与众不同要求的市场，顾客关注餐饮产品的象征意义。如传统节日端午、中秋和春节的宴席。

5. 自我实现需要

包括对自己所有潜力、创造性认识的需要，并能通过自己的智力、天赋及各种能力，使自己最大的需求得到满足。对餐饮市场而言，指满足对餐饮产品有自己判断标准的市场，顾客拥有自己固定的餐饮品牌，使其适合自己的个性化需求。

不同的需求层次有不同的市场，不同市场群体的关注点又是不同的。从市场供给的角度看，餐饮产品风味林立，花色品种众多，技术要求各不相同，因此，作为一个能够很好吸引顾客的餐饮企业，首先要清楚市场的细分情况，其开发和提供的产品必须与上述顾客的需求层次相适应。餐饮市场营销必须以顾客需求为中心，充分了解饭店餐饮市场的竞争优劣势，要求员工具备大胆的创新意识和行动。

任务二　消费者餐饮需求特点及发展趋势

1. 需求多样化，经营多元化、特色化

随着人们生活的不断发展，现代餐饮消费者的需求日益呈现层次化、多元化特点。餐饮经营形式也随之在不断地适应变化，休闲餐饮、旅游餐饮、娱乐餐饮、网络订购餐饮等不同业态的餐饮将会更多地进入现代人的日常生活。同时，外来资本、品牌的进入和餐饮竞争的升级也将刺激餐饮业态，使餐饮业态不再单一，多元化的趋势日益明显。

为了迎合餐饮业多元化的发展，很多成熟的国际餐饮集团都采用多品牌的战略，利用各个品牌不同的个性满足不同的消费需求。百胜餐饮集团旗下拥有肯德基、必胜客、东方既白、小肥羊等世界知名餐饮品牌，分别在烹鸡、比萨、墨西哥风味食品及海鲜餐饮领域名列全球第一。而在中国市场内，百胜在口感上满足了西式（肯德基）和中式（东方既白）的选择，在食用方式上满足了享受氛围（必胜客）和便捷（必胜宅急送）的选择；多方面地满足了消费者的各种需求，达到了“总有一款适合你”的目的。

小资料

百胜餐饮集团

百胜中国控股有限公司是中国领先的餐饮公司，致力于成为全球最创新的餐饮先锋。自从1987年第一家餐厅开业以来，百胜中国今天在中国大陆的足迹遍布所有省市自治区，在1200多座城镇经营着8100多家餐厅。

百胜中国从Yum！ Brands（纽约证券交易所代码：YUM）分拆出来之后，于2016年11月1日独立在纽约证券交易所上市，股票代码为YUMC。百胜中国在中国市场拥有肯德基、必胜客和塔可贝尔三个品牌的独家运营和授权经营权，并完全拥有东方既白和小肥羊等连锁餐厅。

经过30年的发展，不仅在店面数量，而且在品牌知名度、社交及数字媒体营销和传播、全国供应链管理、产品质量以及创新方面都已经成为一家中国领先的餐饮企业。百胜中国超过46万的员工是企业发展的支柱，与此同时，在百胜中国积累了丰富经验的管理团队和全情投入的前线伙伴也正在继续引领发展活力充沛、直面机遇和充满欢乐的企业文化。

在包括风靡全球的肯德基原味炸鸡等产品的基础上，不断开发符合当地口味的产品，从而建立起强有力的顾客忠诚度。每一个品牌都有其专属产品，很多都是中国本土创新，同时也研发出众多独有产品与调味产品，为消费者提供美味便捷并且高品质的食物。通过在中国多年的发展与积累，已拥有深厚的消费者支持与忠诚度，各品牌的产品也已成功融入流行文化与消费者的日常生活之中。

百胜集团将通过创新产品、提升就餐体验、增强移动连接以及持续创造价值来满足消费者不断改变的需求，百胜中国对于未来长期的发展充满信心。

2. 品牌力成制胜关键

对于餐饮企业而言，品牌力的重要性不言而喻。餐饮市场的竞争最后必将是品牌之间的竞争，谁的品牌力更强，谁就能拥有更广阔的市场，因此品牌力成为餐饮企业逐鹿市场的关键。

品牌力也是吸引消费者最为关键的因素，随着人们对就餐环境、体验、服务等方面的要求越来越高，很多人都喜欢选择到一些名气大、品牌响的餐厅就餐，既能享受良好的就餐体验，又很有面子，同时也吃得放心。

一些餐饮企业之所以能够获得成功，除了产品力很强以外，品牌力可谓关键。

3. 快餐市场空间广阔

“方便”“快捷”的快餐业态可以说是人们生活节奏不断加快的产物，麦当劳、肯德基就是在这样的社会背景下诞生的。在我国，随着人们生活节奏的不断加快和收入水平的不断提高，人们对快餐的需求量在日趋增大，快餐行业具有十分广阔的市场空间，这对于众多快餐企业而言，是一个非常好的发展机会。据相关部门统计，在北京、上海、江苏、浙江等经济比较发达的省市，快餐已经占到餐饮市场份额的50%以上。快餐正成为餐饮行业的一匹黑马，一支蓬勃发展的生力军。

4. 功能日趋多元化

如今，人们去餐厅就餐不再仅仅局限于吃饭这一单一需求，还可以选择在餐厅进行商务洽谈、朋友聚会、家庭聚会等。在消费需求多元化的推动下，餐饮功能朝着多元化方向发展，如很多餐厅、酒楼不仅供人们就餐，还提供休闲、娱乐等功能。这种功能的多元化正是来自消费者需求的日益多元化和演进。因此，对于餐饮企业而言，在保持核心功能的情况下，需要进一步提高顾客满意度，从卖产品扩展到卖服务，从而提高品牌的附加值。

肯德基和麦当劳等西式快餐，从环境、菜品等方面为消费者提供了产品多元化的可能性，既可以满足正餐的需求，也可以满足休闲时段只想喝杯咖啡、找个地方坐坐的需求，还可以满足生日聚会、家庭聚会的需求。相对的，很多中餐馆只是单纯地满足了正餐的需求，使得餐厅的非用餐时段的潜能被忽视。

5. 消费时段多变性

一般来说，人们就餐的时间比较固定，基本上都是一日三餐。但随着生活、工作节奏的加快，一日三餐的固有就餐习惯也在悄然地发生变化，人们的进餐时段不再那么固定了，呈现出一定的不稳定性，什么时候饿了就什么时候吃，想吃就吃的消费需求体现得更加明显。

人们就餐消费时段上的多变性、随意性，也让很多餐饮企业发现了市场机会，实行 24 小时营业。很多餐饮店即使是在深夜、凌晨也照样顾客盈门、人声鼎沸，大大提升了门店的经营额。这种全天候的不间断供应，充分适应了工业化文明的要求，不分时段的便利与快捷充分满足了消费需求。

6. 中式餐饮，西式吃法

“中式餐饮，西式吃法”正在变得流行起来。大家也许能够感觉到，在一些经济相对比较发达的城市，很多本土餐饮企业都带有一些“洋餐”的影子，有的本土餐饮企业甚至将西餐的一些经营方式与中式餐饮相融合，有的餐厅名字取的也很洋气。可见，洋为中用、中西合璧的趋势在餐饮行业体现得越来越明显。

可以说，洋餐饮的进入，让本土餐饮企业的视野变得更为宽广，在经营上创新的渠道也变得更为多元化，为本土餐饮品牌的创新提供了很多的借鉴。这种借鉴首先体现在菜品上。很多本土餐厅都在借鉴“洋菜品”的优点来对自己的菜品进行创新，甚至很多“洋菜品”已经被本土餐饮企业引进到中餐中，如在很多本土餐厅品尝到牛排、沙拉、甜品等“洋菜品”已经是很平常的事，而很多“洋菜品”也作为创新菜而被一些餐饮企业大力推广。

除了在菜品上融合西餐元素之外，借鉴和使用西式餐具和用品、打造西式化就餐环境也是餐饮行业发展的一种趋势与潮流，典型的代表如豆捞等小火锅品牌。火锅原本是很中式的吃法，但把吃火锅的氛围布置在充满了水晶吊灯、法兰西桌布、高级餐盘餐具之中，一人一个小火锅，既方便又卫生，还充满了情调，在中式吃法之中，感受的却是西式用餐氛围。这种西为中用的方式，越来越受到年轻人的追捧。

7. 特色化更吸引消费者

有特色，就更有吸引力。在竞争日益激烈、品牌高度同质化的餐饮市场中，谁的特色越明显，谁的竞争力就越强。特色化经营已成为很多餐饮企业吸引消费者的一大差异化手段。如内蒙古小肥羊火锅、成都谭鱼头火锅都是依靠经营产品的特色而吸引消费者。除了产品特色以外，经营特色的优势也在餐饮行业的发展过程中起到很大的作用，有体现品位特色的、有体现时尚特色的、有体现文化特色的、有体现浪漫小资特色的等。这充分体现出了餐饮业态鲜明的多元化特征，特色餐饮的经营业态在各地餐饮市场中将呈现快速发展趋势。

8. 商务套餐、旅游休闲餐成热点

随着经济的发展，人们的商务用餐需求也在不断提升，商务套餐已经从单纯的解决饱腹的“快餐”提升为健康、卫生、合理搭配的“用餐”。伴随着工作节奏的加快，以及外出吃饭人口的增多，很多餐饮店甚至是火锅店都在推出商务套餐，如海底捞、苏武牧羊等火锅店都推出了火锅商务套餐。

同时，旅游、休闲餐饮也在日益升温，一到黄金周，餐饮生意就会变得比平时更为火爆，特别是一些旅游景点的餐厅，吃饭排队的现象很正常。可以预见，旅游、休闲用餐的市场将会越来越大。

9. 网络营销等新的营销手段将被广泛应用

随着网民数量的大幅度增加，人们通过网络来搜索自己中意的餐厅、美食已经是很常见的现象了，网络营销的重要性也将日益显现。在网络搜索、网络选择等因素的驱使下，很多餐饮企业网站、餐饮行业性网站都在建设中。一些企业非常注重自身网站的建设，它们利用网络进行营销的方式也增多了。

因此，网络营销无疑是餐饮企业可以拓宽并有效利用的市场推广手段，如有的餐饮企业会把餐厅当天的电子菜单发到顾客的邮箱，再如一些餐饮企业利用大众点评网的宣传与推广等，这些都是餐饮网络营销的重要方式。

小资料

口碑营销

如今，口碑营销模式在餐饮行业已经出现。例如，导吃顾问、美食侦探等职业可能人们过去连听都没听到过，但现在这些职业已经在朝着专业化方向发展。导吃顾问，简单地说就是专门为顾客推荐美食的人；而美食侦探则是通过到各种餐厅品尝菜品，帮助自己所服务的餐厅创新、改进菜品的人。这些职业现在很是吃香，特别是在一些经济发达的城市，更是可以算作热门职业了。导吃顾问很好地解决了顾客点菜难的问题，他们的意见对顾客来说显得非常重要。正是看到了这一点，不少餐饮企业正在利用导吃顾问、点菜师等专业人士的权威点评来宣传、推广自己的餐饮特色，这就是一种创新的口碑营销模式。

任务三　餐饮市场需求与需求预测方法

市场需求是指在特定的地理范围、特定时期、特定市场营销环境、特定市场营销计划的情况下，特定的消费者群体可能购买的某一产品总量。餐饮市场需求，则是指在特定的餐饮市场上，餐饮顾客在特定的条件下对某种餐饮产品的购买总量。

市场需求预测是指通过对消费者的购买心理和消费习惯的分析，以及对国民收入水平、收入分配政策的研究，推断出社会的市场总消费水平。其内容包括对某一种或几种产品潜在需求的预测；对潜在供应的估计；对拟设中的产品市场渗透程度的估计；某段时间内潜在需求的定量和定性特征。除了全部和大部分供出口的产品以外，对产品的潜在需求主要以国内市场为基础进行预测。常见的预测方法有如下几点。

一、定性预测方法

（一）专家意见法

1. 专家会议法

即通过邀请餐饮企业及行业的有关专家，通过会议面对面地就餐饮企业市场需求及变化趋势等预测问题开展深入的讨论和分析，最后综合各方意见做出预测的方法。专家会议法通过会议征集专家意见，有利于专家们相互启发，集思广益。但预测的准确性受参会者人数和素质的限制，且权威人士的意见容易左右其他人士，使最后的综合意见失去代表性。

2. 德尔菲法

这是由美国著名的兰德公司首创并用于预测和决策的方法。在餐饮市场需求预测中，餐饮企业可以将需求预测问题的目的、任务和有关资料以信函的方式邮寄给事先选定的一组专家进行反复几次函询，然后综合专家的意见，最后得出餐饮市场需求的预测结果。

德尔菲法以匿名的方式函询专家意见，消除了专家会议中参加成员之间互相心理影响的不良后果，使专家能在背对背交流意见的过程中，既独立自由地发表意见，又能吸收他人合理的意见，使自己的判断更为客观。这种方式在市场预测和其他社会经济预测中得到了普遍的应用，特别对复杂问题的解决能够收到明显的成效。但此法需要反复征询专家意见，工作周期较长。

（二）购买意向调查法

是为了预测顾客的需求变化，餐饮企业直接对顾客的购买意向进行调查的方法。购买意向实际上是顾客自己对未来需求的打算，它只在一定程度上反映了顾客的真实需求，在转化为实际购买行动的过程中还会受到一些不确定性因素的影响，因此，用这种方法进行需求预测时，需要预测人员根据自己的经验，结合对市场形式的认识，对调查结果做出准确的判断。

对购买意向的调查多采用直接的态度评定法，即由顾客自己评定购买意向。一般在调查中以如下问题进行。

您在今后三个月中打算到 ××× 餐厅来用餐吗？

肯定去□　　可能去□　　没想到□　　可能不去□　　肯定不去□

二、定量预测方法

定量预测法是利用比较完备的统计资料，运用计量方法和数学模型来推算市场发展变化，从而做出预测的方法。定量预测通常是对市场历史资料的统计分析，因此，它要求企业的市场稳定，在预测未来时，市场过去的特征、趋势和相关关系都基本保持不变。稳定的市场状态是定量预测方法得到可靠结果的基本保证。

定量预测方法很多，在此介绍以下几种常用的方法。

1. 时间序列分析法

就是将预测对象的一组观测值按时间顺序加以排列，然后运用一些数学方法使其向外延伸，以预测未来的变化。事物的现在是历史发展的结果，而事物的未来又是现在的延伸，事物的过去和未来是有联系的。市场预测的时间序列分析法，正是根据客观事物发展的这种连续规律性，运用过去的历史数据，通过统计分析法进一步推测市场未来的发展趋势。市场预测中，事物的过去会同样延续到未来，其意思是说，市场未来不会发生突然跳跃式变化，而是渐进变化的。

由于事物的发展不仅有连续性的特点，而且又是复杂多样的。因此，在应用时间序列分析法进行餐饮市场预测时应注意市场现象未来发展变化规律和发展水平，不一定与其历史和现在的发展变化规律完全一致。随着餐饮市场的发展，它还会出现一些新的特点。因此，在时间序列分析预测中，绝不能机械地按市场现象的过去和现在的规律向外延伸。必须要研究分析市场现象变化的新特点、新表现，并且将这些新特点和新表现充分考虑在预测值内。这样才能对市场现象做出既延续其历史变化规律，又符合其现实表现的可靠的预测结果。

需要指出的是，时间序列预测法因突出时间序列暂不考虑外界因素影响，因而存在着预测误差的缺陷，当遇到外界发生较大变化时，往往会有较大偏差，时间序列预测法对于中短期预测的效果要比长期预测的效果好。因为客观事物，尤其是经济现象，在一个较长时间内发生外界因素变化的可能性加大，它们对市场经济现象必定会产生重大影响，其预测结果就会实际状况严重不符。

2. 因果关系预测

因果关系预测是指从市场现象之间的因果关系出发，根据原因变量的形态或数值推断未来结果的方法。这种方法通常在科学分析的基础上选用适当的数学模型来反映各种变量之间相互影响的关系，如果计算结果与大量的实际资料相符合，便能做出相当准确的预测，为经营决策提供依据。

任务四　餐饮消费者外出就餐的动机分析

一、购买动机及购买动机对购买行为的功能

（一）购买动机

购买动机是直接驱使消费者实行某种购买活动的一种内部动力，反映了消费者在心理、精神和感情上的需求，实质上是消费者为达到需求采取购买行为的推动者。

（二）购买动机对购买行为的功能

购买动机是消费者需求与其购买行为的中间环节，具有承前启后的中介作用。概

括来说，购买动机对购买行为有以下三种功能。

1. 始发功能

购买动机能够驱使消费者产生行动。

2. 导向功能

购买动机促使购买行动朝既定的方向、预定的目标进行，具有明确的指向性。

3. 强化功能

行为的结果对动机有着巨大的影响，动机会因良好的行为结果而使行为重复出现，使行为得到加强；动机也会因不好的行为结果，使行为受到削弱、减少以至不再出现。这两种作用都是强化作用，前者叫正强化，后者叫负强化。正强化能够肯定行为，鼓励行为，加强行为；负强化则可以否定行为，惩罚行为，削弱行为。

二、餐饮消费者购买动机

根据马斯洛需求层次理论，将顾客外出就餐的动机，可归为以下几类。

1. 寻求便利动机

这种动机通常就是顾客“要求某个便利的地方”，餐饮需求表现为便宜价格和普通质量的餐饮产品。这种餐饮企业通常靠近生活区、工作区、人流量较大的地方。如很多早餐店就设置在公交车站附近，并且提供外面就餐服务，为匆忙的上班族提供便利。

2. 寻求食品与就餐环境安全动机

这种动机通常“要求食品与就餐环境安全”。这种类型的顾客通常关注餐饮食品的安全甚过其他因素，如小朋友的饮食选择。也有顾客在消费时要考虑是否有停车位以及车辆的停放是否安全等。

3. 寻求逃避动机

随着生活节奏越来越快，竞争愈来愈激烈，人们生活中的各种压力也日益增大，人们需要释放、减轻这种压力和紧张，有的时候甚至需要发泄。餐饮就是一个媒介，是一个平台。如有的饮食专家提出职业女性在心情欠佳或有压力时，可尝试多摄取富含铁质、钙质、维生素及纤维素的食物，缓解压力。

4. 寻求交际动机

交际动机可分为如下几种主要类型。

（1）亲和动机。是指人们害怕孤独或深感力量单薄，需要与他人一起的渴求和愿望。是人类普遍具有的最主要的动机，是人类生活和求得心理平衡的需要。

（2）会面动机。是顾客为了某种目的选择餐厅作为见面和会谈的场所而外出就餐的动机。如商谈某事、情侣聚会等的外出就餐都是这种动机。会面动机对餐厅的要求，首先是一个需要僻静而不受打扰的环境，对服务有一定的特殊要求。

（3）交流动机。顾客因为同样的爱好、背景或为了共同的业务，聚在一起，互相交流思想、信息、经验等，如同学会、俱乐部活动、企业团队活动、婚宴等。这类活动往往对餐饮企业的接待能力有一定的要求，如人数、相应的设施设备等。除设施外，为满足这类顾客，还可以针对不同情况通过有目的的经营，树立起特殊的品牌形象，吸引对此有要求的顾客。比如，婚宴顾客希望自己的宴请让来宾感觉热闹、喜庆，在亲朋好友的心目中产生气派和羡慕的感觉。为此，以婚宴客人作为目标市场的餐饮企业，应在日常经营中通过培养优秀的司仪、提供有风格的宴会场景、免费向顾客提供婚礼咨询和有关赠送、使用定位广告宣传等手段，在顾客心中树立专业婚宴形象。

小资料

中国社会调查事务所（SSIC），隶属于中国国情研究会，是中国首家开展民意测验和社会调查的专业机构。以搜集这种第一手资料为主的综合性科研服务机构，提供最新的调查数据和社会热点。

中国社会调查事务所曾在北京、天津、上海、重庆、哈尔滨、广州、武汉、长沙等城市进行了一次随机抽样调查。此次调查获得有效样本 214 个。此次调查发现，中国人尤其是年轻人喜欢过洋节，但同时也很在意自己的传统节日。

在本次调查中有这样一道题即“中国的传统节日重要还是西方洋节重要?”调查结果显示，89.3% 的被调查者认为中国传统节日重要；10.7% 的被调查者认为两者都重要；没有人认为洋节重要。

在“您所知道的洋节有哪些”一问的统计结果中发现，居首位的是圣诞节，所占比例为 97.2%；第二位是情人节，其所占比例为 92.7%；第三位是母亲节，其所占比例为 89.7%；第四位是愚人节，其所占比例为 56.5%。

在中国人所过的洋节当中，前四位排名依次为：圣诞节（68.5%）、情人节（61.8%）、母亲节（59.4%）、父亲节（52.7%）。

人们是如何过洋节的？调查表明，有 77.8% 的男性和 68.6% 的女性选择“与朋友一起娱乐”；55.4% 的女性和 31.1% 的男性选择“送礼物”；41.2% 的女性和 30.7% 的男性选择“与家人团聚”。另外，还有 28.4% 的男性和 17.1% 的女性认为过洋节最佳方式为“外出旅游”。由此看来，过洋节男女都以娱乐为重，男性更偏向游玩，女性则喜欢“送礼物”这种过节方式。

既然不少中国人喜欢过洋节，那么人们过洋节的动机是什么呢？调查显示，有 58.7% 的男性和 59.5% 的女性认为是为了表达感情（如爱情、友情、亲情）；有 32.9% 的男性和 35.3% 的女性认为他们过洋节是为了“凑凑热闹、轻松一下”；还有 8.4% 的男性和 5.2% 的女性认为他们过洋节是为了“赶时髦”。

人们过洋节的消费水平如何呢？调查显示，消费水平在 50 元以下的占 19.1%、51 ～ 100 元占 36.4%、101 ～ 200 元占 34.5%、201 ～ 500 元占 5.8%，500 元以上的只占 4.2%。这组消费数字比起中国人过自己重要的节日春节来，其差别是很明显的。

5. 寻求美食动机

外出就餐很多都是为了寻求美食。即便在以其他一些动机为主的餐饮消费行为中，顾客也带有寻求美食的愿望和倾向。如很多旅行者到某地一定要尝尝该地的美食。

6. 寻求随意动机

持这种动机的顾客寻求在随意、轻松、物有所值的环境中就餐。

寻求随意动机与寻求便利动机的不同之处在于，寻求随意是指人们感觉上的放松、不拘束；寻求便利追求的是就餐的方便。物有所值则是它们两者的共同之处。

持有这种动机的顾客喜欢餐厅的装饰及亲切、自然、温馨的服务。如这几年流行的“私房菜”。

任务五 餐饮消费者购买行为的内容及模式

一、餐饮消费者购买行为内容

餐饮消费者购买行为是指餐饮顾客购买所需餐饮产品的活动以及与这种活动有关的决策过程。餐饮顾客购买行为是复杂的，购买行为的产生受到其内在因素和外在因素的交互影响。购买者购买行为包括六个方面，即“5W1H”。营销人员研究餐饮消费者的购买行为，就是试图回答“5W1H”的问题。

1. 购买什么（what）

了解顾客购买什么。包括选择购买的餐饮产品的品种、品牌、质量标准、服务形态、价格等。

2. 谁参与购买行为（who）

了解消费产品的是哪些人，又要弄清购买行动中的“购买角色”。餐饮消费可以大概分为个人消费、家庭消费、群体消费、公务消费几类，每一类消费中参与购买决策的人都有自己的特点，如公务消费的决策者和执行者不是同一个人，餐饮企业需要认真分析。

3. 何时购买（when）

了解消费者在具体的季节、时间所发生的购买行为。影响餐饮消费的时间因素比较明显，如春节、黄金周或年底的餐饮消费相对集中；写字楼的午餐消费明显高于晚餐。

4. 何地购买（where）

了解顾客在哪里购买，在哪里使用，体现出什么规律。

5. 为何购买（why）

了解和探索顾客购买行为的动机或影响其行为的因素。餐饮消费的目的主要有满足食欲、社交需要、公务行为等，顾客餐饮消费可能同时满足几个目的。

6. 怎样购买（how）

了解顾客怎样购买、喜欢什么样的促销方式。

鉴于顾客购买行为的以上内容，餐饮企业营销人员必须仔细分析研究下列问题。

①目前市场上购买这种餐饮产品的是哪些人?

②顾客购买什么类型的餐饮产品？

③顾客为什么购买这种餐饮产品？

④哪些人会参与餐饮产品的购买行为？

⑤顾客在什么地方购买这种餐饮产品？

⑥顾客什么时候购买这种餐饮产品？

⑦顾客怎样购买这种餐饮产品？

与“购买什么”“谁来购买”“何时购买”“何地购买”“常用何种方式”相比较而言，“为什么购买”这个问题更难弄明白，因为它隐蔽、错综复杂和难以捉摸。揭开它的迷，就要借鉴一个消费者购买行为分析模式。

二、餐饮顾客购买行为模式

顾客购买行为模式，是指一般的或大多数顾客在购买产品表现出的典型方式。目前学术界关于餐饮顾客购买行为模式没有定论，通常是综合运用多种的模式来分析。如根据“刺激——反应”的行为模式，人的行为是收到刺激的反应，从营销者的角度看，企业经营活动可以视为对购买者的刺激，如产品、价格、渠道、促销等，这是企业有意安排的刺激。除此之外，购买者还受到其他方面的刺激，如经济的、技术的、政治和文化的等。各种刺激进入购买者的“黑匣子”后，经过一系列的心理活动，产生了人们看得到的购买者的购买、拒绝或是需要更多的信息等反应。由此可见，对于营销者来说其任务就是要了解在刺激和反应之间，购买者的“黑箱”发生何种变化。揭开黑箱的秘密，即是对购买者的特征和购买者的决策过程进行研究。对购买者的行为模式的阐释及餐饮顾客购买行为模式，如图 3-2、图 3-3 所示。

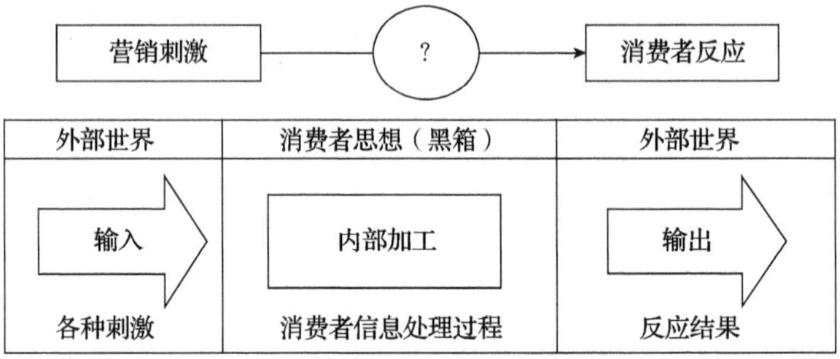

图 3-2　顾客购买行为模式阐释图

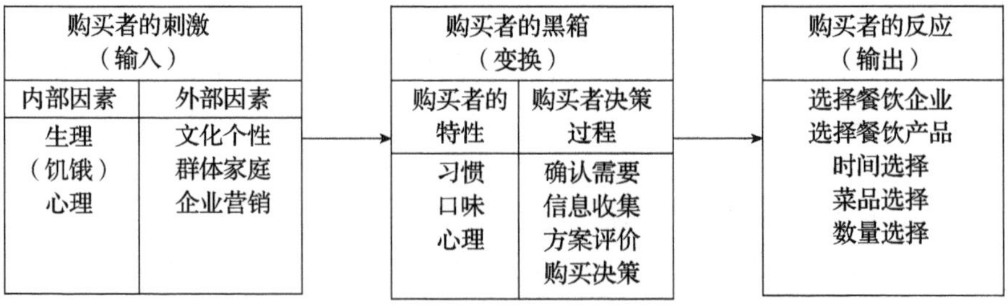

图 3-3　餐饮顾客购买行为模式示意图

小知识 典型购买行为模式介绍

1. 马歇尔模式

率先建立顾客购买行为理论并提出购买行为模式的是英国经济学家马歇尔。马歇尔模式认为，顾客的购买决策基于理性判断和情形的经济计算。即每个顾客都根据本人的需求偏好、产品的效用和相对价格来决定其购买行为。顾客寻求最大效用产品的结果如何，除了受价格、需求偏好影响外，还取决于他拥有的产品信息量、产品选择自由度、市场竞争、个人收入等因素。

马歇尔模式揭示了顾客购买行为的主要决策方式，但它只强调了经济因素，而忽视了顾客个性、认识、社会、文化因素等的影响，无法单独解释各种购买行为的产生和变化，也不能阐明产品和品牌偏好的形成原因、顾客的购买动机差异、流行产品的出现等基本问题，以及为什么有些产品“价格越低，购买者越少，价格越高，购买者反而越多”等特殊现象。马歇尔模式只是一种原则性模式，仅提供了顾客达成理智性购买行为的逻辑标准，而没有列出评价顾客行为的具体实证指标。

2. 维布雷宁模式

维布雷宁创立的是一种社会心理模式，立足于社会文化环境，探讨了外部环境对顾客的影响，以及顾客购买行为对外部环境的能动反应。他认为，人类是一种社会的动物，其需求和购买行为通常要受到社会文化和亚文化的影响，并遵从他所处的相关群体、社会阶层和家庭等特定的行为规范。上述社会因素往往直接形成和改变人们的价值观、道德观、审美观和生活方式，进而在很大程度上决定顾客的购买行为。如同一个阶层往往有基本相同的需求和相似的购买行为，不同阶层之间常常表现出相当大的差异，尤其在娱乐、衣食、兴趣、爱好、生活水平、创新接受力和自我印象等方面。且上层社会的需求和购买行为，受本能的影响不如受名誉追求影响来的强烈，而中产阶级则注重实在，消费的职业倾向较为明显。

3. 巴普洛夫模式

又称为学习模式。巴普洛夫认为，和大部分的动物一样，人类的需求行为实质上是一种“条件反射”过程，而购买行为则是一种“刺激——反应”过程。这种“刺激——反应”之间的关系可细分为驱策力、诱因、反应和强化四个步骤。

驱策力。一种诱发购买行为的内部刺激力量。这种内部刺激根据人类不同的基本需要可分为不同种类，使人产生生理需要的饥寒、产生安全需要的恐惧、产生社交和自尊需要的荣誉和地位等。

诱因。能够满足或缓解驱策力的某种产品或劳务。如食品、衣服、武器、轿车等。这些产品能使顾客产生的心理紧张得到满足和消除。

反应。顾客为了满足需求而去寻找某种产品和劳务的行为，也就是购买行为。它是需求者对诱因的反作用。

强化。使诱因与反应间的关系得到加强，它和以前需求欲望的满足程度直接相关。如果顾客需求欲望得到高度满足，时间一长，这种反应经常被强化，就会形成顾客重复购买。

该模式认为广告是一种重要的诱因，重复广告对顾客购买行为的影响不可低谷。人们往往受到诱因重复和强化的刺激后，才会产生某种反应行为，即购买行为。

任务六　影响餐饮市场顾客消费行为的主要因素

影响餐饮顾客消费行为的因素主要有社会因素、文化因素、心理因素、个人因素、营销因素、其他因素等。

一、影响餐饮消费行为的社会因素

1. 社会群体与阶层

社会群体因素是指在顾客的消费行为决策中，一个人的消费行为受到许多参考群体的直接或间接影响。直接影响的群体有家庭、朋友、邻居、同事等，一些特定的场合下宗教组织、专业组织非主要群体等也会产生间接影响。

餐饮顾客消费行为受到社会群体的影响主要从新的生活方式、产生趋于一致的压力两方面发生作用。

社会阶层是指按照一定的社会标准，如收入、受教育程度、职业、社会地位及名望等，将社会成员划分成若干社会等级。顾客均处于一定的社会群体与阶层，同一阶层的顾客在行为、态度和价值观念等方面具有同质性，不同阶层的顾客在这些方面存在较大的差异。

英国一个专门研究社会等级的组织将人划分成六个等级，如表 3-1 所示。

表 3-1　社会等级的划分

社会等级	主要职业
中上层	高层管理人员、企业经营者
中层	中层管理人员
中下层	督导人员、办事员
技工层	技工
劳动层	半熟练和不熟练工人
低收入层	接受社会救济者和待业人员

不同社会阶层顾客的餐饮行为差异表现在以下几个方面。

（1）信息接收和处理上的差异。信息搜集的类型和数量随社会阶层的不同而存在差异。最底层的顾客通常信息来源有限，对误导和欺骗性信息缺乏甄别力。他们在餐饮购买决策过程中可能更多的依赖亲戚、朋友提供的信息。中层顾客比较多地从媒体上获得各种信息，而且会更主动地从事外部信息搜集。随着社会阶层的上升，顾客获得信息的渠道会日益增多。不仅如此，特定媒体和信息对不同阶层顾客的吸引力和影响力也有很大的不同。如越是高层的顾客，看电视的时间越少，因此电视媒体对他们的影响相对要小，相反高层顾客订阅的报纸、杂志比低层顾客多，所以，印刷媒体信息更容易影响高层顾客。

（2）消费定位的差异。一般而言，人们会形成哪些餐厅和饭店适合哪些阶层顾客的惯性看法，并倾向于到与自己社会地位相一致的餐厅消费。研究表明，顾客所处社会阶层与他想象的某餐厅典型惠顾者的社会阶层相去甚远，他光顾该餐厅的可能性就越小。同时较高阶层的顾客较少光顾主要是较低阶层去的餐厅。研究发现，“客观”与“感知”社会阶层也会导致顾客在店铺惠顾上的差异。客观上属中层而自认为上层的顾客比实际为上层但自认为中层的顾客更多地去高级餐厅消费。

值得注意的是，处于某一社会的顾客会试图模仿或追求更高层次的生活方式。因此，以中层顾客为目标市场的餐饮品牌，根据中上层生活方式定位可能更为合适。

（3）对环境要求的差异。上层顾客在餐饮消费时比较自信，喜欢单独消费，他们虽然对服务有很高的要求，但对于销售人员过于热情的讲解、介绍反而感到不自在。通常，他们特别青睐那些环境幽雅、品质和服务上乘的餐厅。中层顾客比较谨慎，对餐厅环境有较高的要求，但他们也经常在能打折的餐厅消费。下层顾客由于受资源限制，对价格特别敏感，多在中低餐厅消费，而且喜欢成群结队。

2. 家庭

在现实生活中，家庭是社会最基本的组织细胞，也是最典型的消费单位。家庭是餐饮最重要的“购买单位”之一，因此家庭作为一个主要的相关群体，对顾客购买行为的影响是至关重要的。随着人们闲暇时间的增多和可自由支配收入的增加，以家庭为单位进行的餐饮消费日趋增多，给餐饮企业营销带来了更多的机会。家庭对购买行为的影响主要取决于家庭购买的决策者、家庭生命周期等。

（1）家庭购买的决策者。目前社会学家依据家庭中个角色在购买过程中的决策权大小，把现实社会中的家庭分成四种不同的类型。

各自做主型。每个家庭成员都有权相对独立地做出自己的相关购买决策。

丈夫支配型。家庭购买的最终决策权掌握在丈夫手中。

妻子支配型。家庭购买的最终决策权掌握在妻子手中。

调和型。大部分购买决策有家庭各成员共同协商做。

随着社会政治经济情况的变化，社会教育水平的提高和妇女就业的增加，越来越多的家庭从“丈夫支配型”变为“调和型”有的甚至变为“妻子支配型”。随着我国人口政策的施行，子女在家庭消费中的地位日益提高，子女对外出就餐的消费影响力越来越大。

（2）家庭生命周期。这是指一个家庭从产生到消亡的整个过程。在家庭生命周期的不同阶段，家庭对外出就餐的兴趣和需求会有明显的差别。西方市场营销学者将家庭生命周期大体分为如表 3-2 所示的几个阶段。

表 3-2　家庭生命周期

周期阶段	特征
未婚期	年轻、单身，经济无负担，消费观新
新婚期	年轻夫妇无子女，购买能力强
满巢期Ⅰ	有6岁以下幼儿，家庭用品购买高峰
满巢期Ⅱ	有6岁或6岁以上孩子，重文化教育
满巢期Ⅲ	年纪较大夫妇，有为独立子女
空巢期	老年夫妇，子女与其分居，富裕，重保健
孤独期	老年单身，重延年益寿

对家庭生命周期的研究，主要涉及对一个地区或市场的家庭结构与性质的分析，这对餐饮市场总体性质的研究具有十分重要的意义。餐饮企业应通过对自身主要目标人群的研究来确定营销方式和特点，国外快餐进入中国在这方面就做得很好，如麦当劳就把美国的大众消费变成了主要针对国内儿童和青年的餐饮消费。

二、影响餐饮消费行为的文化因素

文化是人类知识、信仰、艺术、道德、法律、美学、习俗、语言文字以及人们作为社会成员所获得的其他能力和习惯的总称。文化一般由全体社会成员共同的基本核心文化，以及具有不同价值观、生活方式、风俗习惯的亚文化组成。亚文化通常按民族、宗教、种族、地理、职业、性别、年龄、语言、文化与教育水平等标准进行划分，它有着共同的价值观念体系所产生的共同生活经验或生活环境的人类群体构成。在同一个亚文化群中人们必然有某些相似的特点，以区分其他的亚文化群。

餐饮经营在考虑文化因素的影响时，应着重把握企业经营所在地人们共性的文化倾向，使自己的餐饮产品适应目标顾客的文化品位和内涵，增加顾客接受的程度。

文化对于餐饮购买行为的影响表现出区域性与相对稳定性，同时遵从风俗习惯和消费传统（如中国人年夜饭必须有鱼，表示年年有余），而且各种文化不是封闭的，而是不断的互相模仿、学习和借鉴的。

三、影响餐饮消费行为的个人因素

顾客的购买决策亦受到若干个人因素的影响。这些个人因素包括年龄、个性与气质、职业、收入和生活形态等。

1. 年龄

不同年龄段的消费者在餐饮消费上表现出不同的消费需求，在消费目的、消费规格、具体消费爱好等方面具有显著差异，这也是餐饮业据此进行市场细分的原因。

2. 个性与气质

个性是指一个人比较稳定的心理活动特点的总和，个性是由多方面的内容组成的，可以包括性格、自信力、兴趣、爱好、控制欲、气质、价值观、交际能力、适应能力等。

气质最早是由古希腊医生希皮克拉特提出的。根据各种体液所占比例不同，人的气质分成胆汁质、黏液质、多血质和抑郁质四类。

不同气质的餐饮顾客，在消费决策和消费行为上具有一定的规律，以下是典型的各种气质的类型在餐饮消费特性。

①胆汁质顾客情绪波动较大，对外界刺激敏感，易受现场情景激发而购买。选择购买考虑不周到，从个人兴趣出发，很容易受到广告和其他促销方式的影响，看到新餐馆或者人多的餐馆就愿意消费，消费后常常感到不满。

②黏液质顾客的购买过程冷静、理智，善于比较和选择，这类顾客消费前已经经过周密的分析与思考，做出了购买决定，因此购买时态度冷静慎重，善于控制自己的情绪，不受广告、宣传，以及周围人士的影响，自始至终由理智支配行动，感情色彩较少。他们通常仔细比较不同的餐馆和菜品。

③多血质顾客富有想象力，联想能力强，审美观浓厚，喜欢消费新的菜品，很注重菜品的造型和色彩，以是否符合自己的想象与感情需要而产生购买行为。

④抑郁质顾客因以往的购买经验和习惯，对某些餐饮企业、餐饮品牌十分信任，产生偏好以致形成某种定势而长期消费，易产生习惯性的购买行为。其购买行为简单，当需求产生时，顾客目的性很强，很少花费时间进行选择，决策果断。

餐饮营销者在客户访问、现场推销、处理投诉过程中，应注意观察顾客的个性、气质，从一般规律把握其可能有的个性特征，尽量满足顾客的心理要求。这样有利于与顾客沟通，有利于成功推销。特别有利于平息顾客的不满于怨恨，很好的处理顾客投诉。

3. 职业

一个人的职业也会影响其餐饮消费，如蓝领工人在单位就餐通常是午餐盒饭，企业的总裁则可能会申请某个俱乐部或高档餐饮企业的会员卡来消费。

4. 收入

个人收入是消费者餐饮消费的基础，对餐饮顾客消费决策具有重要的影响。不同收入者对餐饮产品的消费需要差别很大，不仅表现在消费规格和消费频率上，还表现在餐饮消费过程中的诸多细节上，如卫生、环境、服务、结账等方面均有显著差异。

5. 生活形态

生活形态是人们所遵循的一种生活方式，包括使用时间和花费金钱的方式。一个人的生活形态通常由其活动、兴趣和意见来表达。

人们虽然来自相同文化环境、社会阶层或是职业群体，但是也可能有不同的生活形态。譬如，有人选择努力工作追求成功，有人选择悠闲自在的平淡生活。餐饮企业应设法了解顾客的生活形态，并使其产品或品牌形象能与顾客的生活形态相吻合。

四、餐饮市场顾客购买决策的过程

餐饮消费行为就是顾客选择餐厅、购买、享用以及评价餐饮产品及其服务，以满足其餐饮消费需要的整个过程。它不仅是一次餐饮的购买行为，还包括餐饮消费前和消费后等一系列活动；也不仅指顾客的外部活动，还包括顾客的心理活动。

与一般的消费活动一样，餐饮消费行为具有明显的目的性、过程性、差异性以及负责性。其主要决策过程如图 3-4 所示。

图 3-4　餐饮消费行为决策过程示意图

1. 识别行为

识别需求是顾客购买决策过程的开始。餐饮消费的需求识别是从饥饿需求或者社交需求开始，只有顾客识别到自己需求解决某方面的问题时，才有进一步决策购买的过程。

这种需求可能有内部刺激引起，如个人的正常需要强烈到一定程度，变成了一种动力，像饥饿、干渴等。需求也可由外部刺激引起。一个人路过一家烤鸭店，新烤出的烤鸭的香味可能刺激他购买。内在因素对餐饮顾客的需求产生的影响相对简单外在刺激则显得非常复杂。

2. 搜寻信息

顾客信息搜寻可分为主动与被动两种状态，如临近婚前的新人对婚姻的需求，会强烈地驱使他们收集餐饮企业相关信息资料。搜寻信息的来源可以分为以下几方面。

（1）个人来源。包括家庭、朋友、邻居和熟人。

（2）企业来源。包括广告、销售人员、餐饮企业、包装和展示。

（3）公共来源。包括大众传媒和顾客协会。

（4）自身来源。包括餐饮顾客自身通过参观、实际消费等。

对餐饮企而言，一般顾客得到的多数信息来自商业来源和个人来源。商业来源通常是通知购买者，但是个人来源会为餐饮顾客证明和评估餐饮产品的好坏。

3. 信息评估

评估选择就是顾客如何处理信息和决定品牌。实践经验说明，没有任何一种简单的评估过程适合于各种购买情况，在不同的情况下，有不同的评估过程。

在信息的评价与决策中，需要注意以下几点。

（1）顾客可以在一个餐饮企业上面找到一组产品属性。如菜品质量、菜品数量、服务质量、就餐气氛、价格、位置、停车、预期等因素，哪些属性有用，不同的顾客有不同的看法，他们最注意与自己需要相关的部分。

（2）对于顾客来说，不同属性重要程度不同。如有的顾客需求餐饮企业一定要有停车位，有的要求餐饮企业要有靠窗的位置等。顾客会从众多的因素中依据自己的判断选择相应的评价主要因素。

（3）不同餐饮企业品牌形象不同。顾客会找出信任餐饮企业品牌的依据，对某一品牌餐饮产品形成的一组信念，就是顾客对该品牌形成的品牌形象认知。顾客的品牌形象认知不一定与餐饮产品的真实属性相一致。

（4）顾客对餐饮产品总的满意度会随不同的餐饮产品属性变化。

任务实施

消费者购买行为分析程序如图 3-5 所示。

图 3-5　消费者购买行为分析程序

第一步：购买行为环节模式描绘。

通过座谈会、探访、观察等形式得到系统的、感性的消费者购买行为过程。由于不同类型的产品和服务的特点差异，使得购买行为过程并不完全一样，因此，前期的定性研究是建立模型的基础。

第二步：了解各环节的关键影响因素。

通过定性和定量的研究，掌握消费者在不同环节中受到的影响因素。其中哪些是促成购买行为各环节演变的关键因素。

第三步：确定各环节的关键营销推动行为。

针对各行为环节的关键因素，对比当前市场中成功与失败品牌的行动表现，确定哪些营销活动是能够解决关键因素而形成推动行为。

第四步：评估目标品牌的消费者行为表现。

得到完整的消费者分布结构，即处于不同阶段的消费者比例，从而明确品牌表现的原因。

第五步：确定营销活动的实施策略。

针对品牌表现，按照重要性和优先性原则做出行动规划，并实施评估。

任务总结

了解餐饮消费需求是餐饮营销活动开展和取得成功的前提条件。马斯洛需要层次理论对于研究餐饮消费者的消费需求具有重要意义。目前我国餐饮市场需求发展呈现出多元化、特色化等特点和趋势，在这基础之上，了解消费者的消费需求、动机、行为模式，促使购买行动朝既定的方向进行具有重要意义。掌握消费者购买行为模式及决策过程是在了解购买动机基础之上对消费者购买行为的深度认识，这对帮助营销人员正确剖析购买行为，开展有效和针对性的营销活动奠定了基础。

实训项目

目标

（1）培养学生具备分析消费动机和消费行为决策过程的能力；

（2）培养学生运用所学知识解决实际问题的能力。

内容与要求

（1）深入餐饮企业现场观察餐饮消费者的购买行为，观察对象不少于5人，特点要分明；

（2）根据观察记录的结果，分析消费者消费动机；

（3）按照购买行为分析步骤对观察的消费购买行为进行分析，并形成一份报告书。

组织与实施评价

（1）以项目团队为学习小组，选出项目负责人；

（2）建立沟通协调机制，团队成员共同参与、协作完成任务；

（3）评价与总结。各项目团队提交实训报告，并根据报告进行评估。要求首先把本次训练的主要步骤写下来，然后再谈个人的体会。

评估指标及标准如表3-3所示。

表3-3　餐饮购买行为分析技能评价评分表

被考评人			考评地点			
考评内容		考评标准	分值／分	自我评价／分	小组评价／分	实际得分／分
专业知识技能掌握	餐饮消费动机分析	熟悉	10			
	餐饮消费行为决策过程	掌握	10			
	餐饮购买行为分析	熟练掌握	20			
	报告完成情况		20			
通用能力培养	学习态度	积极主动，不怕困难，勇于探索	15			
	团队分工合作	能融入集体，愿意接受任务并积极完成	15			
	道德自律	自觉遵守纪律，有责任心和荣誉感	10			
合计			100			

注：1. 实际得分＝自我评价总分 ×40%+ 小组评价总分 ×60%。

2. 考评满分100分，59分及以下为不及格，60—74分为及格，75—84分为良好，85分及以上为优秀。

复习思考题

一、填空题

1. 马斯洛需要层次理论将人的基本需求按照由低到高的顺序划分为________、________、________、________和________五个层次。
2. 餐饮市场需求预测方法有________和________三类。
3. 常见餐饮购买动机有________、________、________和________。

二、选择题

1. 不属于时间序列分析预测方法的是________。
   A. 德尔菲法　B. 移动平均法　C. 成长曲线法　D. 季节指数法
2. 影响餐饮消费行为决策的社会因素有________。
   A. 家庭　B. 个性与气质　C. 文化　D. 群体与阶层
3. 顾客信息来源主要有________。
   A. 个人来源　B. 商业来源　C. 公共来源　D. 自身来源
4. 顾客决策过程的第一个阶段是________。
   A. 搜寻信息　B. 信息评价　C. 识别需求　D. 决定购买

三、简答题

1. 餐饮顾客的购买行为内容有哪些？
2. 简述餐饮顾客的购买行为模式？
3. 餐饮消费行为决策过程有哪些步骤？
4. 简述购买行为分析的一般程序？

项目四

餐饮市场调研

学习目标

知识目标

1. 了解餐饮市场调研的概念及作用；
2. 了解餐饮市场调研的主要内容、种类及其内在联系；
3. 了解如何确定调研对象，熟悉餐饮市场调研的程序；
4. 掌握案卷调研和实地调研的特点和具体方法；
5. 掌握调查问卷的设计技巧。

能力目标

1. 能够根据给定的调研目标撰写餐饮市场调研计划；
2. 能够利用不同渠道收集二手资料，并能够运用询问、观察、实验等调研方法收集第一手资料；
3. 能够独立设计制作调查问卷。

任务导入

某三星级饭店餐饮部为吸引本地顾客前来餐厅消费，对本地市民做了一些调查，结果显示本地居民对饭店餐饮的普遍看法是价格偏高，而居民一家三口外出就餐的心理价位是50～100元。为此，餐饮部精心策划，推出了三款家庭套餐，价格分别为50元、78元、98元。其中50元的套餐中有当地人喜欢的盐水河虾或红烧鲫鱼（任选一种），并免费供应一瓶啤酒和一听可乐。该饭店在媒体上发布的广告是“三星级饭店的家庭套餐仅需50元”。家庭套餐一经推出，餐饮部的预订电话不断，并出现了当地居民在餐厅门口排队等候就餐的现象。

任务分析

当一家餐饮企业将进入一个新市场时，首先要考虑的问题就是该市场的游戏规则、政府态度、政策法规等营销环境。只有熟悉当地的实际情况，从实际出发制订营销策略，才能在市场中发挥主动作用。市场营销调研就是为餐饮企业解决面临的市场营销问题服务的，是餐饮企业的一项目的性很强的活动，目的是为决策者提供所需的决策信息，帮助餐饮企业制定正确的营销战略和策略，市场调研是餐饮企业重要的营销职能。

知识准备

任务一 餐饮市场调查方案设计

市场是企业营销活动的起点，也是企业营销活动的归宿点。任何一个餐饮企业在认识餐饮市场环境、制订营销策略、进行市场营销活动时，都必须广泛系统的收集各种市场信息，并进行全面深入的分析。根据餐饮市场调研获得的信息进一步发现市场机会、选择目标市场、进行市场定位，从而科学的制订餐饮企业的营销战略。

一、餐饮市场调研的概念

美国著名的营销大师菲利普·科特勒博士认为："市场调研是为制定某项具体的营销决策而对有关信息进行系统的收集、分析和报告的过程。"小卡尔·麦克丹尼尔博士在其著作《当代市场调研》中将其定义为："市场调研是计划、收集和分析与营销决策有关的资料，并向管理者沟通分析结果。"

餐饮市场调研就是运用科学的方法和适当的手段，有目的有计划地收集、整理、分析和报告有关餐饮营销信息，以帮助餐饮企业及时、准确地了解市场机遇，发现存在的问题，正确制订、实施和评估餐饮市场营销策略和计划的活动。

二、餐饮市场调研的作用

餐饮企业行之有效的经营决策需要以科学的市场预测为基础，科学准确的预测需要以搞好市场调研、准确掌握市场信息为基础。餐饮市场调研的重要作用主要表现在以下几个方面。

1. 为餐饮企业决策提供依据

现代经营管理注重的是科学化和理性化的管理，其基础是对大量数据和文字资料的收集与分析。选准市场、使产品迎合消费者的需求是经营决策中需要首先解决的问题。经过科学设计的市场调研活动可以向决策者提供大量翔实的数据资料，决策者可以从这些资料中发现问题、了解本企业实际情况、确定营销活动的最佳方案、降低决策风险。

2. 使餐饮企业有效地了解消费者的需求

在餐饮产品丰富的情况下，消费者的需求会更加苛刻，选择性也会增强，对新奇产品的认可也会越来越快，餐饮企业必须知道自己在市场上直接面对的消费者是谁；他们会提出哪些需要等。准确广泛的市场信息的收集可以帮助企业充分了解消费者的特点，发现潜在的需求。

3. 有助于提高餐饮企业竞争力

餐饮企业要想在市场竞争中立于不败之地，关键是要把握市场需求的状况和变化趋势，以做到知己知彼，采取正确的竞争策略。这就需要企业通过市场调研确切地掌握自身产品的竞争能力和竞争地位。

小资料

2018 年，抖音、快手等短视频的应用已经成功渗透到人们日常生活中，KOL 等大 V 推荐甚至成为用户购买产品的风向标，如图 4-1 所示。

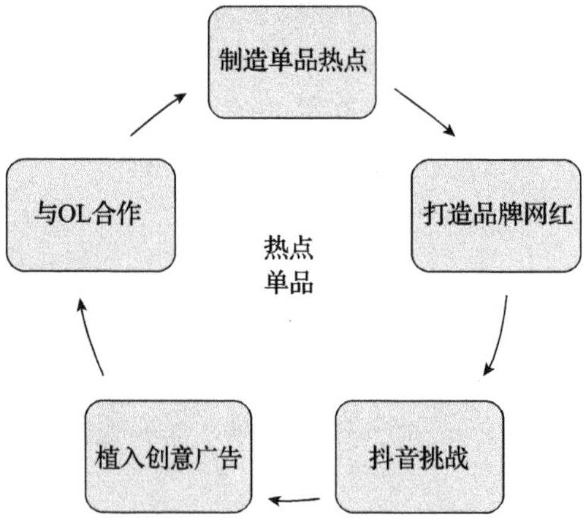

“白米饭+番茄锅底底汤+自助调料的牛肉颗粒。”短视频里，网友介绍海底捞的“隐藏”配方。这个短视频获得了数万点赞量，也引发了连锁反应，致使全国各地网友尝试海底捞门店体验“番茄牛肉饭”。

抖音的用户互动性极高，因此特别合适营销活动的传播和扩散。通过制造单品热点、打造品牌热点、抖音挑战赛、植入创意广告以及与KOL合作等模式，抖音已经成为成为一项重要的餐饮品牌推广渠道。

图 4-1　热点单品营销模式

观看短视频不仅成为消遣娱乐的方式，也成为用户寻求社会经验、选购产品的新途径。

三、餐饮市场调研的内容与类型

进行餐饮市场调研时，首先要根据调研的目的确定所需的信息内容，再根据要搜集信息的特征选择适当的调研的类型。

（一）餐饮市场调研的内容

餐饮市场调研的内容十分广泛，企业因调研的目的和要求不同，其调研的侧重点也有所不同。通常餐饮市场调研的内容主要涉及以下五个方面。

1. 市场环境调研

餐饮市场环境包括一定时期内的相关政策法规，如行业政策、价格税收政策、消费者权益保护法、环境保护法、广告法、食品卫生法等；社会经济状况，如地区经济发展水平、居民收入水平、消费水平、消费结构等；社会环境，如地区人口数量、地理分布、流动性、人口结构、团体单位的数量及类型等；社会时尚的流行及变化趋势；与原材料供应相关的自然环境等。

2. 市场需求调研

餐饮经营目标的确定依赖于对市场需求的了解。餐饮企业的消费者形形色色，民族、职业、性别、年龄、地域、口味各不相同，为了制订切实可行的经营目标，要对餐饮市场的消费需求进行调查。调查内容如当地居民的饮食习惯和爱好；菜单上应设的项目；餐厅的营业时间；消费者认为适宜的菜肴份量；消费者愿意付出的价格；最受欢迎的饮料；客人偏爱的装潢和流行色等。

3. 产品调研

餐饮产品调研侧重于了解与餐饮企业产品策略有关的各种信息，这是餐饮企业客观认识自身生产水平、准确定位的依据。餐饮产品调研主要从以下几方面进行，产品品种调研，如现有品种、特色、结构、消费者的认可程度、市场的流行品种、稀缺品种等；产品质量调研，如产品外观形象、气味、内在品质、口感味道、加工水平、服务、卫生、环境等；产品价格调研，如消费者对现行价格的接受程度、各类差价的合理性、价格对成本的反映程度、价格的市场竞争力等；产品新用途调研，如原有产品的新用法、新效能、新的适用范围、新的消费群体等；产品发展调研，如产品生命周期状况、市场占有率、销售潜力、对新产品的评价等。

小知识 餐饮行业发展现状

“民以食为天”，随着国民收入提高，餐饮行业蓬勃发展，餐饮收入规模持续扩大，涌现了一批知名餐饮企业。但是当前，餐饮品类较为分散，行业集中度较低。

1. 餐饮市场空间广阔，行业集中度低

中国餐饮行业历史悠久，行业发展前景广阔，市场空间巨大，根据国家统计局统计数据，2018 年我国餐饮行业收入突破 4 万亿元大关，达到 42716 亿元，同比增长 7.75%。2019 年 1—10 月全国餐饮收入 36932 亿元，与上一年同期相比增长 9.4%。预计 2019 年全年市场规模将达 4.7 万亿元，2022 年市场规模将突破 6 万亿元。

餐饮市场收入增量主要由大众餐饮贡献。2018 年限额以上单位餐饮收入 9236.36 亿元，同比下降 5.28%。2014—2018 年餐饮业年复合增长率为 10.2%。2019 年 1—10 月，全国限额以上单位餐饮收入 7695 亿元，同比增长 7.1%。

2. 中餐集中度低，品类分散，难以连锁化

我国餐饮行业菜系多样化，口味纷繁，消费者忠诚度低，行业入门门槛低，市场竞争激烈、流行口味迭代较快。传统中餐对厨师水平依赖性强，门店难以复制推广并形成规模优势。

企业经营管理方面，标准化难导致规模效应弱，中餐属于劳动密集型产业，行业附加值低，人员管理难度大，人才流失率高；合规企业净利润较薄，受三高（房租，人力，原材料）及其他费用影响而波动大。

根据《中国餐饮报告 2019》，中国餐饮当前连锁化率为 5%，美国餐饮协会公布的 2018 年美国餐饮连锁化率是 30%，是中国连锁化率的 6 倍，中国未来餐饮企业连锁化成长空间巨大。

相比之下，火锅派系和快餐类对厨师水平依赖低，容易标准化，且社交属性较强，市场接受度高。根据弗若斯特沙利文统计，2017 年我国餐饮行业市场数据中，火锅市占率最高，为 13.7%，其次是川菜，市占率为 12.4%，中式快餐位列第三，市占率为 12.2%。火锅，川菜都具有市场接受度高，普适性强，易成瘾，味觉记忆弱（不

易腻味），复购高，口味容易通过底料或者复合调味料统一、市场推广教育基本完成等特点，适合大范围推广复制。

3. 餐饮企业迭代速度快，市场占有率普遍低

美团点评数据显示，2018年餐饮行业闭店率高达70%，餐厅平均寿命仅为508天。餐饮行业同业竞争压力大，产品竞争壁垒低，同质化严重。

跨区域扩张难度较大，餐饮市场往往充分竞争，市场区域性强，特定区域内通常已有市占率较高，知名度较好的餐企，因此品牌对跨区域扩张支撑弱。

4. 需求端消费升级趋势显现，90后成为新消费引擎

美团点评数据显示，2018年线上餐饮90后消费者占比超过50%，20～35岁消费者贡献71%餐饮消费额，80、90后群体占全国总人口比例近1/3，是休闲餐饮的主要消费人群，消费频次高。顾客对餐饮的需求已不仅局限于安全放心的好饭，而升级为追求好的产品，高性价比，舒适的环境，个性化体验，甚至美好的情感传递。同时，随着生活节奏加快和生活习惯改变，人们更加倾向于选择产品标准化，体验可控，品质有保障的连锁品牌店。

5. 供给端要求效率提升，餐企标准化程度提高

随着原材料成本，人力成本和地租上涨，餐饮企业普遍面临成本上行压力，加之竞争加剧，因此更加要求餐饮企业改变旧有经营方式（员工数量多，店铺面积大，高耗能粗放式发展），规模化标准化发展，管理体系规范化，在有限的营业面积中提高人效和坪效，服务，环境，口碑等多维度全面发展。

4. 市场竞争调研

餐饮企业在市场竞争中要想使自己处于有利地位，还要对竞争对手进行调研，以确定企业的竞争策略。要查明的主要内容有，市场中的主要竞争者和潜在竞争者是谁？竞争者所占有的市场份额有多大？本企业在市场中处于何种竞争地位？竞争者的产品有何特点及消费者对其认可程度？竞争者的主要营销策略是什么以及有何市场计划？竞争者的优势和缺陷是什么？与竞争者相比本企业有何特色与优势？通过对餐饮市场竞争环境的分析，不仅可以借鉴他人的长处和经验，更可以以此为依据判定企业的竞争策略，从而达到以己之长克他之短的效果。

5. 市场营销调研

餐饮市场营销调研主要针对销售渠道和促销方式展开。在销售渠道调研中要了解餐饮企业的主要销售渠道有哪些；各种分销渠道的特点和效用如何；中间商的经营能力如何、消费者对其评价如何；本地区团体购买者的规模及消费潜力等。在促销方式调研中要了解消费者对现有促销方式的反映如何；适合本企业产品特点的促销方式与活动有哪些；最适合本企业产品及消费对象的广告媒体是什么等。当一系列营销策略确定并实施后，对营销管理人员来说并非万事大吉，还要对各个阶段取得的效果进行调研，取得实际资料后与预期目标作对比，得出修改或坚持原策划方案的决定。

小案例

“哈根达斯”是一个国际著名的冰激凌品牌。在进入中国冷饮市场前曾经做了大量细致的市场调研工作。公司认为首先要确定进入中国市场的“登陆滩”。它们从居民的收入水平、消费习惯、对外来产品的接受习惯等方面对中国几个大城市做了调查，结果表明上海是最理想的首选地。同时调查结果还表明，上海对中国其他地方的消费观念的影响作用也十分明显。

接下来应该着手研究的是通过什么渠道将产品推进上海的千家万户。调查结果显示，上海市民选购冷饮的基本地方是食品商场、大卖场、超市、便利店。但是对具体的品牌选择上有明显的“购买场所与品牌”的指向。一些早些时候进入上海冷饮市场的国际品牌有自己的专卖店（与著名零售商业合作）。而中外合资的便利店中顾客都是较高收入者、白领、追求新奇的年轻人，是国际品牌在上海的领先采用者。所以，哈根达斯选择在特定便利店与顾客“见面”的销售方式。最早可以选择那些开设在高中、大学校园附近的和高档住宅区邻近的便利店，稳定一段时间使顾客形成购买习惯。

产品包装设计的调查结果表明，哈根达斯若像可口可乐那样“中国化”可能会影响它的品牌形象，所以他们决定在包装设计上尽量维持原有特征。

最后的调研目标是“上海消费者会接受的价格水平”。“和路雪”也是外来者，它已经成为上海消费者最熟悉的食品商品品牌，价格已经做了几次调整，成为大众化冷饮，而哈根达斯要独树一帜，就必须差异化营销。由于哈根达斯的产品定位是高档冰激凌，价格千万不能低，这样才能避免陷入原定目标顾客的“价廉无好货”的思维定势。

在经过两年多的经营后哈根达斯制定的营销策略实现了既定目标。在年轻人中的提及率、忠诚度都达到并稳定在一定的水平。

实践证明餐饮市场调研是餐饮企业营销活动的起点，是获取市场信息、进行市场营销和现代化管理的重要手段，是市场预测、经营决策过程中必不可少的一部分。

（二）餐饮市场调研的类型

根据餐饮市场调研的目的，可以将餐饮市场调研分为探索性市场调研、描述性市场调研、因果性市场调研和预测性市场调研四种类型。

1. 探索性调研

探索性调研就是企业对市场情况不甚了解或对问题不知从何处寻找突破时所采用的一种方法。主要是用来发现问题，收集一些资料，以确定经营管理需要研究的问题的症结所在。如企业最近一段时间销售量下降，但原因不明，是产品质量出了问题，还是价格过高？是服务不好，还是市场上出现了新的竞争性产品？对上述问题，餐饮企业可以对一些消费者、服务人员、营销人员进行试探性调查，从中发现问题的症结所在，并明确地提示出来，以便确定调查的重点。

小案例

荷兰食品工业公司因生产色拉调料而在世界食品工业独树一帜。公司每推出一个新产品均受到消费者的普遍欢迎，产品供不应求。成功主要是得益于不同寻常的征求产品意见的市场调查。公司以“是喜欢‘色拉米斯’原有产品，还是喜欢新的色拉调料”来征询消费者对新产品的意见，然后综合消费者提出的各种期望，几个月后便研制出一种新的色拉调料。当向被调查者征求新产品的名字时，有人提出一个短语“混合色拉调料”，公司则拿出预先选好的名字，即“色拉米斯”和“斯匹克杰色斯”供被调查者挑选。80%的人认为“色拉米斯”是个很好的名字，这样，“色拉米斯”便被选定为这个新产品的名字。不久公司又解决了“色拉米斯”的变色问题。在产品销售前又进行了最后一次消费者调查，公司将白色和粉色两种颜色的产品供给被调查者，根据消费者的反应，以确定产品颜色。同时还调查消费者愿花多少钱来购买它，以此确定产品的销售价格。公司经过反复征求意见，并根据消费者意见做了改进，使“色拉米斯”一举成功。

2. 描述性调研

描述性调研就是把市场的客观情况如实地加以描述和反映。多数的市场调研都属于描述性调研，如对市场需求潜力、市场占有率、分销渠道、促销方式等所进行的调查研究。描述性市场调研用来解决诸如“是什么”的问题，它比探索性调研更深入、更细致。它假定调研者事先已对问题有相当的了解，是为进一步研究问题症结的事实而收集必要的资料，以说明其“是什么”“何时”“如何”等问题。

3. 因果性调研

因果性调研就是在描述性调查的基础上，通过进一步深入分析，从而找出问题发生的深层原因或根本原因，并弄清楚原因与结果存在的数量比例关系。因果性市场调研多被用于研究市场上某种现象产生的原因分析上，用来解释“为什么”等问题，如消费者为什么喜欢某一产品、为什么销售额增加等。

4. 预测性调研

预测性市场调研是收集研究对象过去和现在的各种市场情报资料，掌握其发展变化的规律，运用一定方法估计未来一定时期内市场对某种商品的需求量及其变化趋势。预测性调研是否科学与准确，关系企业经营的方向正确与否，关系企业能否掌握市场的主动权。

通常，探索性调研主要是发现问题并提出问题；描述性调研主要是说明问题；因果性调研主要是分析问题产生的原因；预测性调研主要是估计未来发展的趋势。这四种调查类型是相互联系、逐步深入的关系。但是它们之间的区别并非绝对的。由于餐饮市场情况复杂多变，经营管理问题多种多样，因此决策过程、决策主体对信息需要的目的也会不同。每个餐饮调研项目没有必要都从探索性调研开始，一个给定的营销调研项目也可能涉及多种类型的研究设计，以满足多种目的。

四、餐饮市场调研的方法

餐饮市场调研的方法很多，究竟采用哪种方法应根据调研目的、内容和调研对象的特点而定。通常确定调研对象后采用案卷调研搜集二手资料，利用实地调研搜集一手资料。

（一）抽样调研

抽样调研是指从调研总体中抽选出一部分要素作为样本，对样本进行调查，并根据抽样所得的结果推断总体的一种专门性的调研活动。从理论上说，对餐饮市场全部单位做调查是最可靠的方法，但由于市场范围既复杂又广大，经常进行全面调查是不可行的，所以，除特殊情况外，一般是从市场上选取一部分作为调查对象，然后以点带面，以部分推断出总体的情况。在这里，适当地确定样本的大小，确定调查对象，就成为搞好市场调查的关键因素之一。常用的抽样方法主要有以下几点。

1. 随机抽样

这种方法在市场调查中经常采用，在随机抽样中，样本的确定不受人们主观意志的支配，而是采取一定的统计方法进行抽取，总体中的每一个个体都有被抽取的机会。它主要采用以下方法。

（1）简单随机抽样。这是对总体中的所有个体按完全符合随机原则的方法（随机数表）抽取样本的方法。单纯随机抽样是最基本的抽样方法。它适用于所有个体差别不大的总体。具体方法是将要调查的每个单位编号，制成规范化的卡片或纸条，打乱后随意抽取，取中者即作为调查对象。如居民家庭生活收入调查、产品质量跟踪调查等，都可以采用这种方法。这种方法简单、方便，但随机性太强，有时选取的样本代表性差。

（2）分层抽样。这是将总体按照某种特征划分为各层；然后再从各层中按单纯随机抽样的方法确定样本的大小，并依据各层的单位数占整个调查对象总体数的比例抽取样本，由各层的样本组成一个总的样本。例如，在研究各类餐厅的季度销售额时，可以按规模大小将这些餐厅分为大、中、小三类，在每类中随机抽取若干个单位，组成样本。这种方法的优点是可以保证样本的均匀性和具有充分的代表性。按样本在各层中的分配是否与总体单位在各层的比例相等，分层抽样分为等比例和不等比例分层抽样。

（3）等距抽样。这是将调查总体按一定的顺序排列，每隔一定的间隔抽取一个或若干个单位，并把这些抽取的单位组成样本连续观察的一种抽样方法。等距抽样介于随机抽样和非随机抽样之间，关键在于抽取第一个单位时采取的方法。如果按随机原则抽取第一个单位，则属于随机抽样，如果是有意识地选取第一个单位，则属于非随机抽样。

（4）整群抽样。这是当总体中的基本单位自然组合为或被划分为若干个群后，从中抽取部分群并对抽中群内全部基本单位进行调查的一种抽样组合形式。例如，我们要对北京市居民在外就餐情况调查，采用整群抽样方法，就是在北京市 4000 个居民委员会中随机抽取20个居民委员会，这20个居民委员会中的所有户数就成为调查样本。为了减少抽样误差，在分群时，要求群与群之间的差异要尽可能地小。

2. 非随机抽样

非随机抽样方法是指从总体中按调研者主观设定的某个标准抽取样本的方法。这种方法是调查单位根据调查目的有意识地选取出少数具有代表性的单位，可以采用灵活机动的调查方法，能够节省时间和人力，提高调查效果。适用于调查总体庞大，调查人员对总体情况非常了解，能比较准确地选择有代表性的单位作为调查对象的情况。

（1）任意随机抽样。任意随机抽样是非随机抽样中最简便、最节省费用的方法，但抽样偏差大，其结果可信程度低。在总体中的差异较小的情况下运用这种方法也能获得具有代表性的调查结果。

在实践中，任意随机抽样通常应用于街头访问或柜台访问。在对总体情况不了解，要进行试调查以获取所需数据的非正式调查中，也常用任意随机抽样。

（2）判断随机抽样。由判断随机抽样法抽取的样本是否具有代表性，完全依赖于抽样者对总体的了解程度及其工作经验和判断能力。在进行判断随机抽样时，应尽可能利用可借鉴利用的有关总体情况，从中选取具有较高代表性的样本。这种方法简便易行，容易获得数据，但不能过高估计样本对总体的代表性。

（3）配额随机抽样。配额随机抽样是指按一定的标准将总体分成若干子总体，按各子总体占总体的比重分配样本数额，由调查者主观选定样本的方法。在实践中，配额随机抽样法简便易行，节省费用，能够较快地取得资料数据，样本也能大致上按总体的分布而抽出，因而使用较广。运用配额随机抽样法的关键是控制特性指标选择得当，使划分出的各子总体相互之间差异性明显，而子总体内各单位则趋于同一。此外，对各子总体占总体的比重也需掌握，才能完成“配额”的分配。

（二）文案调研

文案调研是通过查询已经形成的，或经过一定整理加工的二手资料来获取信息的过程。文案调研的特点有五个，调查的对象是能反映某一或某些调研主题的资料；资料是已经存在的；资料具有一定的时效性，是可以参考和分析的；资料在较短的时间内容易获得，而且成本是相对（与第一手资料的获得相比）较低的；与第一手资料调研相比，文案调研的时效性较差。

在实践中，可供查询的文案资源主要有政府资料库、图书馆资源、商业信息服务机构提供的资源、互联网资源和企业内部文案资源等，其中政府资料库的可信程度最高，企业内部数据容易得到且能随时更新，而互联网资源是查询最方便且最有发展前景的文案资源。

（三）实地调研

实地调研又称直接调研，是指在周密的设计和组织下，由调研人员依照调研方案直接向受访者收集原始资料的调研方法。实地调研是市场研究者对餐饮市场做出全面、细致、准确分析判断所必须掌握的基本方法，是在二手资料搜集基础上进行的一手资料搜集工作。可分为询问调研、观察调研、实验调研三类。

1. 询问调研

询问调研是通过向受访者进行口头或问卷调查的方式，获得对具体研究对象更具代表性的个体信息的方法的总称。调研人员可以通过几种询问方法来收集一手资料，它们可以单独使用，更可以结合在一起使用。常见的询问方法有以下几种。

（1）个别面谈。是一种由调研人员直接与受访者进行单独沟通交流，获得关于个人的某种态度、观念等方面信息的调查方法。根据沟通地点的不同，面谈方法包括由调研人员主动上门的入户访问和双方到约定地点的个人访问两种具体方法。

小案例

美国肯德基在开拓中国市场时，在公园和其他公共旅游景点向旅游者提供休息场所。一边免费向潜在消费者提供已经烹调好的炸鸡块，一边征询消费者的意见，以便对肯德基炸鸡块的口味进行调整。他们会在消费者做了初步品尝后，与调查对象坐在一起，亲切地询问“味道是否合适、盐放得多还是少、烤得是否过火、皮是否够脆、肉是否够嫩”等问题，内容详细周到。消费者在感谢的同时，并不觉得他们已经成为被调查的对象，会将自己的真实意见毫无保留地表达出来。肯德基由此找到了符合中国消费者口味的生鸡来源、炸鸡配方，为肯德基连锁店在中国的迅速发展奠定了基础。

（2）小组访谈。是市场研究者直接与被调查者相接触，通过沟通获取自己所要的信息。小组访谈与个人访问、入户访问等实地调查方法的根本差异，就是小组访谈过程的设计思想是通过多向沟通使小组成员彼此之间的观点、想法产生更大的相互影响。可见，小组访谈方法的使用，能够使市场研究者迅速获得具有较高代表性而又差别明显的不同态度、意愿、想法的调研对象群体的信息资料。

当市场研究者深感时间、费用等方面的压力，或者对委托者委托自己开展的市场调研活动的对象特征包括范围、涉及研究课题的主要概念等都尚未清晰明了时，选择采用焦点小组访谈法来获取信息是十分必要的。

（3）电话调查。是由调研人员依据调研提纲或问卷，通过电话向受访者询问，从而获取所需要的情报和资料的调查方法。这是为解决带有普遍性的急需问题而采用的一种调研方法。其优点是获取市场信息快、效率高、成本低，并能用统一格式进行访问，所得资料便于统一处理。其缺点是询问时间短，情况不具体。

（4）问卷调研。是市场研究者采取各种书面形式与被调查者进行沟通交流，搜集各种相关信息的方法的总称。与其他询问方法的显著差别是，调研人员不再与被调查者进行面对面的直接沟通交流，而是双方都“隐蔽”起来，借助书信、问卷来完成“提问到回答”的沟通交流过程。调研人员向被调查者传递问卷的方式多种多样，导致问卷调查是由多种具体方法，如邮寄问卷调研、随附商品问卷调研、现场问卷调研和置留问卷调研所组成的一个市场调查方法的“集合”。

（5）拦截式调研。对于那些从未做过市场调研，或者曾经做过一些简单的市场调研但是搜集的信息都因保管不善而大多遗失，从而使他们既缺乏必要的被调查者信息库资源，又缺乏开展市场调研所必需的经验的企业，若此时公司决策者急需做出某项重大决策的市场信息，采用拦截式调查方法可以保证其在较短的时间内搜集到所需要的基本信息。对于市场研究机构来说，许多时候所要搜集的信息并非有十分严格的准确性、数量性特征的要求，搜集这些信息采用拦截式调查法不失为一种较好方法。拦截式调查按使用的调研工具的不同，可分为拦截式访问调查和拦截式问卷调查。前者是拦截后直接采用询问方式搜集信息，后者是拦截后通过请对方填写问卷搜集信息。

2. 观察调研

观察调研是指那种不需与被调查者进行直接沟通交流，而是以旁观者的身份对具体事件、人物、行为模式等的特征、演变过程进行记录来搜集相关调研信息的方法。

（1）行为记录法。在搜集客流量、顾客选购行为模式的有关信息时，可以利用食品饮料销售场所的摄像机摄录下的反映一天中各个时间段实际情况的录像带所提供的信息。同时现在可以利用复制光盘的办法来长期保留观察记录。使调研人员随时可以方便地调用过去某一时间的历史资料，为提高调研工作的效率创造了条件。

（2）直接观察法。调研人员通过直接观察了解消费者行为的“事实”。调研机构会派出调研人员作为观察员到观察现场实施观察任务。在人员充足的条件下，调研机构会选择这种方法完成调研信息的搜集工作。

（3）消费痕迹观察法。消费痕迹观察法是指对调查现场、调查对象的事后调查。如要搜集反映几种品牌饮料的市场占有率方面的信息，可以用消费痕迹观察方法，对几个饮料消费较为集中的地方，采用“废物丢弃箱查看法”便可掌握几种品牌饮料的大致消费情况——真实的市场占有率。消费痕迹观察方法的实施，关键要是选择理想的观察地区和选择适合的观察时间。

3. 实验调研

实验调查法，是指调查者在一定范围内有目的地控制一个或几个市场因素，来研究某市场现象在这些因素的影响下所发生的变化的调查方法。这里的“实验”是先试点，通过试点取得经验，再由点到面进行推广的方法。如当餐饮企业要推出一种新产品或新营销策略时，按事先确定的调查项目选择一定的地点、对象和规模，开展小范围的实验，对实验结果进行全面分析、评价，看看消费者有什么新的建议，有没有大的推广价值，怎样改进才能更好地满足消费者的需求等。实验法主要有如下两种。

（1）实验室实验调查法。这种方法在测试广告效果时经常采用。例如，某一餐饮企业想了解其要推出的新产品采用哪种广告媒体和广告形式最受顾客欢迎，就可以先找一些人，把已经设计好的不同媒体的广告设计展示给他们，让他们评判哪种广告更适合他们。企业根据顾客的意见，来确定最终的广告形式和广告媒体。

（2）试销实验法。这种方法是对餐饮企业新设计开发的产品，先用少量产品针对有代表性的市场或消费者试销，了解消费者对新产品的反映及评价，得到一些实际资料以后，再确定新产品的营销策略；也可以在试销过程设立评议，了解消费者对产品特色、质量、价格和服务等方面的意见和要求，以便及时改进。

小案例

美国某公司准备改进咖啡杯的设计，为此进行了市场实验。首先，他们进行咖啡杯选型调查，他们设计了多种款式的咖啡杯，让500个家庭主妇进行观摩评选，研究主妇们用干手拿杯子时哪种形状好；用湿手拿杯子时，哪一种不易滑落。调查结果表明，选用的是四方长腰果形杯子。之后又对产品名称、图案等也同样进行造型调查。接着他们利用各种颜色会使人产生不同感觉的特点，通过调查实验，选择了颜色最合适的咖啡杯。他们的方法是首先请了30多人，让他们每人各喝4杯相同浓度的咖啡，但是咖啡杯的颜色则分别是咖啡色、青色、黄色和红色4种。试饮结果显示，使用咖啡色杯子的人认为“太浓了”的占2/3，使用青色杯子的人都异口同声地说“太淡了”，使用黄色杯子的人都说“不浓，正好”，而使用红色杯子的10人中有9人说“太浓了”。根据这个调查，公司咖啡店的杯子以后一律改用红色杯子。该店借助于颜色，既可以节约咖啡原料，又能使大多数顾客感到满意。结果这种咖啡杯投入市场后，与市场上竞争对手的产品展开激烈竞争，以销售量比对方多两倍的优势取得了胜利。

上述三种方法各有优缺点，企业应根据实际情况来确定，如需要调查有关消费者态度的问题，以采用询问调查法为好，因为态度问题用邮寄或电话方式都有不便；如想了解消费者的消费行为规律，观察调研较为客观有效；如介绍新产品，则采用询问与实验相结合的方法为好，先将新产品交给有关消费者、利用询问法收集资料，以判断消费者是否欢迎，同时在不同市场进行营销实验，然后用两种方法所得的资料进行分析比较，得出结论。

任务二　餐饮市场调查问卷设计

调查问卷是一组用于从调查对象处获取信息的格式化的问题。它是收集餐饮市场一手资料最普遍的工具。一项市场调研的结果能否达到调查所确定的目的和要求，以及收集资料的可信程度和完备程度都取决于问卷设计水平的高低。任何问卷都有三个特殊的目标，将所需的信息翻译成一组调查对象能够并愿意回答的特定问题；促使、激励和鼓励调查对象在访谈中变得投入、合作并完成调查；将回答误差减到最小。

一、问卷设计的原则

问卷设计需要遵循以下原则。

1. 满足研究需要原则

设计问卷时，一方面要求设计者全面考虑研究目的，尽可能收集所需资料；另一方面要求设计者能准确理解研究的目的，将测量指标转换为适当的问题。

2. 考虑被调查者原则

不同的被调查对象，由于年龄、受教育程度、职业等个人因素或心理因素方面的影响，对同一份问卷会产生不同的态度，因此在设计问卷时，需要考虑被调查者的一些基本情况。

3. 与资料分析方法相结合的原则

问卷设计前，设计者应当明确对调查后的资料是进行手工分析还是计算机分析，是定量分析还是定性分析等，只有把握好资料的分析要求，才能使问卷调查得到的资料满足统计分析的需要。

4. 考虑具体调查方式原则

不同的调查方式影响调查问卷的设计。例如，电话调查时，问卷中的问题不宜太多；邮寄调查问卷时，由于被调查者要自己填写，因此问卷中需对问卷的说明词、填答指南、问卷的数量与词语的表达等有严格要求；面对面调查时，问卷中的问题可以适当多一些，复杂一些。

二、问卷基本结构

一般调研问卷是由许多个问句和带有序号的答案项组成的，规范而完整的调研问卷包括六个部分。

1. 眉头部分

出现在问卷的开端，有问卷名称、编号、调查组织名称、城市编号、访问员、问卷复核人、问卷编码员、录入员等。

2. 介绍 / 开场白

是印在问卷上或有访问员读出的调研情况的说明部分，有问候语、调研主题、调研组织、访问者身份、调研用途、访问请求及其他信息。

3. 筛选部分

本部分是为了选择符合调研要求的受访者而设。如调查消费者对可口可乐的口味满意度时，首先要筛选出受访者是否饮用过可口可乐，否则后续问句就很难进行。

4. 主体部分

这是问卷最重要的部分，在问句设计排序中会进行介绍。

5. 背景资料

背景资料主要是人文统计资料，多数放在问卷的最后，以防止过早遭到不必要的拒绝。一般包括受访者的性别、年龄、婚姻状况、家庭人数、家庭或个人收入、职业、受教育程度等。

6. 结束语

结束语就是要告诉受访者问卷结束，访问完毕，同时表示感谢。

小资料

中国饭店协会调查显示餐饮业长期向好趋势没有改变

2020年2月21—23日，中国饭店协会开展了第二轮行业调查，共收集典型餐企问卷309份，形成报告。

报告显示，与2003年的非典疫情相比，2020年新冠肺炎疫情（以下简称疫情）在地域分布上更广，在传播速度上更快，国家所采取的相关防疫措施也更为严格，疫情对餐饮行业的冲击无论在冲击面还是冲击力上都超过了2003年的非典。

报告指出，中国餐饮行业受疫情影响的程度取决于疫情控制的时间点。如果疫情能够在3月份被控制住，餐饮行业全年损失也将超过1.3万亿元。从第2季度开始，随着企业的积极自救和复工复产政策进一步落实，餐饮收入会出现小幅增长，但受到客流等相关因素影响，收入同比预计会减少40%左右，第2季度损失预计超过4000亿元。第3季度后餐饮业开始逐渐进入反弹期后的恢复增长期，餐饮收入逐渐与上年持平。第4季度餐饮业进入补偿性消费增长期，餐饮收入同比会有大幅增加。

人力成本压力、营业额大幅减少、门店租金压力是当前餐企面临的最大困难。中国饭店协会发布的《2019中国餐饮行业报告》显示，行业平均人力成本和租金成本占餐企营收的32.67%，行业平均原材料成本占营收的41.31%。调研显示，流动资金能够撑到3个月以上的餐企寥寥无几，仅占比9%；现金流能够支撑1～2个月的餐企占比31%，27%的餐企表示已经无法继续支撑。

尽管相关部门出台了一些扶持政策助力餐企支出压力缓解，但缓解力度有待进一步提高。受访餐企表示，希望政府在专项资金补助员工工资、免收国有经营用房房租和非国有经营用房房租、减免外卖平台服务费、补充流动资金不足等方面加大扶持力度。

目前，餐饮企业将积极争取国家政策支持、增加线上业务以及调整菜单作为前三大应对举措，其次是增加原材料半成品成品新零售、调整门店结构、调整人员结构、引入新的投资者、自建原辅料基地等。

根据“分区分级，精准防控”的原则，餐饮企业按照外卖、团餐、堂食、包间等有序复工。一些低风险地区的餐饮堂食企业逐步复工。报告显示，大型连锁餐饮企业的复工率近60%，要远高于平均值。目前行业复工率较低，复工比例在30%以下的占比93%，73%的餐企认为复工比例在10%以下。

疫情之后，餐饮企业将更加关注管理效率的提升和模式的转型，建立行业专项发展基金或成为行业可持续发展的一种保障。品牌优先理念将被更多消费者接受，品牌将引领餐饮新零售快速发展。

报告指出，疫情过后餐饮行业会出现报复性反弹，资金较为充裕、供应链系统完善、经营良好的品牌头部企业将迎来发展新机遇。

三、问卷设计过程

餐饮市场调查问卷设计过程如图 4-2 所示。

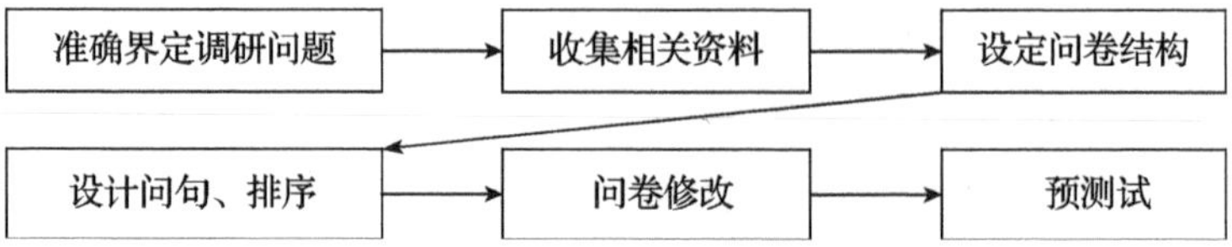

图 4-2 餐饮市场调查问卷设计过程

餐饮市场调查问卷设计是一门通过经验获得的技巧，但学习现有的工作方法，可以帮助初学者避免主要的错误。

第一步：准确界定调研问题。

设计问卷如同写文章提要，如果离题万里，文字再华丽也于事无补。准确的界定问题相当于调研已经成功了一半。餐饮市场调研问卷的要求是：如实，客观反映调研主题和访问事实；有效，每个问句都必须有助于调研结果的实现，不出现任何无关的问句；简洁，周到、简洁是问句用语和问卷结构的共同特征；完备，完备的问题和必备的答案是确保调研问卷有效性的重要条件。

第二步：收集相关资料。

专业的调研问卷设计者经常面临不同的调研主体，在问卷设计前需要收集餐饮产品的相关知识。非专业的问卷设计者多不熟悉问卷设计的知识，缺乏经验，因此要收集、分析、研究问卷设计的资料，确保问卷的科学合理。

第三步：设定问卷结构。

问卷的结构通常比较固定，也可根据调研需要适当简化变通。

第四步：设计问句并排序。

设计问句时通常先形成问句的要点，再配妥回答方式，然后将问句按某种标准适当归类排列处理。在问句设计中应注意下列问题，恰当运用开放式问句和封闭式问句；合理安排实质性问句和辅助性问句；使用明确而非模棱两可的语句；合理安排备选答案；避免无法回答情况的发生；避免不愿回答情况的发生；确定问题的顺序。

常见的询问方式有如下几种。

1. 开放性提问

诸如您喜欢 XX 饭店哪些方面？不喜欢哪些方面？有何意见和要求？

2. 封闭式提问

（1）是非法。例如，您对饭店的服务满意吗？

A. 是　　　B. 否

（2）顺位法。例如，请按 1—3 等评定下列餐厅的食品质量：

A. 中餐厅　B. 西餐厅　C. 咖啡厅

（3）对照法。例如，您光顾 ×× 饭店的原因是：

A. 服务周到　B. 设施豪华　C. 格调高雅　D. 价格便宜

（4）选择法。例如，您来饭店就餐的目的是：

A. 宴请　B. 会议、团队餐　C. 充饥　D. 亲友聚会

（5）量度法。例如，您觉得饭店中餐厅的上菜速度：

A. 快　B. 一般　C. 慢　D. 很慢

第五步：问卷修改。

问卷修改就是将问卷的内容、措辞和格式进行最后修整和完善的过程。问卷应尽量精简，删去没用或不相关的问句，适当增添问句使主题体现的完整、透彻；设计前后相关的对应问题以辨明受访者是否认真作答，将有逻辑问题的问卷筛选出来；推敲问句中的词句使其准确表达设计者的意图，反映主题；将问句序号、答案序号统一化以便于后期的阅读、记录、问题检查和数据录入，同时使问卷排版美观、打印精致以易于获得认可。

第六步：问卷预测试。

问卷预测试首先是案头主题预测试，主要由设计者自我测试，检验问句的相关性、完整性和表意准确性。其次可展开少量样本的试访问，从而发现各项问题在提问和答案中可能存在的缺陷和不足，同时预测问卷完成的时间长度。

任务三　餐饮市场调查报告的撰写

市场调查报告是餐饮市场调研过程中最重要的一环。许多餐饮企业的管理者并不一定涉足市场调研过程，但他们将利用调查报告进行业务决策。一份好的调查报告，能对餐饮企业的市场策划活动提供有效的导向作用，同时，对于各部门管理者了解情况、分析问题、制订决策、编制计划以及控制、协调、监督等各方面都能起到积极的作用。如果调查报告写得拙劣不堪，再好的调查资料也会黯然失色，甚至可能导致餐饮市场活动的失败。

一、餐饮市场调查报告的含义、特点及种类

市场调查报告是经济调查报告的一个重要种类，它是以科学的方法对市场的供求关系、购销状况以及消费情况等进行深入细致地调查研究后得出的。

（一）含义

餐饮市场调查报告是餐饮市场调查研究成果的一种表现形式，是在对调查得到的资料进行分析整理、筛选加工的基础上，记述和反映餐饮市场调查成果并提出作者看法和意见的书面报告。

与普通调查报告相比，餐饮市场调查报告无论从材料的形成还是结构布局方面都

存在着明显的共性特征，但它比普通调查报告在内容上更为集中，也更具专门性。

（二）特点

1. 写实性

餐饮调查报告是在占有大量现实和历史资料的基础上，用叙述性的语言实事求是地反映餐饮企业经营中的某一客观事物。充分了解实情和全面掌握真实可靠的素材是写好调查报告的基础。

2. 针对性

餐饮调查报告一般有比较明确的意向，相关的调查取证都是针对和围绕与餐饮相关的某一综合性或是专题性问题展开的。所以，餐饮调查报告反映的问题集中而有深度。

3. 逻辑性

餐饮调查报告离不开确凿的事实，但又不是材料的机械堆砌，而是对核实无误的数据和事实进行严密的逻辑论证，探明事物发展变化的原因，预测事物发展变化的趋势，提示本质性和规律性的东西，得出科学的结论。

（三）种类

餐饮市场调查报告可以从不同角度进行分类。按其所涉及内容含量的多少，可以分为综合性餐饮市场调查报告和专题性餐饮市场调查报告；按调查对象的不同，有关于餐饮市场供求情况的市场调查报告、关于餐饮产品情况的市场调查报告、关于消费者情况的市场调查报告、关于餐饮产品销售情况的市场调查报告以及有关餐饮市场竞争情况的市场调查报告；按表述手法的不同，可分为陈述型餐饮市场调查报告和分析型餐饮市场调查报告。

二、餐饮市场调查报告的基本结构

一份完整的餐饮市场调查报告可以分为介绍部分、正文、附件三大部分，如图 4-3 所示。

介绍部分：	正文：	附件：
1.封面	6.开头	9.调研方案
2.目录	7.主体	10.抽样技术方案
3.摘要	8.结束语	11.问卷
4.调查概括		12.数据表格整理
5.主要结论		13.其他支持材料

图 4-3　餐饮市场调查研究报告的结构

1. 设计调查报告的封面

调查报告的封面通常包含报告的题目、报告的使用者和编写者，以及提交报告的日期等内容，如图 4-4 所示。

XX 饮料市场占有率调查
调查单位 ____________
通信地址 ____________
电　　话 ____________
E-mail ____________
报告提出日期 ____________
报告呈送单位 ____________

图 4-4　调查报告的封面

2. 制作报告目录

目录是整个报告的检索部分，便于读者了解报告结构，有利于读者阅读某一部分内容。国外调查报告的管理是将文字、表格和图形分别编写目录，这样如果读者不需要阅读某些文字，而只需要检索某一张表格，也便于找到。

3. 编写市场调查报告摘要

餐饮市场调查报告摘要是对调查报告基本内容的概括，是为了没有充裕时间阅读整个报告的使用者，尤其是餐饮企业的高层管理者，想要尽快得到调查分析报告的主要结论，以及进行怎么的市场操作而准备的。报告摘要具体包括下面四个方面的内容。

（1）简要说明调查目的。

（2）介绍调查对象和调查内容，包括调查地点、时间、对象、范围、调查要点、所要解答的问题。

（3）简要介绍调查研究的方法。

（4）简要说明调查结论和建议。

4. 编写引言

这一部分主要目的是引导读者详细探讨面临的问题。通常包括进行这项餐饮调查工作的原因、工作范围、对研究问题的拟定、要达到的目标，以及调查所依据的一些假设等。此外，如果有必要，还可以进行历史背景的简要阐述。

5. 编写正文

正文是餐饮调查报告的核心部分，一般由开头、主体和结束语三部分组成。这部分包括整个餐饮市场调查的详细内容，包含调查使用方法、调查程序、调查结果。对调查方法要尽量描述清楚，以及说明为何选用此种调查方法。

正文中相当一部分内容应该是数字、图表，以及对这些内容的解释和分析。此外，正文部分必不可少的需要对自己在调查中出现的不足之处说明清楚，不能含糊其词。必要时还需将不足之处对餐饮调查报告的准确性有多大程度的影响分析清楚，以提高整个餐饮调查活动的可信度。

餐饮调查报告正文的行文需严谨、规范，推理要有逻辑性，不能追求华丽的辞藻，尽量避免会引起读者误解的字词句。

6. 编写结论和建议

根据调查结果，用归纳法或演绎法进行推理判断，可以合乎逻辑地得出某些结论。这些结论应该对调查的前提或假设进行证实或否定。根据调查结论，结合餐饮企业情况总结出其所面临的优势与困难，提出解决方法，即建议。

结论和建议的表现形式有以下几点。

（1）概括全文。综合说明调查报告的主要观点，深化报告主题。

（2）形成结论。在对真实资料进行深入细致的科学分析基础上，得出报告结论。

（3）提出看法和建议。通过分析，形成对事物的看法，在此基础上，提出建议或可行性方案。

7. 组织附录

附录主要包括用来论证、说明或进一步阐述正文有关情况的补充或扩充材料。这些内容不便在正文中涉及，但在阅读正文或者检验调查结果的有效性时，不可或缺。

附录可能涉及的资料主要有以下几点。

（1）餐饮市场调查计划书。

（2）抽样方案，包括样本点的分布和样本量的分配情况等。

（3）餐饮调查问卷。

（4）已经在餐饮报告的正文汇总的统计表和统计数字列表及其详细计算。

（5）主要质量控制数据。例如，调查中的第二手资料的来源索引；第一手资料来源和联系对象的名称及地址、电话；调查中的拒访率、无回答率等。

（6）有关的会议记录、手册等以及其他有必要列入的资料。

从严格意义上说，餐饮市场调查报告没有固定不变的格式。不同的餐饮市场调查报告写作，主要依据调查的目的、内容、结果以及主要用途来决定。

三、餐饮市场调查报告的写作要领

1. 要做好餐饮市场调查研究前期工作

写作前，要根据确定的调查目的，进行深入细致的市场调查，掌握充分的材料和数据，并运用科学的方法，进行分析研究判断，为撰写餐饮市场调查报告打下良好的基础。

2. 要实事求是，尊重客观事实

撰写餐饮市场调查报告一定要从实际出发，实事求是地反映出餐饮市场的真实情况，一是一，二是二，不夸大，不缩小，要用真实、可靠、典型的材料反映餐饮市场的本来面貌。

3. 要中心突出，条理清楚

运用多种方式进行餐饮市场调查，得到的材料往往是大量而庞杂的，要善于根据主旨的需要对材料进行严格的鉴别和筛选，给材料归类，并分清材料的主次轻重，按照一定的条理，将有价值的材料组织到文章中去。

小资料

关于在校大学生餐饮消费情况调查报告

一、调查目的

为了在附近开一家餐饮店，想通过市场调查来了解秀校区的大学生的消费需求，以便开一家能满足其消费的餐饮店。

二、问题的描述

本次调查的对象是所有的在校大学生。调查的内容包括消费者对就餐环境、价格、口味、服务的要求及餐馆的类型等。

三、调查问卷的设计

在校大学生餐饮消费情况调查问卷

同学，您好！这是一份校区在校大学生餐饮消费情况的调查问卷。问卷旨在通过了解在校大学生餐饮消费的场所、口味、价格等情况，为筹建一家校外餐饮店提供参考意见。调查会耽误您几分钟的时间，希望您谅解并予以支持，谢谢！

1. 你的性别？

a. 男　b. 女

2. 您所在年级是什么？

a. 大一　b. 大二　c. 大三　d. 大四

e. 研究生

3. 您一个月的饮食消费额是多少？

a. 200 元以下　b. 200 ～ 400 元　c. 400 ～ 600 元　d. 600 元以上

4. 您是否经常在校外就餐？

a. 是 —请回答 A 组题　b. 不是 —请回答 B 组题

A 组题

5. 您在校外就餐常选择什么样的餐馆？

a. 特色地方菜　b. 休闲小食店　c. 中式快餐店　d. 粉店

e. 西式快餐店

6. 您选择校外就餐的标准是什么？

a. 味道好　b. 服务周到　c. 菜式多样　d. 物美价廉

e. 环境卫生干净

7. 您在校外就餐时一般平均每人的消费是多少？

a. 10 元以下　b. 10 ～ 20 元　c. 21 ～ 30 元　d. 31 元以上

8. 您比较喜欢吃下列哪种菜系？

a. 川菜　b. 粤菜　c. 东北菜　d. 鲁菜

e. 桂菜　f. 其他

9. 哪种装饰风格的餐馆最能吸引您就餐？

a. 简洁明亮　b. 乡村风情　c. 华丽典雅　d. 温馨浪漫

e. 时尚华丽　f. 没有特别偏好

10. 您最喜欢哪种优惠方式？

a. 代金券　b. 积分卡　c. VIP 卡　d. 现金折扣

e. 送菜　f. 其他

11. 您最初会怎样选择一家餐饮店？

a. 地段显眼　b. 装饰独特　c. 他人推荐　d. 店内客流量大

e. 传单广告宣传

12. 您会关注校外餐饮店的广告传单吗？

a. 会　b. 不会　c. 偶尔

请跳至第 17 题，谢谢。

B 组题

13. 您选择在校内食堂就餐的主要原因？（可多选）

a. 价格便宜　b. 安全卫生　c. 方便快捷　d. 菜式丰富

e. 搭配科学

14. 您通常一顿饭的花费是多少？

a. 3 元以下　b. 3 ～ 5 元　c. 5 ～ 6 元　d. 6 元以上

15. 您觉得校内食堂饭菜较大的问题是什么？（可多选）

a. 菜式少　b. 味道差　c. 份量不足　d. 搭配不当

e. 安全卫生不能保证

16. 您觉得校内食堂在管理上的问题有哪些？（可多选）

a. 服务质量差　b. 餐具不卫生　c. 就餐环境差　d. 价格变动大

e. 布局不合理　f. 其他

17. 您最希望学校附近出现什么样的餐馆？

问卷到此结束，感谢您的支持与配合。祝您学习进步，生活愉快，工作顺利。谢谢！

四、调查方式

本次调查采用的是随机抽样的调查方式，本组成员分别在学校的留香园、宝林超市设点对过往的同学进行随机调查。

五、调查问卷的统计与分析

1. 你的性别？ a. 男（37 人）　b. 女（83 人） 男生与女生的比率大概是 1 : 3，因此调查对象女生居多。
2. 您所在年级是什么？ a. 大一（36 人）　b. 大二（52 人） c. 大三（32 人）　d. 大四（0 人） e. 研究生（0 人） 本次调查重点是一、二、三年级。因为大四学生很多不住校，而研究生人数较少。

3. 您一个月的饮食消费额是多少？ a.200 元以下（11 人）　b.200 ～ 400 元（86 人） c.400 ～ 600 元（22 人）　d.600 元以上（1 人） 从调查的结果来看，本校学生的每月饮食消费多数居于 200 ～ 400 元之间。
4. 您是否经常在校外就餐？ a. 是（39 人）—请回答 A 组题　b. 不是（81 人）—请回答 B 组题 有 1/3 的学生经常在校外就餐。
A 组题
5. 您在校外就餐常选择什么样的餐馆？ a. 特色地方菜（1 人） b. 休闲小食店（1 人） c. 中式快餐店（30 人） d. 粉店（7 人） e. 西式快餐店（0 人） 在校外就餐绝大多数人选择了中式餐厅。
6. 您选择校外就餐的标准是什么？（可多选） a. 味道好（13 人）　b. 服务周到（15 人） c. 菜式多样（8 人）　d. 物美价廉（34 人） e. 环境卫生干净（30 人） 大学生消费者就餐时最关注的是物美价廉、环境卫生，其次是服务。
7. 您在校外就餐时一般平均每人的消费是多少？ a. 10 元下（35 人）　b. 10 ～ 20 元（4 人） c. 21 ～ 30 元（0 人）　d. 31 元以上（0 人） 大学生校外就餐时绝大多数的平均每人消费水平是 10 元以下，少数人可以接受 10 ～ 20 元。
8. 您比较喜欢吃下列哪种菜系？ a. 川菜（4 人）　b. 粤菜（3 人） c. 东北菜（5 人）　d. 鲁菜（0 人） e. 桂菜（20 人）　f. 其他（7 人） 因为学生居多，所以多数人喜欢吃桂菜，随着北方学生的增多，对东北菜也有一定的需求。
9. 哪种装饰风格的餐馆最能吸引您就餐？ a. 简洁明亮（21 人）　b. 乡村风情（3 人） c. 华丽典雅（2 人）　d. 温馨浪漫（8 人） e. 时尚华丽（1 人）　f. 没有特别偏好（4 人） 大学生对就餐环境的要求主要是简洁明亮，有部分情侣要求有温馨浪漫的就餐环境。

10. 您最喜欢哪种优惠方式？

a. 代金券（3人）　b. 积分卡（3人）　c. VIP卡（2人）

d. 现金折扣（21人）　e. 送菜（9人）　f. 其他（1人）

因为现金折扣比较现实，所以多数人都喜欢这种优惠方式。其次就是送菜这种优惠方式。

11. 您最初会怎样选择一家餐饮店？

a. 地段显眼（8人）　b. 装饰独特（4人）

c. 他人推荐（18人）　d. 店内客流量大（7人）

e. 传单广告宣传（2人）

从调查结果来看，商家要有诚信，要树立良好的口碑，因为很多人去一个地方消费，都是受亲戚朋友的影响。

12. 您会关注校外餐饮店的广告传单吗？

a. 会（8人）　b. 不会（7人）　c. 偶尔（24人）

很大一部分人都是中立的，如果你的营销手段很具有吸引力，还是可以引起很多人的关注的。

B组题

13. 您选择在校内食堂就餐的主要原因？（可多选）

a. 价格便宜（68人）　b. 安全卫生（24人）c. 方便快捷（79人）

d. 菜式丰富（15人）　e. 搭配科学（8人）

同学们喜欢在学校就餐的主要原因就是价格便宜和方便快捷。想在学校附近开一家餐饮店，并对同学有一定的吸引力，可以以这两方面为突破口。

14. 您通常一顿饭的花费是多少？

a. 3元以下（23人）　b. 3～5元（58人）　c. 5～6元（5人）

d. 6元以上（0人）

大部分同学在校期间一顿饭的消费都是在3～5元之间，所以餐馆的价位不能定得太高，以免超出了同学们的消费能力。

15. 您觉得校内食堂饭菜较大的问题是什么？（可多选）

a. 菜式少（42人）　b. 味道差（54人）

c. 份量不足（43人）　d. 搭配不当（28人）

e. 安全卫生不能保证（29人）

16. 您觉得校内食堂在管理上的问题有哪些？（可多选）

a. 服务质量差（81人）　b. 餐具不卫生（78人）

c. 就餐环境差（64人）　d. 价格变动大（23人）

e. 布局不合理（28人）　f. 其他（13人）

我们可以把学校食堂的问题看作我们的问题，并尽力改善。同学们在学校不能满足的需求，他们可以来我们这里得到满足。这将是我们最大的竞争优势。

两组的共同题目

17. 您最希望学校附近出现什么样的餐馆？

a. 服务优质，物美价廉。（10人）

b. 安全卫生，菜色丰富。（7人）

c. 外卖免费送上门的。（2人）

d. 有东北特色的餐馆。（5人）

e. 荷叶饭类型的餐馆。（1人）

f. 正宗的地方特色小吃店。（2人）

g. 洁净、温馨、浪漫的餐馆。（3人）

这是总结归纳出来的同学们回答的最希望学校附近出现什么样的餐馆的答案。我们可以看出同学们最关心的还是价钱、服务及安全卫生。这也应该是我们以后餐馆工作的重点。

六、主要发现

①大二、大三的同学在校外就餐的概率比大一的高。②大学生在外就餐每人平均的消费一般在10元以下。③很多同学希望在学校附近能够出现一家北方的餐馆。④同学们最关心的还是价钱、服务及安全卫生。

七、结论和建议

从对调查的结果和分析情况来看，我们小组建议在学校附近开一家以东北特色为主，各地小吃为辅的中式餐饮店。店面设计要大方、洁净，可设情侣桌、情侣套餐。一定要把服务质量和安全卫生作为工作的重点，满足大学生消费者的需求。在价位上要考虑同学们的消费能力，力争做到物美价廉。

任务实施

餐饮市场调研的程序如图4-5所示。

图4-5 餐饮市场调研程序

餐饮市场调研活动具有很强的目的性，在目标确定以后，工作需按照一定的程序进行。从准备到方案的制订，直至最后的实施和完成，每一阶段都有其特定的工作内容，来保证调研工作有秩序地进行，减少盲目性。餐饮市场调研的程序大致分为如下几个阶段，确定目标、制订计划、资料搜集、整理分析、撰写报告。

第一步：确定目标。

确定调研目标需要敏锐的洞察力，是寻找解决方案的第一步，调研目标的正确界定为整个调研过程提供了保证和方向。这是餐饮市场调研过程中最重要的部分，但同时也经常是最困难的步骤。管理者尽管不了解具体的起因，但必须清楚问题是什么。市场营销的管理者和研究人员必须密切合作去确认问题并提出研究目标，管理者需要认清存在的问题，研究人员需要明确研究的内容，并知晓到何处去获得信息。

第二步：制订计划。

餐饮市场研究过程中的第二步是确定哪些信息是必要的，并制订计划去搜集信息，报研究机构及决策机构批准。计划要写明数据的来源，研究的具体方法，取得数据的手段，样本计划、所需经费和进度计划等。

1. 详细确认所需信息

调研目标必须用那些专门信息来解释。例如，坎贝尔公司（Campbell）的一些汤类罐头产品使用的是碗状塑料包装，并且获得了成功，但要用这种包装全部代替过去的那种红白色的罐头包装，消费者会有什么反应呢？新包装成本高，但消费者却可以放在微波炉中加热后吃，且不用洗碟子。这项研究可能需要下列信息。

目前汤类罐头食用者的人口、经济状况、生活方式。繁忙的职业夫妇可能发现新包装很方便而不在乎价格，孩子多的家庭可能需要价格低而不在乎洗锅和碗。

消费者对汤的需求类型。如需要多少、在哪儿喝、喝哪种等。新包装可能对在路上喝的成人是理想的，但对在家里给孩子们喝的主妇就不同了。

微波炉的家庭拥有量和市场的供应量。家中和单位里的微波炉拥有量会制约对新包装产品的需求。

零售商对新产品的反应。如果不能得到零售商的认同，会减少新包装产品的销售。

消费者对新包装的态度。红白相间的坎贝尔产品已经成为美国的风俗，消费者会接受新包装吗？

对新包装和旧包装产品销售的预测。新包装会增加坎贝尔的利润吗？

坎贝尔的管理者需要这些信息以及其他类型的信息，以便决定是否推出新产品。

2. 确定信息来源

餐饮调研人员可以搜集间接数据、直接数据或二者兼顾。直接数据也称一手资料，是为特别目的所收集的信息，主要通过询问、观察、实验等方法搜集；间接数据也称二手资料，来源有内部资料、政府及各类机构的出版物、图书杂志、商业数据、互联网资料等。调研人员通常从收集间接数据开始，比起直接数据来说，间接数据一般可以较迅速地获得，成本也较低。但当决策者所需的信息根本就不存在时，就必须收集直接数据。

3. 提出调研计划

一个书面的调研计划或提案能够保证销售经理和研究人员全面考虑问题，从而对为什么调研和如何进行这项调研有一致的意见。调研计划应包括以下内容。

有吸引力的调研方案标题；

反映调研目标的摘要和绪论；

对相关资料的搜集与评价；

确定搜集信息的方法；

提出实地调研中可能出现的问题及解决办法；

确定调研分析的方法；

列明调研的进度计划；

确定调研预算等。

第三步：资料搜集。

资料搜集是餐饮市场调研计划的执行阶段，数据收集可由餐饮企业自己的研究人员进行或由其他公司代办。数据收集阶段在调研过程中所花经费最多、时间最多，也最易出错。研究人员必须强监督，保证计划正确执行，避免调研中的问题，如被调查者拒绝合作或提供有偏差信息，调查人员出错或图省事。

资料搜集的主要步骤为设计餐饮调查问卷、选择与培训餐饮调研人员、实施调查。

1. 设计餐饮调查问卷

具体进行问卷设计之前，需明确市场调研的基本主题，以及本次问卷调查的目的与市场调研主题的关系，而且对正式使用的问卷应在小范围内试用，检验设计的合理性，发现问题，及时改进。

2. 选择与培训餐饮调研人员

调研人员是调研工作的主体，是调研任务顺利完成的基本保证。必须根据调研工作量的大小及调研工作的难易程度，配备一定数量、具有较高素质的工作人员，并且进行必要的培训。调研人员应具有较好的职业道德、业务素养和健康的身体以适应调研工作的需要。

3. 实施调研

实施调研是指调研人员实际进行正式的调查活动，即调研人员通过案头调研收集二手资料，通过发放问卷、面谈、观察、实验等调研方法收集第一手资料。实施调查要求调研人员按照原来的计划和培训中提出的要求进行工作。在调研过程中，调研人员应利用各种技巧开展调查，始终保持客观态度，实事求是，不投机取巧，不能采取任何手段编写问卷，应该保留原始记录。对于调查中出现的意想不到的复杂情况要灵活变通，因地制宜，力争取得好的调查效率。如果调研活动规模较大，则必须对调研人员进行进一步分工，在分工中要充分体现结构的合理性，以及公平经济的原则，同时要加强监督，注意随时回收已完成的调研问卷，及时检查回收的问卷，注意对调研人员工作的检查。督导员要进行抽样检查和监督，发现问题，及时整改。

第四步：整理分析。

餐饮市场调研所收集到的信息资料是分散、零乱的，难以真正反映餐饮市场现象的本质和内在规律。因此，需要进行整理、分组、计算、归纳和对比等加工处理，以得出科学的判断和结论。

1. 整理资料

对获得的各种信息资料先进行鉴别筛选，分清真、伪，清除假、错、缺，以保证资料的真实、准确和完整。对鉴别的后资料进行分类、汇总和加工，使之系统化、条理化，并以集中、简明的方式（各种图、表）反映调查对象的总体情况。

2. 统计计算

将归类汇总好的资料进行统计计算，如计算百分比、平均数、标准差等，以便于分析。

3. 分析资料

常用定性分析、定量分析、对比分析、类比分析、指数分析、图表分析等方法，为方便客户对调研结果的理解，须注意内容的表述和图表的设计方法。资料的整理、统计、分析是市场调研的深化和提高，整体市场调研能否出成果，在很大程度上取决于此。这是一项专业性、技术性很强的工作，要由专业的数据分析专家和有经验的策划人员共同承担。

第五步：撰写报告。

这一阶段是提供调研结果的阶段。调研报告可以是口头汇报，也可以是书面汇报，视调研问题的范围、复杂程度和重要性而定。调研人员需要简洁地解释自己的发现，提出结论，并向管理部门报告。管理人员和研究人员必须一起研讨研究结果，双方要对研究过程和相应的决策负责。

任务总结

市场调研就是指运用科学的方法，有目的、有计划、有步骤、系统地搜集、记录、整理和分析有关市场活动的各种数据资料，由企业营销活动提供决策依据的一种活动。

餐饮市场调研的内容主要涉及市场环境调研、市场需求调研、产品调研、市场竞争调研和市场营销调研五个方面。餐饮市场调研主要分为探索性市场调研、描述性市场调研、因果性市场调研和预测性市场调研四种类型。

餐饮市场调研的方法很多，通常采用案卷调研搜集二手资料，利用实地调研搜集一手资料，主要调查方法是抽样调研、文案调研和实地调研三种。抽样调研常用的抽样方法主要有随机抽样（包含简单随机抽样、分层抽样、等距抽样和整群抽样）和非随机抽样（包含任意随机抽样、判断随机抽样、配额随机抽样）。文案调研是通过查询已经形成的，或经过一定整理加工的二手资料来获取信息的过程。实地调研又称直接调研，可分为询问调研（包含个别面谈、小组访谈、电话调查、问卷调研和拦截式调研）、观察调研（包含行为记录法、直接观察法和消费痕迹观察法）和实验调研（包含实验室实验调查法和试销实验法）三类。

餐饮市场调查问卷设计的技巧中，需要遵循问卷设计的基本原则，主要包括满足研究需要原则、考虑被调查者原则、与资料分析方法相结合的原则和考虑具体调查方式原则。一份完整而规范的调查问卷，通常包括眉头部分、介绍 / 开场白、筛选部分、主体部分、背景资料和结束语六个部分。

市场调查报告是市场调查的总结，对餐饮企业市场决策有重要的指导作用。调研获得的数据需要进行正确的分析才能为决策提供支持。调研分析的结果要呈现给大家就必须撰写调查报告。

餐饮市场调查报告从不同的角度可以分为不同的类型。餐饮市场调查报告的撰写要做好前期的准备工作，并要了解报告的基本结构和掌握写作的要领。同时餐饮市场调查报告的格式根据调查项目、调查者、企业、用户、调查项目本身性质等的不同，餐饮调查报告都会有不同的风格和结构。

实训项目

目标

（1）通过训练，使学生能够掌握餐饮市场调查报告编写的步骤和餐饮市场调查报告的基本结构；

（2）通过训练，使学生掌握餐饮市场调查报告的写作技巧。

内容与要求

（1）根据下述材料，撰写一篇市场调查报告。

中国饮料工业协会统计报告显示，国内果汁及果汁饮料实际产量超过百万吨，同比增长 33.1%，市场渗透率达 36.5%，居饮料行业第四位，但国内果汁人均年消费量仅为 1 千克，为世界果汁平均消费水平的 1/7，西欧国家平均消费量的 1/4，市场需求潜力巨大。

我国水果资源丰富，其中，苹果产量是世界第一，柑橘产量世界第三，梨、桃等产量居世界前列。据权威机构预测，2015 年，预计果汁产量达 195 ～ 240 万吨，人均年消费量达 1.5 千克。

近日，我公司对 ×× 市果汁饮料市场进行了一次市场调查，根据统计数据，我们对调查结果进行了简要的分析。

追求绿色、天然、营养成为消费者和果汁饮料的主要目的。品种多、口味多是果汁饮料行业的显著特点，据 ×× 市场调查显示，每家大型超市内，果汁饮料的品种都在 120 种左右，厂家达十几家，竞争十分激烈，果汁的品质及创新成为果汁企业获利的关键因素，品牌果汁饮料的淡旺季销量无明显区分。

目标消费群。调查显示，在选择果汁饮料的消费群中，15 ～ 24 岁年龄段的占了 34.3%，25 ～ 34 岁年龄段的占了 28.4%，其中，又以女性消费者居多。

影响购买因素。口味：酸甜的味道销的最好，低糖营养性果汁饮品是市场需求的主流；包装：家庭消费首选 750ml 和 1L 装的塑料瓶大包装；260ml 的小瓶装和利乐包为即买即饮或旅游时的首选；礼品装是家庭送礼时的选择；新颖别致的杯型因喝完饮料后瓶子可当茶杯用，所以也影响了部分消费者购买决定。

饮料种类选择习惯。71.2% 的消费者表示不会仅限于一种，会喝多种饮料；有什么喝什么的占了 20.5%；表示就喝一种的有 8.3%。

品牌选择习惯。调查显示，习惯多品牌选择的消费者有 54.6% ；习惯性单品牌选择的有 13.1%；因品牌忠诚性做出单品牌选择的有 14.2%；价格导向占据了 2.5%；追求方便的比例为 15.5%。

饮料品牌认知渠道。广告：75.4%；自己喝过才知道：58.4%；卖饮料的地方：24.5%；亲友介绍：11.1%。

购买渠道选择。在超市购买：61.3%；随时购买：2.5%；个体商店购买：28.4%；批发市场：2.5%；大中型商场：5.4%；酒店、快餐厅等餐饮场所也具有较大的购买潜力。

一次购买量。选择喝多少就买多少的有 62.4%；选择一次性批发很多的有 7.6%；会多买一点存着的有 29.9%。

（2）选择你所熟悉的某种餐饮产品，对其在本地的市场销售状况做市场调查，写出一篇小型市场调查报告；

（3）运用电话调查的知识技巧，对一家你熟悉的餐饮企业，进行一次实际的电话调查活动。

组织与实施评价

（1）以项目团队为学习小组，3 ～ 4 人为一组，选出项目负责人；

（2）建立沟通协调机制，团队成员共同参与、协作完成任务；

（3）各项目团队根据实训内容进行讨论；

（4）评价与总结：各项目团队提交实训报告，并根据报告进行评估。

评估指标及标准

如下表所示。

表　餐饮市场调查报告技能评价评分表

被考评人			考评地点			
考评内容		考评标准	分值 / 分	自我评价 / 分	小组评价 / 分	实际得分 / 分
专业知识技能掌握	格式、材料	规范、充实、逻辑强	10			
	封面设计	符合要求、凸显主题	10			
	前言	符合要求	10			
	目录、附录	整洁清晰	20			
	报告准时完成情况		10			
通用能力培养	学习态度	积极主动，不怕困难，勇于探索	15			
	团队分工合作	能融入集体，愿意接受任务并积极完成	15			
	道德自律	自觉遵守纪律，有责任心和荣誉感	10			
合计			100			

注：1. 实际得分 = 自我评价总分 ×40%+ 小组评价总分 ×60%。

2. 考评满分 100 分，59 分及以下为不及格，60—74 分为及格，75—84 分为良好，85 分及以上为优秀。

复习思考题

一、填空题

1. 根据餐饮市场调研的目的，可将餐饮市场调研分为________、________、________和________。
2. 实地调研可分为________、________和________三类。
3. 餐饮调研问卷的基本结构包括________、________、________、________、________和________。
4. 一份完整的餐饮市场调查报告应包括________、________和________三大部分。

二、选择题

1. 餐饮市场调研的内容主要有________。
   A. 市场环境　B. 市场需求　C. 产品　D. 市场竞争
2. 通常利用________收集二手资料。
   A. 实地调研　B. 询问调研　C. 问卷调研　D. 案卷调研
3. 下面属于观察调研方法的是________。
   A. 行为记录法　B. 直接观察法　C. 消费痕迹观察法　D. 实验调查法
4. 餐饮市场市场调查报告按其所涉及内容含量的多少，可以分为________。
   A. 综合性市场调查报告　B. 消费者情况市场调查报告
   C. 专题性市场调查报告　D. 陈述型市场调查报告
5. ________是餐饮市场调查报告的核心部分。
   A. 目录　B. 引言　C. 正文　D. 结论

三、简答题

1. 什么是餐饮市场调研？餐饮市场调研的程序是什么？
2. 餐饮市场调研问卷设计时应注意什么原则？
3. 餐饮市场调查问卷设计过程是什么？
4. 什么是餐饮市场调研报告？餐饮市场调研报告主要有哪些特点？
5. 餐饮市场调查报告写作的一般程序是什么？

项目五

餐饮目标市场营销

学习目标

知识目标

1. 掌握餐饮市场细分、餐饮目标市场、餐饮市场定位的概念；
2. 了解餐饮企业进行市场细分、选择目标市场和确定市场定位的重要意义；
3. 掌握餐饮市场细分的原则、方法和步骤；
4. 了解餐饮目标市场选择的程序和原则；
5. 掌握餐饮企业占领目标市场的营销策略；
6. 了解餐饮市场定位的内容；
7. 熟悉餐饮市场定位的原则和步骤；
8. 理解并掌握餐饮市场定位战略。

能力目标

1. 能够运用餐饮市场细分标准对餐饮企业所面临的整体市场进行市场细分；
2. 能够选择适合的餐饮目标市场营销策略，帮助餐饮企业有效地进入并占领目标市场；
3. 能够在了解和分析餐饮企业本身实际情况的前提下，运用餐饮市场定位战略帮助企业成功地进行市场定位。

任务导入

在维也纳最早的几家咖啡馆中，最有名的是一家叫“克拉美雪”的咖啡馆。咖啡馆的顾客大多数是作家、诗人、艺术家及大学教授，这家咖啡馆也因此被誉为“有学识的咖啡馆”。

1771 年，米夏耶尔·赫托买下了克拉美雪之后，这家咖啡馆更是享有各方好评。当时的人形容这家咖啡馆是一座最多只能容纳 20 个人舒适地坐在里面的“洞窟”。外地游客也十分喜欢光临此处。

后继者布拉斯·奇契曼在 1804 年取得了扩建的允许。他将咖啡馆扩建至隔壁建筑物的二楼，还更新了摆设。结果证明他这么做是极其愚蠢的。扩建后的咖啡馆失去了洞窟般的吸引力，顾客定位也变得模糊起来，各色人等都可以来光顾了，但维也纳的作家、诗人、艺术家和大学教授们再也不来光顾了。克拉美雪成了一家极其普通的咖啡馆。1866 年，克拉美雪咖啡馆被拆除，人们此后只能在一些作家的书里找到它。

任务分析

其实，在奇契曼之前和之后，遭遇同样的失败者不乏其人。他们贪大求全，无一例外地希望自己经营的店铺、企业、工厂或提供的服务能满足尽量多的人的需求，而不懂得放弃，不懂得专一。一个企业应该如何做才能更容易成功呢？

世界上任何一种产品的市场都是由众多的顾客构成，而这众多的顾客由于消费心理、购买习惯等各方面的差别，对同一种产品的具体消费需求往往并不相同，甚至差异极大。这就决定了对于任何一个企业而言，都不可能满足全体顾客对某种产品的需求。同时由于生产企业受资源、设备、技术等方面的限制，也不可能满足全部顾客的需要。因此，一个餐饮企业要想在市场竞争中求得生存和发展，必须通过市场调研，将消费者细分为需求不同的若干群体，专注于满足全体买主中的某一类或某几类特定顾客的需要，也就是必须做出“为谁的需要服务”的经营抉择。这种抉择就是目标市场的选择。餐饮企业如何才能科学地选定自己的目标市场？首先必须进行市场细分，这是餐饮企业选择目标市场的基础和前提。

知识准备

任务一　餐饮市场细分

餐饮市场是由餐饮产品与服务的顾客组成的。但是，由于顾客人数众多，广泛散布于各个市场区，有不同的消费需要、支付能力、消费态度和消费方式，因此，任何餐饮企业无论规模如何庞大，都无法满足整体市场上的所有需求。这就要求其经营管理人员进行详细的营销调研之后，选择本企业的目标市场，然后再根据目标市场的需要，确定营销因素组合，以便有效地为目标市场服务。

20 世纪 90 年代，国际营销学大师、享有营销学之父美称的美国西北大学凯洛格管理研究生院营销学教授菲利浦·科特勒，在他畅销全球 30 多年的《营销管理》一书第 9 版中提出了“ STP”战略（见图 5-1）。他认为企业在确定自己的目标市场的过程中，要经历三个阶段。一是市场细分化（Segmenting），即通过确定的细分变量来细分市场，勾勒细分市场的轮廓；二是目标化（Targeting），即在评估每个细分市场的吸引力之后，选择目标细分市场；三是市场定位（Positioning），即为每个目标细分

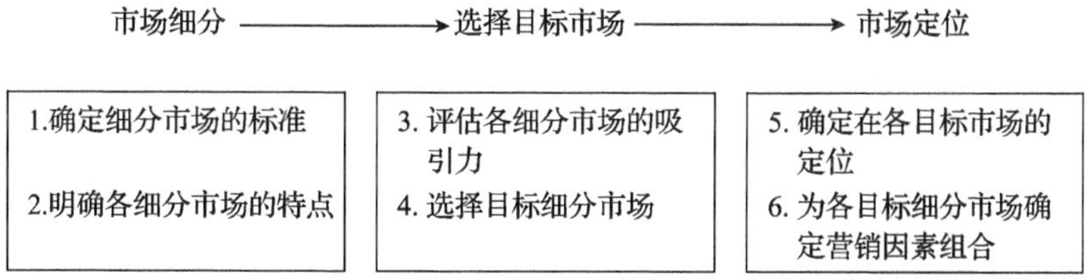

图 5-1　市场细分、选择目标市场和市场定位的步骤

市场确定可行的市场定位，并选择、发展和传播所挑选的定位观念。“STP”营销是企业营销战略的核心，也是决定营销成败的关键。

一、市场细分的概念及其客观基础

实施市场细分、选择目标市场是企业制订市场营销战略的前提条件。餐饮企业必须根据自己的实际情况，有针对性地满足某一部分消费者的特定需求。

1. 市场细分的概念

市场细分思想最早是由 20 世纪 50 年代美国市场营销学家温德尔・史密斯提出的。市场细分又称为市场分割、市场区隔，它是按照购买者的需要和欲望、购买态度、购买行为特征等不同因素，把一个市场划分为若干不同的购买者群体的行为过程。这一概念的提出是市场营销思想和战略的新发展，它是针对现代市场的复杂性以及庞大的规模而提出的一种需求分类方法，对企业提高营销效率具有十分重要的意义。

2. 市场细分化的客观基础

市场细分化是由于市场需求存在着差异性和近似性决定的，是从顾客“需求异质性”理论引出的，按照这一理论，可以将市场分为“同质市场”和“异质市场”。同质市场是某种商品的顾客对商品的需求和对企业营销策略的反应具有一定程度的一致性。在大多数市场上，顾客对企业提供的产品的各种特性和企业市场营销策略的要求各不相同，这种市场就是异质市场。具体而言，有以下三个类型。

（1）同质偏好型。某种商品的顾客对商品的需求和对企业营销策略的反应具有一定程度的一致性。例如食盐市场，所有顾客对食盐的需求无大差异，每月购买的数量和每日的消费量也几乎相同，而且普遍要求食盐价格便宜，购买方便，因此，食盐市场就是一个典型的同质市场。这类市场相对来说比较容易经营，不同的营销者向市场提供的产品和采用的营销策略大致相同。通常，生产和销售这类产品的企业采用整体市场策略，而不必细分市场，也即在此市场中不存在市场细分的客观基础。

（2）分散偏好型。该市场上顾客的需求偏好很不集中，呈现分散状态，极端的情况是任何两个顾客的需求都有差异。在实践中分别针对每一位顾客制订产品及营销组合往往不现实，所以这类市场虽然属于异质市场，但是一般也不存在市场细分的问题。

（3）集群偏好型。该市场上各类顾客的需求呈现几种基本状态或类型，彼此有明显的差异，而在每一个同类顾客群内部，其成员的需求偏好又具有高度的近似性，可以通过细分的方法按照一定的标准将这些具有类似需求的顾客加以归类，从而将一个整体市场划分为若干个不同的子市场。例如，餐饮企业所面临的就是一个由许多具有不同需求的顾客所组成的异质市场，餐饮企业需要根据不同顾客对餐饮产品的不同需求和偏好，按照年龄、性别、职业、收入、宗教等变量将餐饮消费者划分为若干个不同的细分市场，进而采取不同的市场营销策略，向不同细分市场的顾客提供不同的餐饮产品，如图 5-2 所示。

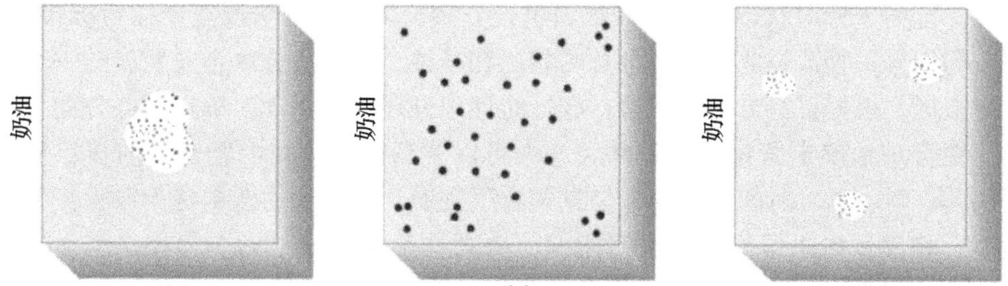

（a）同质量偏好　（b）扩散偏好　（c）集群偏好

图 5-2 基本市场偏好模式

二、餐饮市场细分概念及其作用

餐饮市场细分是在市场细分的基础上发展起来的，其概念也是以市场细分为基础的。

1. 餐饮市场细分的概念

餐饮市场细分是指餐饮企业营销管理人员根据顾客对餐饮产品需求的差异性，将餐饮顾客市场划分为若干具有不同需求特征的子市场，从而使餐饮企业有效地分配和使用现有资源，进行各种营销活动的过程。

2. 餐饮市场细分的作用

有些餐饮企业经营不景气最重要的原因是没有明确自己的细分市场，无的放矢。尤其当市场上已有相当数量的同类产品时，市场细分就显得十分重要，餐饮市场细分对餐饮企业的作用，主要表现在以下几个方面。

（1）有助于餐饮企业发现市场机会，选准目标市场。通过市场细分，餐饮企业可以有效地分析和了解各细分市场需求的满足程度和市场竞争状况，从而发现哪类需求已经满足，哪类需求未被满足或未被全部满足。与此同时，根据本企业目前的实力，比较市场竞争状况，抓住那些需求潜力大、竞争少且可以利用本企业优势迅速占领的细分市场，作为本企业的目标市场，从而扩大企业经营，提高市场占有率，取得市场营销的优势地位。

小知识

百事可乐公司就是通过市场细分为自己发现了绝妙的市场机会，并在此基础上，用一系列营销努力成功地改写了可乐市场上可口可乐一统天下的局面。当时可口可乐在消费者心目中几乎就是饮料的代名词，其他品牌的饮料根本无法与之相提并论。百事可乐首创不含咖啡因的“七喜”，并用饮料中是否含有咖啡因作为标准，硬是将饮料市场一劈为二，含有咖啡因的饮料市场和不含有咖啡因的饮料市场。并成功地让消费者认同：可口可乐是前一个市场的霸主，而七喜则是后一个市场的领导者。

（2）有助于针对目标市场制订营销组合方案，将有限的资源集中在目标市场上。通过市场细分，餐饮企业可根据自身的状况和条件，选择适合本企业发展的一个或几个目标市场，根据目标市场的需求，有针对性地开展营销活动，确定服务方向、产品战略，更合理地确定营销组合策略。这样可以使餐饮企业减少经营上的盲目性，有效利用人、财、物、时间、空间和信息等有限资源，以较少的营销费用取得较大的经营效益。相反，如果餐饮企业普遍撒网，力求在每个细分市场上都有一席之地，则会由于企业自身的资源有限，不能有效地满足各细分市场的需求，最后还是以失败告终。

（3）有助于制订灵活的竞争策略，最大限度地提高经济效益和社会效益。通过细分市场，餐饮企业了解到目标市场的消费特征之后，可集中力量对一个或几个细分市场进行市场营销，突出旅游企业产品和服务特色，制订灵活的竞争策略，及时调整餐饮企业产品、价格、销售渠道及促销手段，提高餐饮企业的竞争能力。同时还可以向满足需求的多样性和深层次发展，从而使餐饮消费者的满意程度提高，企业的经济效益和社会效益也必然会不断得以提高。

三、餐饮市场细分的原则

对餐饮市场进行细分，既不能大而化之，忽视消费者需求的差别，又不能过于琐细，使市场细分失去经济意义。要使餐饮市场细分能真正有效地发挥作用，必须符合以下原则。

1. 可衡量性原则

即各细分市场的需求具有明显差异性，不同细分市场的需求特征、购买行为等要能被明显地区分开来，各细分市场的规模和购买力大小等要能被具体测度，可以从质和量两个方面为制订营销策略提供可靠依据。这也是市场细分的根本意义所在。

2. 可盈利性原则

即要求细分出的市场在顾客人数和购买力上足以达到有利可图的程度，能保证餐饮企业的获利目标得以实现。同时，该细分市场还应具有一定的发展潜力，即企业不仅在短期内可以从中盈利，而且通过调整餐饮企业产品、价格、销售渠道及促销手段等市场还可以进一步扩大，使之保持持久收益。若无利可图，市场细分就失去了意义。

3. 可进入性原则

即餐饮企业对细分出的市场能够有效地进入并占领的程度。市场细分的目的是找出可进入并能够占领某市场的机会。如果餐饮企业进行市场细分的结果表明，该细分市场竞争十分激烈，本企业现有实力根本无法与之竞争，或虽然竞争不太激烈，但本企业不具备占领该细分市场的能力和条件，则这种细分也是无效的。

4. 稳定性原则

即要求细分后的市场应具有相对的稳定性。严格的餐饮市场细分是一项复杂而又细致的工作，因此如果细分后的目标市场变化太快、太大，会使制订的营销组合很快失效，造成营销资源分配重新调整的损失，并形成企业市场营销活动的前后脱节和被动局面。

5. 合法性原则

即餐饮企业的市场细分还必须在法律和道德允许的范围内进行。有些不健康的市场需求虽然厚利可图，但为法律或道德所不允许，也不可作为细分市场的依据，不得选为目标市场。

四、餐饮市场细分的标准

市场细分的依据是客观存在的需求差异性，而差异性很多，究竟按哪些标准进行细分，没有固定不变的模式。各餐饮企业可选择适合自身资源的一种或多种不同变量进行细分，以求得最佳的营销机会。影响餐饮市场顾客需求的因素，即用来细分餐饮顾客市场的变量可以概括为四大类：地理变量、人口统计变量、心理变量和行为变量。

1. 地理变量

餐饮企业依据顾客所在地理位置、地形气候、自然环境、空间位置等变量细分市场。以地理环境因素作为餐饮市场细分的依据，主要是由于不同地理环境下的顾客，对产品和服务往往会有不同的需求和偏好，以至于对餐饮企业所实施的各种营销措施的反应也常常存在差别。例如，我国幅员辽阔，自古以来就有“南甜北咸”“东辣西酸”之说，口味的巨大差别是由各自的地理环境、气候的差异而决定的。因此，餐饮企业必须准确地把握不同地区、不同顾客之间饮食习惯上的差异，方能做到有的放矢、投其所好。

（1）地理区域变量。这是细分餐饮市场最基本的变量，具体又可分为洲别、国别和地区等变量。按国别细分餐饮市场是细分国际餐饮市场最常用的形式。按地理区域细分餐饮市场，可分别根据其自然、经济、人文三大方面因素对餐饮需求特征的不同影响来加以考虑。如我国的四大菜系或八大菜系的形成就兼有地理环境、自然条件、经济发展和人文等方面的综合影响。桃丹在《风味流派略识》一书中指出，“所谓地方风味特色，即选用本地优质烹饪原料，用本地习用的优良的烹饪方法，制作出本地风味的肴馔，其中特别是口味上的差异，尤为重要。”因此餐饮企业在根据地理区域对目标市场进行细分之后，要选择那些凭借企业自身的条件和资源，如厨师队伍、烹调风格等能够满足的顾客群作为目标市场，提供他们最钟爱的具有地方特色的餐饮产品，并采取相应的营销策略，以实现最终的营销目标。

（2）气候变量。在我国，气候对人们主食影响最典型的可算是“南稻北麦”了。雨量丰富，适合种植需水稻的南方人们以大米及其制品为主食，例如，米饭、米糕、米团等。而北方地区春天雨水稀少，适合种小麦，人们也主要以面粉制品如面条、馒头、饺子、大饼等为主食。在降水更少的内蒙古自治区、西北地区和夏季很冷的青藏高原上，不能生长庄稼、树木，只能长草，当地人们主要以放牧牛羊为业，因而便以牛羊肉、奶为主食。

季节与饮食关系更为密切。冬季人们热量消耗很大，食欲好，多吃高蛋白动物型食物如热性的羊肉，吃法多用火锅。夏季天气炎热，人们多爱好新鲜爽口、易消化的清淡食物，菜也是肉少而蔬多。冰棍、雪糕等冷饮和啤酒、汽水等饮料销售量随气温的升高而直线上升。西瓜和绿豆汤则是民间清凉去火的消暑佳品。在我国四川、贵州等西南地区，当地居民都喜欢吃辣椒，民间素有“贵州人辣不怕，四川人怕不辣”之说。这是因为这些地区一年四季特别是冬季比较阴冷潮湿，吃辣椒有祛风去湿、散寒健胃之效。

因此应把气候作为一个重要变量对市场加以细分，根据所处的地理区域和四季的更迭给人们带来的饮食习惯的变化来提供适宜的餐饮产品，迎合餐饮顾客的需要。

（3）空间位置变量。餐饮顾客与餐饮企业即餐厅或其他餐饮产品的提供地之间在空间上的距离也是细分餐饮消费市场的重要依据。餐饮顾客愿意前来就餐或购买餐饮产品并能旅行的范围就是餐饮企业的市场区域，可以分为步行市场区和驶车市场区。

影响餐饮企业市场区大小的因素主要是其档次和所处的地理位置。首先是档次。档次越高，人们购买决策越慎重，为就餐花费的时间就更多些。一家有特色、闻名的餐厅，人们往往愿意花较多的时间前来就餐。而经济餐馆和快餐点的购买决策属于即时性决策，人们一般不会为吃顿快餐而坐车或走很多的路。其次是地理位置。餐饮企业所处的地理位置影响市场区域的大小。中国台湾的餐饮管理学家认为，在商业中心的餐厅其市场区是以餐厅为中心，200 米距离为半径的商圈为第一商圈；在较为僻静的城镇，半径为 300 米；市郊路段为 2 千米；如果是大厦内的餐饮店，则以大厦为第一商圈。因此，各餐饮企业要根据所处的地理位置和档次来确定目标顾客群体，采取相应的营销策略。

2. 人口统计变量

人口统计细分是将市场按年龄、性别、家庭规模、婚姻状况、收入、教育、职业、信仰、种族、国别等为依据划分不同的群体。由于人口统计变量较其他变量更容易衡量和区分，它与餐饮顾客的口味、饮食偏好和生活习惯等都有密切联系，因此成为区分顾客群体常用的依据。可形成如下基本标准。

（1）年龄和性别。人口年龄变量是细分旅游市场最主要的变量之一。餐饮顾客的需要和欲望随年龄变化而变化，餐饮企业根据年龄来划分餐饮市场，提供不同的餐饮产品和服务，使用不同的营销方法，目的就是为了吸引不同年龄段的餐饮顾客群体，使自己的营销活动更具有针对性。一般地说，餐饮市场按年龄可以分为儿童餐饮市场、青年餐饮市场、中年餐饮市场和老年餐饮市场 4 个部分。每个细分市场对餐饮产品和服务都有自己独特的要求。

男女在膳食方面也存在一定的差别。男性饮食较注重滋补强身，多吃大鱼大肉，饮酒的比例也较女性多；而女性则更注重美容养颜，保持身材，多吃清淡爽口、易消化的蔬菜、水果等。男女在膳食方面的不同需求也日益受到许多餐饮企业的重视，如针对男性推出各种滋补酒、甲鱼汤等菜品，针对女性制作乌鸡汤、四季鲜蔬、水果沙拉等，分别迎合这两类顾客群不同的需求。

（2）收入、受教育程度和职业。收入主要是指餐饮顾客的家庭收入和个人收入水平。由于餐饮消费属于基本的生活消费支出，收入水平的高低直接影响餐饮消费水平、消费构成、购买习惯和偏好。因此，以顾客收入水平细分餐饮市场具有较为普遍的意义。如果按餐饮顾客的收入来分，可将餐饮顾客分为三个阶层：高收入者、中等收入者和低收入者。高收入者对就餐的要求是餐厅的档次、规模、服务水平，以体现自己的身份和地位；中等收入者则追求经济实惠，在此基础上会顾及餐厅的档次、服务等方面；而低收入者由于自身经济实力所限，只求价格低廉和满足充饥需要。

实践证明，受教育程度不同，人们认识商品的方式及对产品的价值认知等都显示出不同，这一点在餐饮市场细分过程中也同样体现出来。一般受教育程度越高，需求层次越高、品位越高，他们对于菜品的营养价值、烹调方法、服务质量等方面的要求会相对较高。他们十分注重就餐的环境，安静、幽雅、富于文化气息，能体现文化品位的餐厅十分受他们的欢迎。相对而言，文化程度较低的消费者则就餐环境的要求低得多。

职业特征对餐饮需求的影响也比较大，如机关、企事业单位的白领一族更注重餐饮产品的口味和营养价值，而从事体力劳动的蓝领则更希望物美价廉，只要能够充饥饱腹就满足了。

收入、受教育程度与职业往往是相互关联的，尤其是在发达国家。管理人员大多受过高等教育，收入也较高，且具有较多公务就餐的机会，其餐饮开支较大，要求也较高。

（3）民族和宗教。民族和宗教涉及餐饮顾客的文化背景。不同民族和宗教信仰的人，饮食习惯有着巨大的差异。我国是多民族国家，不同的民族都有其不同的宗教信仰，对饮食的要求千差万别，餐饮企业一定要事先深入调查研究，避免与顾客的饮食习惯发生冲突。

3. 心理变量

这是根据餐饮顾客心理特征细分市场。心理特征十分复杂，包括个性、购买动机、价值观念、生活格调、追求的利益以及对营销策略的反应程度等变量。人们去餐厅就餐，并不单单是为了填饱肚子、满足食欲，他们的购买选择往往体现了他们的心理追求。只有正确地把握餐饮顾客的心理特征，在营销活动中才能做到有的放矢。

根据餐饮顾客的就餐动机，可细分为充饥、美食、会议或旅游团队用餐、宴请等顾客群体。由于不同餐饮顾客就餐动机不同，他们对餐厅的环境和气氛、对菜单的设计和定价、对服务的要求就各不相同，所以餐饮企业首先要确定招徕哪类顾客，以便对餐厅的经营范围和宗旨做好决策。

4. 行为变量

按餐饮顾客的行为因素进行细分也被称之为“行为细分”，具体细分变数主要包括购买时机、追求的利益、消费状况和频率、品牌忠诚程度等。由于顾客的行为导致消费的最终实现与否，因而成为细分市场至关重要的出发点。

（1）购买时机。按顾客购买和使用产品的时机细分餐饮市场已成为越来越多的餐饮企业扩大销售的常用手法之一。例如，在春节、中秋节、国庆节的前后，许多餐饮企业都会发现此时的营业额是平日的数倍，也就是俗称的“旺季”。这样，餐饮企业就可以把特定时机的市场需求作为短期营销目标来扩大销售。

（2）追求的利益。顾客去餐厅消费所要追求的利益，往往各有侧重，可据此细分餐饮市场。一般来说，餐饮顾客所追求的利益主要表现为满足食欲、调节口味、方便省事、体现身份和地位等几种。据此，餐饮企业应明确将为之服务的目标市场及其特征是什么，主要竞争对手又是谁，市场现行餐饮品牌缺少什么利益，从而决定对自己现有产品和服务如何改进，以满足餐饮市场的需要。

（3）消费状况和频率。餐饮市场按照顾客去餐厅的消费状况和频率可分为四种群体，尝试者群体、尝试者的朋友群体、多数人群体和稀客群体。不同的餐饮企业对消费状况和频率不同的顾客在广告宣传及推销方式等方面，都应有所不同。

（4）品牌忠诚程度。单就顾客对品牌的忠诚程度来看，许多顾客都不同程度地存在着“品牌偏好”这样一种购买行为。根据调查显示，北京 15 ～ 19 岁的顾客群中，去过麦当劳的人数比例在 90% 以上；而在麦当劳的顾客群中，有 59.6% 的人是忠诚顾客，即最经常光顾的顾客。由此可见，在年轻人中，对“麦当劳”这个餐饮品牌忠诚程度是非常高的。因此，根据对品牌的偏好状况，可将餐饮顾客划分为单一品牌忠诚者、多品牌忠诚者和无品牌忠诚者等不同类型的群体，采取不同的品牌决策和相应措施以扩大销售。

以上 4 种变量是餐饮市场细分的主要依据，在实际营销过程中究竟采取哪些变量细分，餐饮企业应根据自身的优势和外部环境给予的条件等具体情况灵活运用，而不能生搬硬套。餐饮企业还应经常调查研究所用标准的变化情况和趋势，据以调整细分市场。

小案例

瑞士雀巢公司，是以生产和销售优质食品而闻名于世的企业。咖啡是雀巢公司系列产品中的骄子。为适应不同顾客的口味，它针对 4 种消费市场制作了 4 种咖啡，专为特殊口味人士制作的金牌咖啡；为嗜好厚重口味者制作的特浓咖啡；为满足爱喝咖啡却嫌弃咖啡因的顾客需要，制作不含咖啡因但又保留咖啡因味的特制咖啡；用玉米糖、植物油、乳脂等制作的咖啡伴侣，冲在咖啡里，让人感到甜润适口，适于那些喝不惯咖啡苦涩味的人饮用。咖啡市场就是咖啡市场，雀巢公司却在咖啡市场做出了多种花样，把一个市场做成了多种市场，既扩大了咖啡总体市场的容量，又扩大了自己的咖啡市场。

五、餐饮市场细分的方法

餐饮企业市场细分的方法很多，通常要根据企业所选用的细分标准的多少来决定具体采用哪一种方法。主要有以下几种。

1. 完全细分法

完全细分是采用近于无限多的变量把市场上每一个顾客都看作一个独立的细分市场的方法，细分后的市场数就是市场顾客总数。显然，这种细分方法只适用于绝对分散型市场。但这种市场客观上并不存在，因此完全细分法没有实际意义，仅是理论上的一种假定。

2. 单变量细分法

这种方法是选择一个影响餐饮市场需求变量作为细分标准，来划分市场中不同的顾客群体的方法。所选择的变量通常是对市场需求影响最强、最显著的一个变量。例如餐饮市场如果按餐饮顾客的收入可分为高收入者、中等收入者和低收入者等。单变量细分法的优点是可以形成清晰的细分市场，在多数情况下可以满足营销管理人员的需要。其缺点是不能对市场进行深刻的调研分析。

3. 多变量细分法

选择两个或两个以上显著影响餐饮市场需求的变量作为细分市场的依据，划分市场中的顾客群体的方法。多变量细分法的优点是能准确、深入地划分餐饮市场中每一个不同的消费群体，更准确地认识市场的需求状况，有助于餐饮企业做出准确、合理的市场营销决策。但缺点也较为明显，即使用多变量细分市场会大大增加市场研究的时间和费用等。因此，在使用这一细分方法时，要科学合理地控制所选择的细分组合变量的数量。

4. 顾客盈利能力细分法

所谓顾客盈利能力指餐饮企业顾客在未来较长一段时间内（指其作为企业顾客的时间长度内）为企业贡献利润的一种能力。根据顾客盈利能力的不同进行市场细分，就是把顾客盈利能力作为市场细分的变量，把每一个顾客都当作一个细分市场，分析企业服务每个顾客的成本和收益，得到每个顾客对企业的财务价值，然后与企业设定的顾客盈利能力水平进行比较，如果顾客的盈利能力达到或超过企业设定的顾客盈利能力水平，那么他就是企业目标市场中的一员，所有满足这个条件的顾客构成企业的目标市场，否则，企业就不向他们提供服务。这种细分方法的优点是直接界定细分市场是否能为企业带来盈利，能真正达到市场细分的目标，完全满足目标营销的需要，是实现“一对一营销”的前提基础，从而保障餐饮企业能更有效地针对每个顾客提供产品和服务。

市场细分充分地显示了旅游企业所面临的各种市场机会。但细分的目的并不仅限于此，它最终使旅游企业的产品和营销策略有效地用于最有吸引力的机会市场。因而，旅游企业在众多的细分市场中，须选择其目标市场。

任务二 餐饮目标市场选择

通过餐饮市场细分，餐饮企业会发现不同欲望的顾客群，发现市场上未得到满足的需求。在任何时候和任何地点，都会经常存在一些“未满足的需求”，这种“未满足的需求”就是市场机会。但并不是所有的市场机会都会成为餐饮企业的机会。一般来说，只有与餐饮企业的目标、任务、资源条件相一致并且比其他竞争者有更大优势的市场机会才是企业机会。

一、目标市场与餐饮目标市场的概念

市场的选择事实上是对满足餐饮市场上哪一类顾客需求所作的选择，确定了市场机会，也就基本上确定了餐饮企业的目标市场。

1. 目标市场的概念

目标市场是指企业在评价各细分市场的基础上，根据自身的条件，所选定的一个或几个能给企业带来最佳经济效益的细分市场。

2. 餐饮目标市场的概念

餐饮目标市场是指餐饮企业在市场细分的基础上，确定为自己服务对象的最佳细分市场。餐饮目标市场是餐饮企业为满足现实和潜在的餐饮消费需求而即将开拓的特定市场，这一类的顾客群体的市场需求将成为餐饮企业进行营销活动的对象。

二、餐饮目标市场选择的意义

选择好目标市场，对于餐饮企业来说具有十分重要的意义。

1. 目标市场选择准确与否，直接关系餐饮企业的兴衰成败

餐饮企业所面对的目标市场的状况，在一定程度上预示着企业未来的命运。如果餐饮企业所选择的是一个繁荣的、蒸蒸日上的目标市场，会促使企业兴旺发达，前景广阔；而如果面对的是个萧条的、日益衰败的目标市场，则会使企业前途暗淡。所以，选择一个良好的目标市场，是餐饮企业生存和发展的重要条件。

小知识

乳酸菌饮料本是一种老少皆宜的饮品，但小容量、适合儿童心理的包装却把它变成了只是一种儿童饮料，不能不说是过度市场细分的结果。这一结果的害处是显而易见的，它使乳酸菌饮料市场大大缩水了。

2. 可以更好地发掘和把握市场机会，提高餐饮企业的竞争力

研究各个细分市场的大小、需求被满足的水平，竞争者活动等情况，可以确定本企业在该市场的销售潜力。这么做可以发现哪些市场尚未开发，哪些已经饱和。这样可以帮助餐饮企业确定这种市场机会是否与该餐饮企业的任务和目标相一致，是否具备利用市场机会的条件，在利用这种市场机会时是否具有较其他竞争者更大的优势，从而把握市场机会，避开威胁。一个餐饮企业若目标市场选择合理，能够扬长避短，

发挥自己的优势，就可以增强自己的竞争能力。

3. 选择目标市场，是餐饮企业制订营销策略及选择营销组合的前提条件

选择好目标市场之后，餐饮企业要分析对各细分市场可采用的市场营销组合，并据以判断该细分市场的机会是否足够收回所费市场成本。如果餐饮企业资源有限，可以集中力量于一个或少数几个能赚钱的细分市场，实行集中市场营销。反之，餐饮企业资源丰富，可拥有广度和深度较大的产品组合，便可依据不同细分市场的相对吸引力分派力量，覆盖全市场。营销人员还要依据不同市场的需求和吸引力，从下到上，一步步建立起可行的市场营销目标和决策预算分配。相反，要是由上到下，硬性地指定市场营销目标，不分轻重地随意分派力量到各市场，不仅会浪费餐饮企业资源，还会使企业做出错误的市场营销努力，严重影响企业收益。

三、餐饮目标市场营销策略的选择

选择目标市场的目的是开发和占领目标市场。因此，餐饮企业必须进一步研究、制订和实施进入、占领目标市场的营销策略。

1. 餐饮目标市场基本营销策略

与其他企业一样，餐饮企业占领目标市场的基本策略有三种，即无差异性目标市场策略、差异性目标市场策略和集中性目标市场策略。餐饮企业可以根据实际情况和具体需要从三种目标市场策略中择优选择而为之。

（1）无差异性目标市场策略。即餐饮企业只提供一种产品和实施一种市场营销组合，试图去满足整体市场上大多数消费者某种共同需求的策略（见图 5-3）。显然，该战略的目标市场就是整体市场。例如，闻名世界的肯德基在全世界有 800 多个分公司，都是采取同样的烹饪方法、制作程序、质量指标和服务水平。

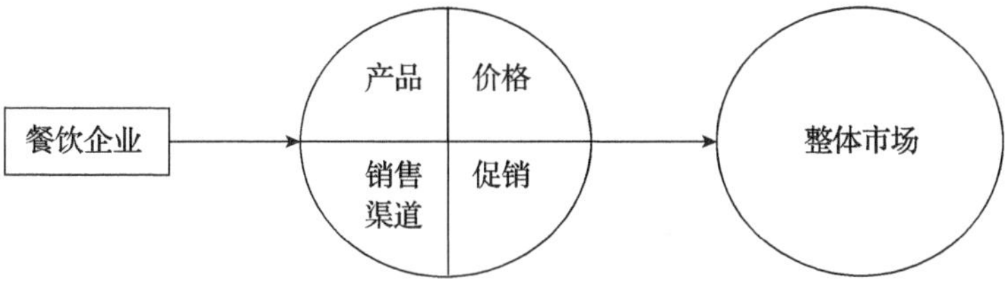

图 5-3 无差异性目标市场策略

餐饮企业采用这一策略一般要具备以下条件。①有大规模的单一餐饮产品生产线；②有广泛的销售渠道；③餐饮产品在消费者中有广泛的影响，且质量好，企业有独特的不易外泄的生产诀窍；④餐饮产品用于满足人们的基本需求，消费者的需求差异较小；⑤企业目前处于需求大于供给的卖方市场。

无差异性目标市场策略的优点在于，可以减少餐饮企业的经营成本和营销费用。因其销售量较大，餐饮企业的生产能力易实现经济规模，单位产品和服务的生产成本和营销费用都比较低，因而有利于降低成本而获利。其缺点在于，易使餐饮企业忽略市场需求的差异，对市场需求的变化反应迟钝，市场适应能力差。无差异营销不能适

应竞争激烈的市场环境，当多数餐饮企业都采用这种策略时会导致市场竞争加剧，从而增加餐饮企业的经营风险。所以，餐饮企业如果选择无差异性目标市场策略，关键在于把单一的产品做出特色，做出品牌来。

（2）差异性目标市场策略。即餐饮企业为细分出的所有子市场提供互有区别的产品，并分别为各子市场组织实施一组富有特色的市场营销组合，以满足所有子市场各自特殊需求的策略（见图 5-4）。显然，这种目标市场策略虽然进行了市场细分，但仍然视整体市场为其目标市场。

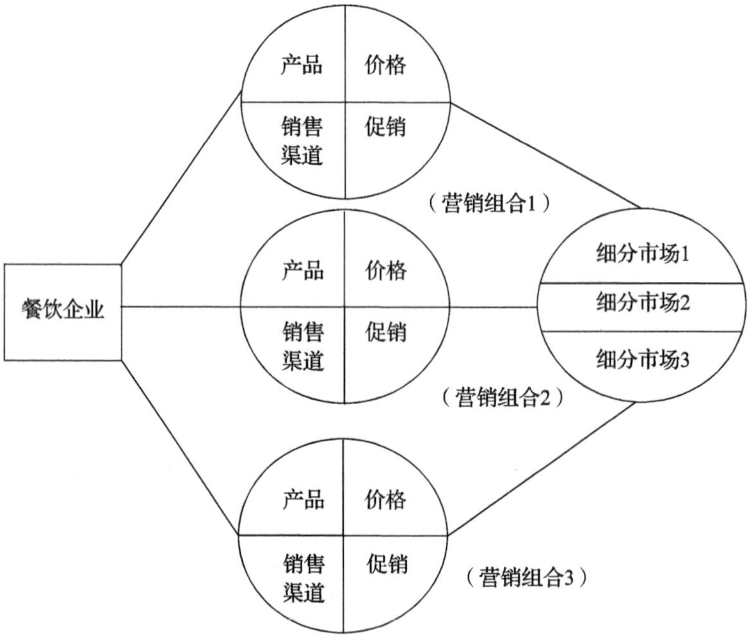

图 5-4　差异性目标市场策略

选择这一策略的餐饮企业须具备以下条件。①有一定的规模，人力、物力、财力较雄厚；②餐饮企业的技术水平、设计开发能力与之相呼应；③餐饮企业有较好的营销能力，具有鲜明的形象；④市场的需求差异较大，而各自的细分市场吸引力均衡。

采取差异性目标市场策略的优点在于，由于餐饮企业推出多种产品，实施多种营销组合，以便尽可能地满足整体市场中各个子市场的特殊需求，因而大大地提高了销售总额，扩大了在整体市场中的总市场占有率，同时亦有利于提高企业的知名度和树立企业形象。其缺点在于，由于资源分散经营，不能产生理想的经济效应，产品的种类和市场营销的多组合，相应增加单位产品的生产成本和经营费用。因此，差异性目标市场策略是一些财大气粗的大型餐饮企业经常采用的策略。

（3）集中性目标市场策略。即餐饮企业将自身的资源和营销集中在某一个或少数细分市场上，实行专业化生产和销售，使餐饮企业在目标市场上有较大的市场占有率，以此弥补在较大市场上的较小市场占有率（见图 5-5）。这一策略适合于实力薄弱的中小型餐饮企业，尤其是市场上存在一些被大的餐饮企业所忽略的“空白”地带，即存在被他人遗忘因而尚未得到满足的需求时更是如此。

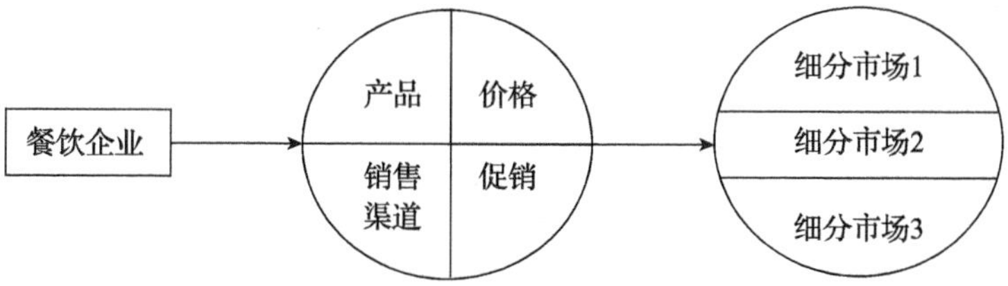

图 5-5　集中性目标市场策略

采用集中性目标市场策略的优点在于，有利于餐饮企业在目标市场中取得有利的地位。由于生产、服务和销售等方面的专业化，能够规范生产和服务，同时可大大降低餐饮市场营销的成本。正确地实施这一策略，使餐饮企业能够在一个或少数几个子市场中占有较大的份额，同样可以获得可观的利润，其经济效益远远胜地过于分散力量。其缺点在于，集中营销无形中增加了餐饮企业的经营风险。餐饮企业的所有资源过分地依赖于一个细分市餐饮市场上，当目标市场发生不利于餐饮企业的变化时，例如潜在消费者的需求在短时期内发生了较大的变化；老顾客转向竞争者；竞争者推出更富有竞争力的产品和服务等，将会使企业经营陷入困境之中。此外，餐饮企业在某一目标市场确定了自己的地位，树立了自己的形象后，很难再改变形象，去吸引其他的细分市场。

综上所述，三种目标市场策略在产品、市场、营销组合、经济性、风险等方面都存在差异，如表 5-1 所示。

表 5-1　目标市场策略比较

项目 \ 策略	无差异性目标市场策略	差异性目标市场策略	集中性目标市场策略
产品	单一产品	多样化产品	少数性质类同的产品
市场	整体市场	所有或多个细分市场	少数细分市场
营销组合	统一营销组合	差异、针对性营销组合	专业营销组合
经济性	经济性好	经济性差	经济性较好
风险	风险大	风险小	风险较大

2. 餐饮目标市场营销策略选择的影响因素

目标市场选择的正确与否，对于餐饮企业的营销成败极为关键。影响和制约餐饮企业选择目标市场策略的因素是多方面的，必须将各种相关因素综合起来加以考虑，如表 5-2 所示。具体包括以下 6 点。

（1）餐饮企业资源。餐饮企业在选择目标市场策略时，一定要充分考虑本企业的竞争实力与资源等情况，其中特别是资金问题。因为竞争是残酷无情的，如果没有充足的后备力量，在商业竞争中僵持阶段是很难避免失败的悲惨命运的。所以，对自身实力清醒认识是餐饮企业选择目标市场战略的前提和关键。

餐饮企业资源包括人力、财力、物力及企业形象等方面。如果企业规模较大，实力雄厚，有能力占领更大的市场，可选择差异性营销策略和无差异性营销策略。反之，如果企业资源有限，实力薄弱，无力兼顾整体市场或更多的细分市场，可采用集中性营销策略。

（2）市场同质性。若餐饮市场上消费者的需求或偏好具有类似性，购买数量和方式无明显差异，说明市场同质性较多，可采用无差异性营销策略。反之，如果市场需求差别较大，则采取差异性或集中性营销策略。

（3）产品同质性。产品同质性是指本企业产品与其他企业产品的类似性。一般而言，如果餐饮企业提供的产品与其他企业产品同质性较高，宜采用无差异性营销策略。反之，如果餐饮企业提供的是异质产品，则适合差异性或集中性营销策略。

（4）产品生命周期。一般而言，如果产品处于投放期或成长期，竞争者少，可采用无差异性营销策略，以尽快进入市场。而当产品处于成熟期时，竞争者的数量增多，则改用差异性营销策略更有效。当产品走向衰退之后，则应采用集中性营销策略较为合适。

（5）竞争者数目。竞争者的数量较多，一般采用无差异性营销策略。而当竞争者的数量较多，竞争激烈，则宜采用差异性或集中性营销策略。

（6）竞争者的营销策略。一般来说，餐饮企业应尽量采取与竞争对手相悖的营销策略，以避免与其正面冲突。当然，这要具体分析本企业与竞争对手之间的实力状况，如果实力强于对手，亦可采用与竞争对手相同的营销策略。

表5-2　餐饮企业目标市场营销策略的决定因素

参考标准 营销策略	企业资源	市场同质性	产品同质性	产品生命周期	竞争对手数目	竞争对手营销策略
无差异性营销策略	多	高	高	介绍期 成长期	少	—
差异性营销策略	多	低	低	成熟期	多	低
集中性营销策略	少	低	低	衰退期	多	—

总之，餐饮企业应综合考虑各方面因素，选择适宜的营销策略，或将多种营销策略组合运用，扬长避短，把握有利的市场机会，获得良好的营销效果。

任务三　餐饮市场定位

餐饮企业一旦选定了目标市场，就要在目标市场上进行产品的市场定位。市场定位是餐饮企业市场策略的重要组成部分，是使目标市场的顾客正确认识和理解本企业产品有别于竞争者的象征。市场定位就是要进行差异化营销，其实质是取得目标市场的竞争优势，确定产品在顾客心目中的适当位置并留下深刻印象，以便吸引更多的顾客。它关系餐饮企业及其产品如何与众不同，与竞争者相比有多么突出。它对于树立餐饮企业及产品的鲜明特色，满足消费者的需求偏好，提高餐饮企业竞争力具有重要意义。

同选择目标市场一样，定位也是餐饮企业一项重要的营销战略。定位是知觉、印象和消费者比较产品后的感觉的混合物。

一、市场定位与餐饮市场定位的概念

早在20世纪40年代，“定位”一词就出现在市场营销的著作中。随着市场营销研究的发展，市场定位逐渐包括使产品在消费者心目中更加具有吸引力，并创造一个更加有利的销售地位的含义。20世纪60年代，公司形象受到理论界和实业界的重视和研究，进入了所谓的形象时代，市场定位得到进一步发展。20世纪70年代后，人们更加重视消费者的心理因素及定位，更加重视产品在消费者心目中的形象的塑造。随着研究的逐步深化，市场定位的概念也日趋完善和成熟。

1. 市场定位的概念

简言之，定位就是找准自己在顾客心目中的位置，其任务是为本企业或本企业产品在目标顾客心目中树立和造就一个与众不同或突出的地位。作为市场营销中的一项战略性工作，定位指的是旨在完成上述任务的活动过程；作为这一工作的结果，定位指的是本企业旨在使自己或自己的产品在目标顾客心目中所要占据的地位，也就是说，在目标顾客心目中所要树立起来的形象。

2. 餐饮市场定位的概念

所谓餐饮市场定位，是指针对市场的竞争态势，餐饮企业在市场中即在潜在顾客的心目中为自己的产品和市场营销组合寻求和确定一个最恰当的位置的活动。换言之，餐饮市场定位就是塑造餐饮产品和服务在餐饮市场上的位置，这种位置取决于顾客和用户怎样认识这种产品和服务。具体地讲，就是餐饮企业从各方面为餐饮企业创造特定的市场形象，使之与竞争对手的产品显示出不同的特色，以求在目标顾客心目中形成一种特殊的偏爱。

小资料

著名企业广告语（产品定位语）

雀巢咖啡，味道好极了！

滴滴香浓，意犹未尽。（麦氏咖啡）

新一代的选择。（百事可乐）

农夫山泉有点甜。

27层净化。（乐百氏纯净水）

喝了娃哈哈，吃饭就是香。
康师傅方便面，好吃看得见。
华龙面，天天见。
人头马一开，好事自然来。

二、餐饮市场定位的内容

餐饮企业市场定位包括的内容很多，主要有形象定位、产品定位、价格定位，消费群体定位、服务标准定位等。

1. 形象定位

即餐饮企业以何种形象面对目标市场，为顾客提供何种产品和服务。这里所说的形象是餐饮企业的外观，包括建筑外观、餐饮企业的名称、标志、标准字体、标准色。所有这些视觉因素，直接影响人们对餐饮企业形象的看法。餐饮企业的建筑外观是顾客对餐饮企业最初的视觉接触点，必须结合自己的实际，体现自己的风格特色。餐厅的名称应体现餐饮企业经营宗旨，有助于餐饮企业形象的塑造。餐饮企业标志是用特定而明确的图案、造型、文字、色彩要体现餐饮企业的经营理念、服务风格等。

小案例

万宝路刚进入市场时，是以女性作为目标市场，它的口味淡而柔和。口号是，像五月的天气一样温和。然而，尽管当时美国吸烟人数年年都上升，万宝路的销路却始终平平。20世纪40年代初，莫里斯公司被迫停止生产万宝路香烟。后来，广告大师李奥贝纳决定沿用万宝路品牌名但将其进行重新定位为男子汉香烟，并将它与最具有男子汉气概的西部牛仔形象联系起来，万宝路树立了自由、野性与冒险的形象，在众多的香烟品牌中脱颖而出。从20世纪80年代中期到现在，万宝路一直居世界各品牌香烟销量首位，成为全球香烟市场的领导品牌。

2. 产品定位

即餐饮企业为顾客提供何种类型的产品。根据自己产品的某种或某些优点，或者说是根据目标顾客所看重的某种或某些利益去进行定位。餐饮企业营销人员在为产品定位时，应该强调三个要点。①为产品创造和培养一定的特色，树立一定的市场形象。这种特色有的可从产品实体上表现出来，有的可以从顾客的心理反映出来。②详细说明产品能为目标市场所提供的各种利益。③强调本餐饮企业产品与竞争对手产品的差异。

3. 价格定位

价格是餐饮企业营销组合中最为敏感的一个因素。营销人员如何制订餐饮企产品的价格，是定高价以吸收少数顾客，还是定低价以吸引大多数顾客。餐饮企业可以将其产品的价格作为反映其质量的标识，用以象征产品的质量。产品越具特色，即产品的性能越高或者提供的服务越周到，其价格也就越高。对于一个提供全方位侍应服务的高档餐厅来说，为自己的产品定高价，本身就会对顾客起到一种知觉暗示的作用，即他们可在这里得到周到的高等级服务。

4. 消费群体定位

即餐饮企业以何种类型的顾客群体作为自己的目标市场。顾客群体可以按前面所述的地理变量、人口统计变量、心理变量和行为变量等进行具体的细分，企业可以综合考虑自身的资源条件、产品特色和能够为顾客提供的利益等，定位于能够满足的顾客群体。通常，餐饮企业不会只选择某一类消费群体为目标市场，而是根据其实际情况选择几类顾客群体作为自己提供产品和服务的对象。

小案例

帕米亚无烟香烟

1998 年下半年，美国 RIR 公司的帕米亚无烟香烟在美国亚特兰大、圣路易斯、费尼克斯等城市试销，但是销售量不理想，再购率很低。

对于大多数人来说，帕米亚无烟香烟是个“新玩意儿”，它的一端有一个碳头和几个有趣的圆珠，香烟中的尼古丁来源于此，尼古丁被耐燃的铝薄纸包裹。这种烟很难点燃，一般要点三四次，原因是它不像一般香烟那样燃烧，并且不产生烟灰，吸过与没吸过在外表上没有明显区别，价格比普通香烟高 25%。RIR 公司为此烟的生产和促销投入 3 亿多美元，它没有采用以往“万宝路”香烟等比较成功的形象广告，而是采用比较复杂的印刷广告（顾客买“帕米亚”时，会同时得到三页文字说明书），还采取了买一送一的鼓励方式。公司营销人员认为，大多数吸烟者开始会对帕米亚不适应，但随着使用频率和使用时间的增加，最终会适应。公司把“洁净者之烟”作为帕米亚的主体广告概念，宣传帕米亚是“一种全新的吸烟享受时代的开端”。但是，帕米亚的真正利益者非吸烟者个人，而是环境和他人。RIR 公司对帕米亚香烟目标市场的定位极其广泛，包括① 25 岁以上，受过良好教育的文雅的吸烟者；②试图戒烟和寻求替代品；③吸烟成瘾者；④生活富裕者；⑤寻求低焦油含量者；⑥老年吸烟者。

来自《华尔街日报》的一个记者在亚特兰大机场对几十名吸烟者的一项调查表明：大多数人不喜欢帕米亚香烟，包括它的味道和太多的吸烟方式的改变。有人只吸了一两口就扔掉了。但一位广告公司的总裁说：“我不喜欢帕米亚，但在家中为了摆脱太太喋喋不休的唠叨时，我会抽它。”一位长期在办公室工作的职员说：“有时我感到疲劳，但办公室不准吸烟。此时，帕米亚可以帮助我解决问题。”一位正打算登记长途旅行的人说：“一般情况下，我不会选择它。但长途旅行中为打发时间，我可能会抽帕米亚。”

最后，调查的结果是：60% 以上的人不喜欢帕米亚香烟，主要是对它的味道和吸烟行为方式的改变不适应；40% 的人回答说，只有在那些不允许冒烟的地方，才把帕米亚作为第二品牌。

帕米亚无烟香烟是作为传统香烟的替代品上市的，具有环保和避免被动吸烟危害的显著优点，但却没有取得试销成功。

5. 服务标准定位

即以何种服务标准为顾客提供产品和服务。餐饮企业经营人员为自己餐饮企业确定何种服务质量标准，则完全要视其吸引哪种细分市场及其所处的市场竞争地位而定。餐饮企业服务的国际标准，是由业内人士经过长期研究与实践总结出来的，有丰富的内涵，主要包括，①服务的态度标准，即美国商业酒店业的创始人埃尔斯沃思·斯塔特勒先生曾经指出的："服务指的是一位雇员对客人所表示的谦恭的、有效的关心程度"。②服务的行为语言标准，即微笑（Smile）、出色（Excellent）、准备好（Ready）、看待（Viewing）、邀请（Inviting）、创造（Creating）、眼光（Eye）这七个词所概括的服务（Service）标准。③服务要满足顾客个性需要的标准，即要求服务人员事先了解顾客的各种不同的需求问题，并且根据顾客的物质性的需求差别与心理性的需求差别来分别满足顾客的需要。④服务工作的指导方针，即以顾客为中心，微笑、真诚、友好地为顾客提供快速敏捷的服务，同时服务人员要有与其他人互助合作的团队工作精神，并非常熟悉自己的业务。服务标准种类很多，有国际标准、国家标准、行业标准等，究竟选择那种服务标准，要视餐饮企业自身的实力而定。服务标准定得越高，对餐饮企业越有利。

6. 销售渠道定位

即通过何种销售渠道将餐饮企业的产品和服务传递给顾客。餐饮企业应设计一套销售渠道选择标准，包括渠道成员获利情况、渠道成员经营情况、是否销售补充产品、所吸引的客源市场情况、是否为本企业作宣传、是否同时也推销竞争产品、声誉情况、是否及时付款、是否雇用别的销售人员、是否提供所要求的服务、经营管理制度如何、是属于容易满足型还是唯利是图型等。通过对渠道成员的选择、评估，餐饮企业确定其所要使用的渠道成员，从而形成理想的销售渠道结构。

三、餐饮市场定位的原则

对于餐饮企业而言，赢得和保持顾客的关键是比竞争者更好地理解顾客的需要，尽可能向他们提供更多的价值。通过提供比竞争者较低的价格，或者是提供更多的价值以使较高的价格显得合理。餐饮企业可以把自己的市场定位为：向日标市场提供优越的、难以替代的消费差异，从而为企业赢得大量的非同寻常的优势。因而，餐饮企业定位最基本的原则在于运用差异竞争策略。具体包括以下三方面。

1. 餐饮经营方式差异化

即要求餐饮企业能够突破饮食的基本概念，在特色经营方式上做文章。例如，提倡"休闲餐饮"理念的必胜客西式连锁餐厅，扬州融饮食、理发、沐浴于一体的"三把刀"休闲文化的出现，使饮食消费出现了休闲消费的趋势。再如，体现文人菜特点的淮扬菜和淮扬文化的挖掘依赖的则是文化发展餐饮业的思路。由此可见，传统的餐饮经营方式和经营内涵正在悄然改变，许多原本附带的场景和服务项目正在快速地提升着餐饮附加值，多样化的经营方式在不断丰富着餐饮市场。餐饮企业要充分发掘自身优势，走特色经营之路。

2. 餐饮产品差异化

餐饮产品差异化主要包括餐饮产品的质量、特色及产品形式等方面。突破单纯追求餐饮产品“色、香、味”俱全的传统观念，人们日渐注重食品、菜品的营养、健康和安全。因此，“营养、健康、安全”这三大概念，是未来餐饮产品的主导趋势。例如强调“原汁原味，符合饮食养生之意”的土菜市场的兴起，花样繁多的“绿色”食品受欢迎的程度，让许多餐饮企业都意识到了这一点，并开始注重符合人们新的饮食理念的特色产品的研发和制作。

3. 餐饮服务差异化

当餐饮产品较难区别于竞争产品时，市场竞争制胜的关键往往取决于服务。服务差异化体现在服务的种类、规格以及质量等方面。例如，有些餐饮企业实行与超级市场类似的固定客户“会员制”，有些餐厅还为客人配备“职业点菜师”“营养配餐员”等，都是特色服务的体现。随着消费者品位的不断提高，餐饮企业应该更加重视服务的个性化和差异化。

小知识

肯德基全球推广的“CHAMPS”（冠军计划），是肯德基取得成功业绩的主要精髓之一。其内容为Cleanliness——保持美观整洁的餐厅；Hospitality——提供真诚友善的接待；Accuracy——确保准确无误的供应；Maintenance——维持优良的设备；Product Quality——坚持高质稳定的产品；Speed——注意快速迅捷的服务。冠军计划有非常详尽可操作性极强的细节，要求肯德基在世界各地每一处餐厅的每一位员工都严格地执行统一规范的操作。这不仅是行为规范，而是肯德基企业的战略，是肯德基数十年在快速餐饮服务经营上的经验结晶。

4. 从业人员差异化

餐饮企业最根本的资源是人，任何差异化的竞争策略最终归结为人员差异，人员差异主要体现在能力、品德、知识和仪表等方面。餐饮企业应该重视对人力资源的开发，努力培养和打造一支具有本企业特色的、代表企业形象的忠诚的员工队伍。

以上各种差异策略最后构成餐饮企业的市场形象差异，使餐饮企业以鲜明的个性、生动的形象奠定其市场位置。

四、餐饮市场定位战略

市场营销专家指出，没有一个定位方法能用之四海而皆准。因此，在制订定位战略时，餐饮企业一定要一切从实际出发，正确处理本企业与顾客、竞争对手三者之间的相互关系，具体问题具体分析。一般而言，首先，要弄清楚在客观环境条件的制约下，顾客在想什么，他们为什么会这样想；竞争者正在和将要干什么，他们为什么要这样做；本餐饮企业应该干什么，应该怎样去做才是上策。然后，从潜在顾客的心理入手，根据市场竞争态势，其中特别是要慎重考虑企业与主要竞争对手在市场中的竞争地位，是市场主导者（领先者、领导者）、挑战者、追随者，还是补缺者（利基者），酌情量化处理或应用定位图等工具，为餐饮企业向目标市场所提供的产品和营销组合寻求和确定最恰当的市场定位。可供选择的餐饮市场定位的基本模式有以下几点。

1. 市场主导者定位战略

餐饮企业在目标市场中始终保持第一位的优势，无论在产品质量、规格及服务上要先声夺人，始终以领袖地位引导着这一市场的消费需求的发展方向。餐饮企业应从以下几方面做出努力。①扩大总需求，寻找新顾客；②保持现有市场份额，通过扩大或缩小经营范围来实现；③继续提高市场占有率，提高营销数量。

小知识

顾客到餐厅就餐，最关注的是吃的味道。食物不好吃，再便宜都没有用。服务再好，装修再漂亮，顾客也不会喜欢。肯德基的市场优势为其鸡类食品的独特口味，定位在“世界著名烹鸡专家”“烹鸡美味尽在肯德基”，这也是肯德基与麦当劳定位上的最大的差别。其60年烹鸡经验烹制而出的炸鸡系列产品，原味鸡、香辣鸡翅、香脆鸡腿汉堡、无骨鸡柳等，外层金黄香脆，内层嫩滑多汁，以其独特鲜香口味广为顾客称许。肯德基在各种广告宣传里也不断强化其“烹鸡专家”这一卖点。

2. 市场挑战者定位战略

餐饮企业致力于改善自己的市场地位，争夺领先者市场，则可采用以下策略。

（1）毗邻定位战略

这是一种定位于紧贴某一竞争对手的附近，集中力量向竞争对手的主要强项挑战，是一种向竞争者正面进攻的战略。由于二者所提供的产品及营销组合极其相似，因而不可避免地会导致激烈的竞争，所以，餐饮企业在选择这种定位战略时必须慎重考虑是否拥有竞争优势、在竞争的相持阶段是否有足够的资金支持以稳住阵脚，等等，否则极易招来杀身之祸。通常，只有充当市场领袖或者拥有撒手锏（如专利产品等）的餐饮企业，才采用毗邻定位战略。

（2）侧翼定位策略

这是一种定位于主要竞争对手侧翼，集中优势力量攻击竞争对手弱点的战略。在制定定位战略时，市场领导者们的自由度比较大一些，即他们可以比较自由地对自己的产品和营销组合定位。而一般的餐饮企业则要受到多种多样条件的约束，面对强大的竞争者，明智之举应该是避实击虚，酌情定位于主要竞争对手的侧翼，首先吞食其市场份额。等待时机成熟后再一拳将竞争对手击倒在地。虽然是侧翼，只要定位得准确、一针见血，也同样能达到击败竞争对手的目的。

3. 市场追随者定位战略

餐饮企业为避免在市场竞争中损失增大而自觉维护与领先者共存局面。追随并不意味着单纯模仿。追随者设法给自己的目标市场提供特殊利益，培养自己的优势，降低成本，保持较高的产品和服务质量。

4. 市场补缺者定位战略

即定位于市场“空白”地带的战略。精心服务于市场某些细小部门的专业性旅游企业，根据消费需求变化，寻找市场“空白”或薄弱环节，当发现整体市场中尚有未开发的子市场即“空白”地带时，餐饮企业可以长驱直入，通过专业性经营占据有利的市场位置。但必须认真考虑，该空白地带是否具有商业开发的价值性；一旦开发成功且有利可图，竞争者是否会蜂拥而来，届时是否能够应付等问题。通常，具有某种特长的企业以及那些对市场变化反应灵敏的企业常采用这种定位战略。这种情况在现实的市场上也是经常发生。

总之，市场定位强调“差异性”和“个性”，即餐饮企业通过使自己的产品、服务和营销组合在消费者的心目中树立起有别于竞争者的独特而鲜明的市场形象，且尽可能形成强烈的“第一印象”，促使潜在消费者认识、偏爱、购买和形成习惯购买，以便使餐饮企业能占领市场而最终拥有竞争优势。

小资料

老字号红星二锅头的创新之路

所谓“兵无常势，水无常形。能因敌变化而取胜者，谓之神”。北京红星股份有限公司在积极推进企业从传统营销向现代营销转变过程中成效卓著。该企业在注重产品、价格、渠道、促销的同时，更加注重市场调研，市场细分、选择目标市场、明确市场定位，并不断进行市场整合、产品整合、品牌整合，在扩大规模的基础上努力提高产品档次和市场份额。到北京有三乐“登长城、吃全聚德烤鸭、喝红星二锅头”，原本是一句流行语，现在，它已变成一种切实的营销手段。2005 年 1 月，红星与全聚德强强合作，把红星二锅头与全聚德烤鸭一起摆上了餐桌。现在人们到全聚德吃饭，就可以在菜单上看到“全聚德——红星二锅头酒”，这是红星在营销中的又一创新。不仅利用全聚德在全国 50 家连锁店的优势进行配送，也避免了同类白酒间的相互竞争，同时又提升了双方的品牌影响力，构成红星、全聚德两大企业共同打造北京老字号品牌的新方式。

任务实施一

餐饮市场细分的步骤如图 5-6 所示。

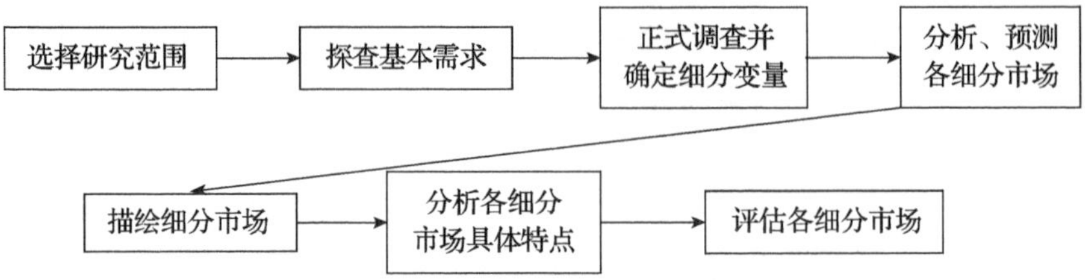

图 5-6 餐饮市场细分步骤

市场细分的步骤因市场类型不同而各有差异，美国市场营销学家麦卡锡提出了市场细分通常采取的 7 个步骤，可供餐饮企业细分餐饮市场时借鉴。从总体上看，餐饮市场细分的一般程序如下几点。

第一步：选择准备研究的餐饮市场或其产品与服务的范围。餐饮企业准备研究的餐饮市场可能是企业已经为其提供产品和服务的，也可能包括企业正准备确定开发的，餐饮产品与服务可能是餐饮企业已经在营销的，也可能是正在开发准备投入市场的，还可能包括更为广泛的相关产品。范畴的确定应视餐饮企业市场细分的目的而定。

第二步：探查潜在餐饮消费者的基本需求。在选定产品市场范围的前提下，餐饮企业可从地理、人口、心理、行为等各种因素方面，大致估算潜在顾客的需求，并采取开放性面谈等方式进行尝试性调查，以了解市场需求状况。将所有可能的影响因素收集起来之后，餐饮市场研究人员凭直觉、创造力和市场知识，从中选择较为重要的因素作为进一步深入定量调查的变量。

第三步：正式调查并确定餐饮市场细分变量。在初步调查结果的基础上，餐饮企业根据已经确定的变量设计正式的调查问卷，设计抽样样本，开展正式调查。对不同类型、具有鲜明特征的潜在顾客进行调研，了解他们较为迫切的需求，然后加以归纳、集中，选出两三个作为市场细分的标准。

第四步：分析和预测并划分相应的市场群。对正式的问卷进行分析，一方面要找出各个细分市场之间的差别，另一方面要预测各个细分市场的潜力。

第五步：描绘细分市场。应当包括细分市场的规模、增长潜力、品牌状况、潜在利润等，还应当包括各种变量如个性变量、心理变量、社会变量、文化变量、顾客决策行为等在各个细分市场中的重要性和影响方式。最后，结合细分市场的消费者的特点，要为每个细分市场用最显著的差异进行命名。

第六步：进一步分析各细分市场的具体特点。深入考察细分市场的特点，分析各市场的不同需求及购买行为，了解影响细分市场的新因素，以决定各细分市场有无必要再作细分或重新合并，以不断适应市场变化。

第七步：评估各细分市场。基本决定各细分市场的类型后，餐饮企业应测量每个细分市场潜在顾客的数量，因为它决定餐饮企业产品的潜在销售量，影响企业的获利机会。

任务总结

餐饮市场细分是指餐饮企业营销管理人员根据消费者对餐饮产品需求的差异性，将餐饮顾客市场划分为若干具有不同需求特征的子市场，从而使餐饮企业有效地分配和使用现有资源，进行各种营销活动的过程。有效的市场细分应遵循可衡量性原则、可盈利性原则、可进入性原则、稳定性原则和合法性原则。

餐饮市场的细分标准可以概括为四大类，地理变量、人口统计变量、心理变量和行为变量。在具体的营销活动中，可以根据不同的需要选择不同的细分标准，细分标准可以是一维的、二维的，甚至是多维的。

实训项目

目标

（1）培养学生掌握市场细分的步骤与方法；

（2）培养学生运用细分标准对顾客市场进行市场细分的能力。

内容与要求

根据某餐饮企业（如学校附近的小吃店）提供的资料或自己通过市场调查得来的资料，运用餐饮市场细分标准对此餐饮企业所面临的整体市场进行市场细分。

组织与实施评价

（1）以项目团队为学习小组，小组规模一般是 4 ～ 7 人，分组时注意小组成员在知识、性格和技能方面的互补性，选出小组长以协调小组的各项工作；

（2）建立沟通协调机制，团队成员共同参与、协作完成任务；

（3）各项目团队根据实训内容互相进行交流、讨论，并点评；

（4）评价与总结：各项目团队提交实训报告，并根据报告进行评估。

评估指标及标准如表 5-3 所示。

表 5-3　餐饮市场细分技能评价评分表

评估等级 / 评估指标	好（80—100 分）	一般（60—79 分）	差（59 分及以下）
实训准备（10 分）	小组分工明确，能够对实训内容事先进行精心准备	分工明确，能够事先对实训内容进行准备，但不够充分	分工不够明确，事先无准备
运用知识（30 分）	能够熟练、自如地运用所学的知识进行分析	基本能够运用所学知识进行分析，分析基本准确，但不够充分	不能够运用所学知识分析实际
实训报告质量（30 分）	报告结构完整，论点正确，论据充分，分析准确、透彻	报告基本完整，能够根据实际情况进行分析	报告不完整，分析缺乏个人观点
学习态度（30 分）	热情高，态度认真，能够出色地完成任务	有一定热情，基本能够完成任务	敷衍了事，不能完成任务

任务实施二

餐饮市场营销目标市场选择的程序如图 5-7 所示。

第一步：评估细分市场。这是选择目标市场的第一步，即对各细分市场规模、增长率、结构、吸引力等方面予以准确评估，把握最佳的市场机会，决定细分市场的取舍。

图 5-7　餐饮目标市场选择程序

（1）细分市场规模和增长率。目标市场应具备一定规模，使餐饮企业有利可图。市场规模是一个相对的概念，大餐饮企业偏好大市场，往往对潜在顾客感兴趣。而一些中小型餐饮企业则可避开与大餐饮企业的竞争，以经常光顾的老顾客为主要服务对象。市场规模可以用市场容量来衡量。选择目标市场，一定要考虑市场的现实容量，即市场现实的需求量，要使其与企业的营销规模相适应，过大或过小对餐饮企业都是不利的。一个理想的市场，既要有适当的现实容量，又要有良好的发展前途，即有一定的潜在容量，才会符合餐饮企业不断发展的需要。市场增长率也会影响市场状态，餐饮企业总希望销售量和利润上升，与此同时，竞争者数目也会上升，从而改变市场竞争格局，使销售量和利润下降。

（2）细分市场结构吸引力。哈佛大学商学院波特教授指出，影响一个市场或一个细分市场的长期盈利有五个因素——行业竞争、潜在进入者、替代者、购买者和供应者。细分市场结构吸引力可以视为对该市场利润的期望值。期望值高，则吸引力大。而吸引力的大小则是上述五种要素在细分市场上的强度的一个函数。分析每一个细分市场的吸引力，是餐饮企业选择目标市场的基础和出发点。

第二步：选择目标市场。对各细分市场进行评估后，餐饮企业应根据一定的原则来确定其中的一个或几个作为目标市场。餐饮企业在进行目标市场选择时应遵循以下原则。

（1）目标市场必须与餐饮企业的经营目标和企业形象相符合。高档次、集团化的餐饮企业不适宜打入中、低档，大众化的消费者市场。反之，中、低档的餐饮企业对经济收入较高，社会地位较高的消费者不构成吸引力。即使是吸引力大的细分市场，一旦与企业的长期经营目标相偏离，餐饮企业也只能放弃这一细分市场。因而，餐饮企业选择目标市场时应考虑到企业形象和经营目标。

（2）目标市场必须与餐饮企业所拥有的资源相匹配。餐饮企业所拥有的人力、物力、硬件设施、软件条件等成为选择目标市场的重要依据。对适合企业经营目标的细分市场，餐饮企业则要考虑自身的生产能力，拥有的各种资源和技术，选择那些本身有能力满足其需要的细分市场作为目标市场。在所选择的目标市场上，餐饮企业应该能充分地发挥自身的优势，充分利用自身资源，扬长避短，突出自己的特色，方能使营销获得成功。

（3）目标市场必须具备结构性吸引力。餐饮业的市场进入几乎没有壁垒，资本和劳动力自由流动，因而目标市场的吸引力并不高。同时，替代品会限制该细分市场的潜在收益。并且，买方市场的吸引力也有限，除非餐饮企业有独特的竞争优势，有足够的力量将消费者争取过来。因此，餐饮企业选择目标市场不仅要注意结构性吸引力，同时，还要预测目标市场是否具有潜在效益；不仅要注重销售量，更应该重视利润，应选择盈利的细分市场为目标市场。

（4）餐饮企业必须对目标市场有较强的控制能力。餐饮企业对目标市场有较强的控制能力，即不容易被竞争对手排挤掉。市场控制力表现在三个方面，一是目标市场上没有竞争对手或竞争对手很少；二是有少数竞争对手，但竞争不激烈；三是餐饮企业有足够的实力击败竞争对手。

正是因为目标市场的选择对餐饮企业至关重要，餐饮企业选择目标市场时，必须认真评估目标市场的营销价值，研究企业所面对的各类细分市场的规模、盈利能力、需求变动趋势，并分析本企业对细分市场的招徕和控制能力等。这就要求餐饮企业在进行目标市场选择时，必须遵循一定的程序和原则。

任务总结

在进行市场细分的基础上选择目标市场是餐饮企业营销成功的前提。所谓餐饮目标市场，是指餐饮企业在市场细分的基础上，确定为自己服务对象的最佳细分市场。选择餐饮企业的目标市场时必须遵循一定的原则，即目标市场必须与餐饮企业的经营目标和企业形象相符合，与餐饮企业所拥有的资源相匹配，具备结构性吸引力，餐饮企业必须对目标市场有较强的控制能力。

餐饮企业在目标市场上如何营销，有三种策略可供选择，即无差异性目标市场策略、差异性目标市场策略和集中性目标市场策略。

餐饮企业在选择目标市场时要考虑餐饮企业资源、市场同质性、产品同质性、产品生命周期、竞争者数目和竞争者的营销策略等影响因素。

实训项目

目标

（1）培养学生分析判断目标市场的能力；

（2）培养学生选择目标市场的能力。

内容与要求

设计自主创业餐饮项目。

组织与实施评价

（1）分小组进行市场调查，选择一个餐饮自主创业项目；

（2）根据调查资料信息，运用市场细分的方法进行市场细分，分析该项目或产品的细分市场特色；

（3）初步进行该项目或产品的可行性分析，并选择适合的目标市场；

（4）提交该项目的可行性分析报告，并根据报告进行评估。

评估指标及标准如表 5-4 所示。

表 5-4　选择餐饮目标市场技能评价评分表

被考评人			考评地点			
考评内容		考评标准	分值 / 分	自我评价 / 分	小组评价 / 分	实际得分 / 分
专业知识技能掌握	市场细分含义及标准	掌握	10			
	目标市场概念	掌握	10			
	目标市场策略	熟练掌握	10			
	目标市场选择程序	熟练掌握	10			
	报告完成情况		20			
通用能力培养	学习态度	积极主动，不怕困难，勇于探索	15			
	团队分工合作	能融入集体，愿意接受任务并积极完成	15			
	道德自律	自觉遵守纪律，有责任心和荣誉感	10			
合计			100			

注：1. 实际得分 = 自我评价总分 ×40%+ 小组评价总分 ×60%。

2. 考评满分 100 分，59 分及以下为不及格，60—74 分为及格，75—84 分为良好，85 分及以上为优秀。

任务实施三

餐饮市场定位步骤如图 5-8 所示。

图 5-8　餐饮市场定位步骤

第一步：确定自己的竞争优势。顾客一般会选择那些能给他们带来更大价值的餐饮产品和服务。所以，赢得和留住顾客的关键是要比竞争者更加了解他们的需要和购买过程，并给顾客带来更大的价值。如果餐饮企业定位在为目标市场提供更大的价值，那么餐饮产品售价一定要比竞争者低；如果定价定得较高，则一定要提供相应的利益。只有这样，餐饮企业才能具有竞争优势。

第二步：选择相对竞争优势。相对竞争优势表明餐饮企业能够胜过竞争者的能力。这种能力既可以是现有的，也可以是潜在的。准确地选择相对竞争优势是餐饮企业各方面实力与竞争对手的实力相比较的过程。比较的指标应是一个完整的体系，只有这样，才能准确地选择相对竞争优势。通常的方法是分析、比较本企业与竞争者在以下几个方面究竟哪些是强项，哪些是弱项。

（1）技术开发方面。主要分析企业的技术资源（如专利、技术、诀窍等）、技术手段能力和资金来源是否充足等。

（2）产品方面。主要考虑企业本身可利用的特色、价格、质量、服务、市场占有率、信誉等。

（3）采购方面。主要分析企业所采用的采购方法、储存、运输系统、供应商合作以及采购人员水平与能力等。

（4）生产方面。主要分析企业的生产能力、技术设备、生产过程控制以及职工素质等。

（5）经营管理方面。主要考察企业管理层的领导能力、决策水平、计划能力、组织能力以及应变能力等。

（6）市场营销方面。主要分析营销人员开拓市场的能力、销售能力、市场研究、分销网络、服务与销售战略、广告、资金来源是否充足以及市场营销人员的能力等。

（7）财务方面。主要考察企业长期资金和短期资金的来源及资金成本、支付能力、现金流量以及财务制度与人员素质等。

通过对上述各方面的分析和比较，餐饮企业可以发现一些现实的与潜在的竞争优势，不过，它必须选择其中一个或几个来完成定位策略。当然，不论如何定位，餐饮企业都应避免模糊定位。

第三步：显示独特的竞争优势。主要任务是餐饮企业要通过一系列宣传促销活动，使其独特的竞争优势准确地传播给顾客，并在消费者心目中留下深刻印象。为此，餐饮企业要做如下工作。

（1）餐饮企业应使目标顾客了解、知道、熟悉、认同、喜欢和偏爱本企业的市场定位。在顾客心目中建立与该市场定位相一致的企业形象和产品形象。

（2）餐饮企业要通过一切努力强化自己的产品在目标顾客心目中的形象，保持对目标顾客的了解、稳定目标顾客的态度和加深与目标顾客的感情，来巩固与市场定位相一致的企业形象和产品形象。

（3）餐饮企业应注意目标顾客对其市场定位理解出现的偏差或由于餐饮企业市场定位宣传上失误而造成目标顾客模糊、混淆和误会，及时纠正与市场定位不一致的形象。

餐饮企业一旦有了定位，必须采取有力措施去向目标顾客交流并传递这种定位形象。餐饮企业的全部营销组合策略也必须支持这个定位。例如，如果餐饮企业定位是好的质量和服务，设计营销组合策略，确定产品、价格、渠道、促销等都要围绕着这个定位。因此，如果餐饮企业实施了高质量定位，那么它必须生产高质量产品，制定高一些的价格，雇用和培训高素质的服务人员，选择高效率的广告媒体，从而建立起令人信服的高质量和高水准市场定位。另外，餐饮企业一旦在市场中有了自己的位置，要通过持续的努力和交流来保持它。针对不断变化的市场需求，餐饮企业要经常调整自己在市场中的位置，以适应消费者的需要和竞争对手竞争策略。

任务总结

餐饮市场定位，是指针对市场的竞争态势，餐饮企业在市场中即在潜在顾客的心目中为自己的产品和市场营销组合寻求和确定一个最恰当的位置的活动。餐饮企业市场定位包括的内容主要包括形象定位、产品定位、价格定位、消费群体定位、服务标准定位等。

在给餐饮企业向目标市场所提供的产品和营销组合寻求和确定最恰当的市场定位时，可供选择的餐饮市场定位的基本模式有市场主导者定位战略、市场挑战者定位战略、市场追随定位战略和市场补缺者定位战略。

在对目标市场进行定位时，尽量避开与竞争者的正面竞争，以人无我有、人有我新（异）的差异化策略树立餐饮企业的形象。

实训项目

目标

（1）培养学生进行差异化营销分析判断的能力；

（2）培养学生市场定位的能力。

内容与要求

（1）选择一项餐饮产品，为其进行市场定位，构建目标市场定位图；

（2）到商场、超市调查了解饮料市场或奶制品的市场细分、目标市场定位情况；

（3）请就我国目前餐饮市场上的红酒类产品的定位进行评价和分析。

组织与实施评价

（1）以项目团队为学习小组，选出项目负责人；

（2）建立沟通协调机制，团队成员共同参与、协作完成任务；

（3）各项目团队根据实训内容进行交流、讨论，并点评；

（4）评价与总结。各项目团队提交实训报告，并根据报告进行评估。

评估指标及标准如表 5-5 所示。

表 5-5　餐饮市场定位技能评价评分表

被考评人			考评地点			
考评内容		考评标准	分值 / 分	自我评价 / 分	小组评价 / 分	实际得分 / 分
专业知识技能掌握	市场定位含义、原则	熟悉	10			
	市场定位内容	掌握	10			
	市场定位战略	熟练掌握	10			
	市场定位步骤	熟悉	10			
	报告完成情况		20			

续表

被考评人			考评地点			
考评内容		考评标准	分值 / 分	自我评价 / 分	小组评价 / 分	实际得分 / 分
通用能力培养	学习态度	积极主动，不怕困难，勇于探索	15			
	团队分工合作	能融入集体，愿意接受任务并积极完成	15			
	道德自律	自觉遵守纪律，有责任心和荣誉感	10			
合计			100			

注：1. 实际得分 = 自我评价总分 ×40%+ 小组评价总分 ×60%。

2. 考评满分 100 分，59 分及以下为不及格，60—74 分为及格，75—84 分为良好，85 分及以上为优秀。

复习思考题

一、填空题

1. STP 营销指的是________、________和________。
2. 市场细分的思想最早是在 20 世纪 50 年代由美国市场营销学家________提出的。
3. 餐饮消费者市场细分的主要标准有________、________、________和________。
4. 餐饮企业占领目标市场的基本策略有________、________和________。
5. 可供选择的餐饮市场定位的基本模式有________、________、________和________。

二、选择题

1. 下面属于餐饮消费者市场细分标准中的地理变量的是________。

   A. 职业　B. 气候　C. 家庭　D. 空间位置
2. 按照________细分餐饮市场是细分国际餐饮市场最常用的形式。

   A. 国别　B. 人文　C. 季节　D. 口味
3. 餐饮目标市场营销策略选择的影响因素有________。

   A. 餐饮企业资源　B. 市场同质性　C. 产品生命周期　D. 竞争者数目
4. 餐饮市场定位的内容包括________。

   A. 形象定位　B. 产品定位　C. 价格定位　D. 服务标准定位
5. 餐饮企业可以在________等方面与竞争对手创造差别。

   A. 产品　B. 服务　C. 人员　D. 形象

三、简答题

1. 什么是餐饮市场细分？餐饮市场的细分标准有哪些？细分的方法和步骤怎样？

2. 餐饮市场细分和餐饮目标市场之间是什么关系？
3. 餐饮企业采取差异性目标市场策略应具备哪些条件？
4. 什么是餐饮目标市场？为什么餐饮目标市场的选择对于餐饮企业来说意义重大？
5. 餐饮目标市场选择的程序和原则是什么？餐饮企业目标市场营销策略有几种？
6. 什么是餐饮市场定位？包括哪些内容？何谓餐饮市场定位“三步曲”？定位战略有哪些？

项目六

餐饮产品策略

学习目标

知识目标

1. 理解餐饮产品基本概念；
2. 掌握餐饮产品生命周期各阶段的特点及营销策略；
3. 熟悉餐饮产品组合策略和新产品开发的策略。

能力目标

1. 能够分析餐饮产品所处的生命周期及各阶段的营销策略；
2. 能够制订餐饮产品组合策略和新产品开发的策略。

任务导入

休布雷公司在美国伏特加酒的市场中，属于营销出色的公司，其生产的史密诺夫酒，在伏特加酒的市场占有率达23%。20世纪60年代，另一家公司推出一种新型伏特加酒，其质量不比史密诺夫酒差，每瓶价格却比它低一美元。按照惯例，休布雷公司有3种策略。①降价一美元，以保住市场占有率；②维持原价，通过增加广告费用和推销支出来与竞争对手竞争；③维持原价，听任其市场占有率降低。

由此看出，不论该公司采取上述哪种策略，休布雷公司似乎输定了。但是，该公司的市场营销人员经过深思熟虑后，却采取了对方意想不到的第4种策略。那就是，将史密诺夫酒的价格再提高一美元，同时推出一种与竞争对手新伏特加酒价格一样的瑞色加酒和另一种价格更低的波波酒。结果，休布雷不仅渡过了难关，而且利润大增。为什么面临另一家公司的低价竞争，休布雷公司反而提高史密诺夫酒的售价却获得成功？

任务分析

产品是餐饮企业市场营销组合中的一个最重要的因素。在市场上，餐饮企业之间的激烈竞争是以产品为中心的，餐饮企业其他营销因素也是围绕产品策略进行的，因此，产品决策直接影响和决定着其他市场营销组合因素的决策制定，对餐饮企业市场营销活动，进而对企业的生存和发展起着决定性作用。

知识准备

任务一　餐饮产品概述

餐饮产品是餐饮企业生产经营活动的核心的物质载体，是餐饮企业的“生命”，没有产品，餐饮企业的生产经营也就无从谈起。

一、餐饮产品概念

人们经常把具有实体形态的物品叫作产品。现代经济学把所有凝结人类的一般劳动，具备使用价值和价值，准备进入市场的有形或无形的东西都定义为产品。餐饮产品由有形的菜点和无形的服务两部分构成并被归为服务类产品。有人认为餐饮产品以有形的菜点部分为主体，服务部分为辅助。有人认为餐饮产品以无形的服务部分为主体，有形的菜点部分为辅助。可谓仁者见仁，智者见智。

小知识

作为餐饮营销组合的四大要素之一的餐饮产品，不仅是旅游企业赖以生存和发展的基础，也是餐饮企业开始其经济活动的出发点。从经济学的角度来看，餐饮产品策略属于生产领域，而价格、渠道、促销则属于流通领域。所以，制订合理、有效的餐饮产品策略，直接决定着其他3大策略。即餐饮产品成功与否直接决定了整个餐饮市场营销的成败。

随着移动互联网对于居民生活的渗透不断深入，以及80、90后等网生代尤其是具有较高消费能力的80、90后新中产群体成为餐饮消费的重要群体，当前市场对手机线上点餐、等位和支付等需求出现持续增长，同时对餐饮消费便利性、个性化的需求也在与日俱增，移动化、自助化、智能化将成为未来餐饮的重要发展方向。餐饮消费连续3年保持两位数增长，整体形势稳中向好。

餐饮行业作为满足居民“衣食住行”四大基本生活需求之一的行业，规模庞大。国家统计局数据显示，2017年，全国餐饮收入达4.0万亿元，同比增长10.7%。2018年1—4月，全国餐饮营业额达12736亿元，同比增长10.1%，持续保持了两位数增长。中国烹饪协会会长在一次演讲中谈到，改革开放40年来，我国餐饮业营业额从改革开放初期不到60亿元增长了700多倍，行业规模即将跨入4万亿时代；服务网点也从1978年的12万户发展到2017年的465.4万户，涉及门店超过800万个，整个行业从基础薄弱逐步发展成为在扩大内需、促进消费、稳定增长、惠及民生等各个方面都具有举足轻重作用的重要产业。但餐饮业的发展也面临着企业自身和外部环境的两个方面的压力。餐饮企业如何设计产品，以满足市场需求，提高企业竞争力，成为当务之急。2013—2023年中国餐饮收入如图6-1所示。

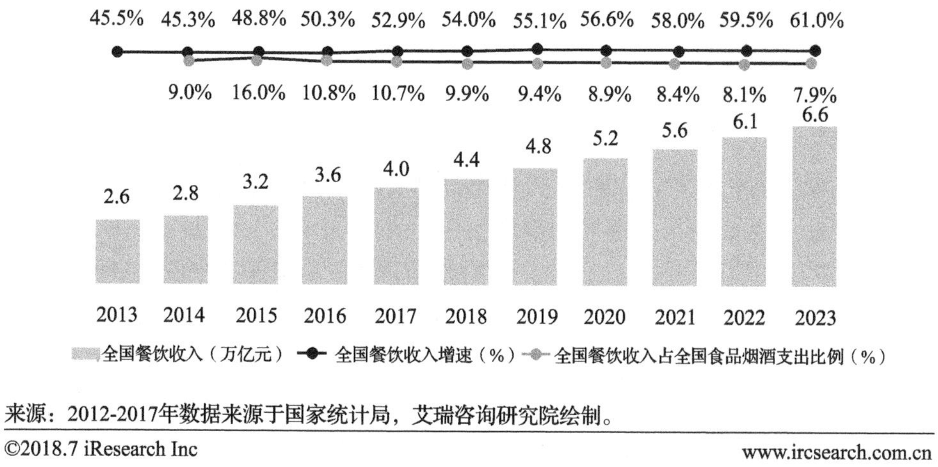

图 6-1 2013—2023 年中国餐饮收入规模与增速

二、餐饮整体产品的概念

餐饮产品整体概念从满足消费者的需求来说，可分解为三个层次，核心产品、形式产品和附加产品，如图 6-2 所示。

核心产品是餐饮产品整体概念中最基本、最主要的部分，是指顾客购买某种餐饮产品时所追求的根本利益，是顾客需求的中心内容。不同的顾客在购买餐饮产品时所需解决的基本问题是不同的。如有的是为了便宜、实惠，而有的是为了讲氛围、讲排场。所以餐饮营销人员应产于发现顾客购买餐饮产品时他所追求的根本利益，从而提供符合顾客需求的餐饮产品。

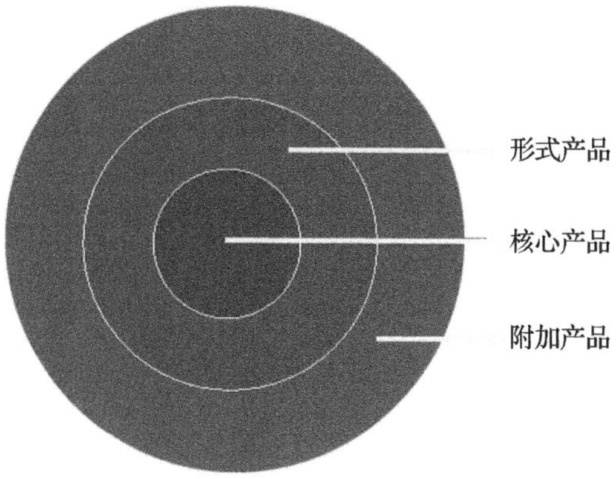

图 6-2 餐饮整体产品概念的三个层次

形式产品是指核心产品借以实现的形式，即向市场提供的实体和服务的具体形象。餐饮产品的基本效用必须通过具体形式得以实现，如盛菜的器皿（包括质地、形状等)、盛饮料的杯子的形状、大小、质地等。营销者应首先着眼于顾客购买餐饮产品时的核心利益，设计形式产品以求更完美的满足顾客的需要，从而获得利益。

延伸产品是指顾客购买餐饮产品时所得的附加服务与利益，它能给顾客带来更多的利益和更大的满足。如顾客购买某种菜时能给为其提供这种菜的热量信息、各种功效，以及有关这道菜的典故。美国学者西奥多·莱维特（Theodore Levitt）曾经指出："真正的竞争不是发生在各个公司的工厂生产什么产品，而是发生在其产品能提供何种附加利益。”延伸部分通过给顾客提供多种附加利益，能形成吸引顾客的独特因素，创造顾客对产品的忠诚度，有助于餐饮经营者保持和扩大市场。

三、餐饮产品的特点

餐饮产品除具备一般产品的特性外还有其独特的特点，主要表现为以下几点。

1. 餐饮产品是有形性与无形性的辩证统一

菜点产品与一般商品一样，有着具体的物质形态，可以在生产过程中制订详细具体的质量标准进行控制。顾客在食用前可以就其色、香、味、型等进行检查，发现明显的数量、质量问题可以要求退菜或更换。餐厅服务产品不具有具体的形态，顾客无法事前对服务进行检验和试用。服务一经实施，或优或劣就成定局。因而提高服务质量，必须探索并实行与一般商品不同的管理思路和方法。

2. 餐饮产品的风味性

“一方水土养一方人”，不同国家、不同地区、不同民族的地理、气候和生活环境、生活习惯不同，各地物产不同，食品原材料不同，从而使餐饮产品形成各种不同风味，具有鲜明的民族性和地方性。例如，西餐有法式、美式、俄式、英式等之分，中餐有鲁菜、川菜、淮扬菜、粤菜等之别。长期的历史发展，餐饮风味积淀成餐饮文化，餐饮管理拥有了继承与创新的广阔空间。

3. 餐饮产品生产、销售、消费的同一性和同时性

顾客入座点菜，既是消费的开始，也是餐饮产品生产与销售的开始。顾客用餐的过程，也是服务生产与提供的过程。没有顾客进餐厅消费，就没有餐饮菜点与服务的生产与销售。一般商品的生产、销售、消费是各自独立可以分离的过程，可以发生在不同的时间、不同的地点。餐饮产品与服务是生产者与消费者直接接触，不经过中间环节，当场生产、销售与消费。因而餐饮质量的控制没有回旋余地。餐饮管理的方法要适宜餐饮产品的特点。

4. 餐饮产品的不可贮存性

菜点的原材料是提前准备的，但菜点的生产过程一般时间较短暂，并且是专为顾客的预订或现点而生产的。菜点一般不宜提前预制或规模化、批量生产，这正是餐饮生产与其他工业生产的根本区别。餐饮服务更是不存在独立的生产过程和独立的存在形态，不存在丝毫贮存的可能性。这就决定了餐饮产品的产量只能跟随顾客的上座率而波动，餐饮管理必须以营销为龙头，有效地控制宾客的流量，从而达到餐饮生产负荷的平衡与经济。

5. 餐饮产品的文化知识含量

菜点生产需要高超的烹饪技术和艺术，这包括食品营养学知识、烹饪中的物理与化学知识、微生物及毒腐现象的知识、机电设备的使用知识、菜点设计造型装点的历史文化知识和美术知识等。厨师劳动看似简单，实则不易。前厅服务需要掌握用餐环境、氛围、花草、灯光、音响、空调等知识，尤其需要服务心理学、消费心理学知识，以便顺应顾客情绪，搞好服务，还要掌握烹饪常识，以利推介菜点。因而，餐饮工作是一项知

识、技术含量较高的复杂劳动，比一般工厂流水线上的单工序劳动要复杂得多。

四、餐饮产品体系

世界上的餐饮产品的品种多种多样，国内的如重庆的火锅、广东的蟹肉桂花翅、西北的猫耳朵、东北的小鸡炖蘑菇、北京的烤鸭、上海的松江鲈鱼、金华火腿等；国外的如法国的鹅肝、西班牙蒙茄尔的雪糕三明治、美国加州扬特维尔的鱼子酱配蚝等，无一不丰富着人们的餐饮选择。

世界餐饮业发展至今，餐饮产品日趋丰富和完善，主要源于市场竞争的激烈和顾客需求的增加。即要想在餐饮市场中争得一席之地，靠单一的餐饮产品是达不到目的的。因此餐饮产品的品种和数量的增加十分迅速，逐步形成完善的产品体系。

1. 餐饮产品种类

按照不同的市场细分标准，产生了不同系列的品种丰富的餐饮产品体系。

（1）依据餐饮产品的国别可分为中餐和西餐。西餐是我国对以欧美为主的国外餐饮食品特色的统称，从口味、制作、文化三个方面区别，主要分为口味各异的欧美、自成体系的东南亚、日韩等几大类，包括法国菜、俄国菜、意大利菜、墨西哥菜、日本菜、美国菜等。

（2）依据菜系来可分为四大菜系、八大菜系或十大菜系。中国是一个餐饮文化大国，长期以来在某一地区由于地理环境、气候物产、文化传统以及民族习俗等因素的影响，形成有一定亲缘承袭关系、菜点风味相近，知名度较高，并为部分群众喜爱的地方风味著名流派，称作菜系。它由历代宫廷菜、官府菜及各地方菜系所组成，主体是各地方风味菜。菜系的划分单就汉族的饮食特点而言，目前有四大菜系、八大菜系、十大菜系之说，而且划分系类仍有继续增加的趋势。不过，从总体上来说，我国菜系中最有影响和代表性的也为社会所公认的四大菜系为四川、广东、江苏、山东四大菜系，即鲁、川、粤、淮扬。加上闽、浙、湘、徽等菜系，即被人们常说的中国“八大菜系”。再加上京菜和鄂菜，即为“十大菜系”。

小知识　八大菜系特点及代表菜

山东菜系由济南和胶东两部分地方风味组成。
特点：味浓厚、嗜葱蒜，尤以烹制海鲜、汤菜和各种动物内脏为长。
名菜：油爆大虾、红烧海螺、糖醋鲤鱼
四川菜系有成都、重庆两个流派。
特点：以味多、味广、味厚、味浓著称。
名菜：宫保鸡丁、一品熊掌、鱼香肉丝、干烧鱼翅
广东菜系有广州、潮州、东江三个流派，以广州菜为代表。
特点：烹调方法突出煎、炸、烩、炖等，口味特点是爽、淡、脆、鲜。
名菜：三蛇龙虎凤大会、烧乳猪、盐焗鸡、冬瓜盅、咕咾肉

江苏菜系由扬州、苏州、南京地方菜发展而成。
特点：烹调技艺以炖、焖、煨著称；重视调汤，保持原汁。
名菜：鸡汤煮干丝、清炖蟹粉、狮子头、水晶肴蹄
浙江菜系由杭州、宁波、绍兴等地方菜构成，最负盛名的是杭州菜。
特点：鲜嫩软滑，香醇绵糯，清爽不腻。
名菜：龙井虾仁、西湖醋鱼、叫花鸡
湖南菜系由湘中、南地区、洞庭湖区和湘西山区三种地方风味组成。
特点：注重香辣、麻辣、酸、辣、焦麻、香鲜，尤为酸辣居多。
名菜：红煨鱼翅、冰糖湘莲
福建菜系由福州、泉州、厦门等地发展起来，并以福州菜为其代表。
特点：以海味为主要原料，注重甜酸咸香、色美味鲜。
名菜：雪花鸡、金寿福、烧片糟鸡、橘汁加吉鱼、太极明虾
安徽菜系由皖南、沿江和沿淮地方风味构成。皖南菜是主要代表。
特点：以火腿佐味，冰糖提鲜，擅长烧炖，讲究火工。
名菜：葫芦鸭子、符离集烧鸡。

（3）以餐饮产品本身属性分为风味餐饮和主题餐饮。餐饮企业以产品为纲，如海鲜、野味、佛家素食、火锅、包子、烤鸭等，都有较为明确的产品特色。

①风味餐饮。风味餐饮主要是经营具有地方特色或民族特色的菜品，并以其特定风味来吸引目标顾客的餐饮企业。风味餐饮可分为三类：一是经营风味菜系；二是经营风味菜肴；三是经营地方或民族风味小吃。风味餐饮具有明显的地域性，强调菜品的正宗、地道，否则就难以吸引顾客。风味餐饮装潢简单、质朴，气氛轻松和谐，与经营菜品的地方或民族风格相一致，但不降低卫生档次和服务标准。风味餐饮实行简化了的餐桌服务方式，即是一种非正式的、简便而经济的服务方式，具有家庭气氛，对客人有亲和力。风味餐饮餐具种类有限且简单。

②主题餐饮。主题餐饮主要是通过特殊环境布置、特殊装饰或娱乐安排等，全方位创造出具有特定文化主题的餐饮企业。主题餐饮为顾客提供一种整体感受，而不单纯是餐饮。主题餐饮经营规模一般不大，提供餐桌服务。所以，这类餐饮所提供的餐饮品种有限，但富有特色。主题餐饮的菜品不一定是最好的，但给人们提供的环境氛围和文化感受是最美的。主题餐饮可以说提供的是一种文化餐，满足人们对餐饮产品更高层次的需求，价格一般比餐桌服务型餐饮更高。

此外，餐饮根据在流通产品时间上的差异可分为正餐、快餐、茶餐、酒吧、和“咖啡”餐饮。根据档次不同可以划分为高、中、低三个档次。但确立产品体系与目标客户接受产品体系是两个截然不同的概念。在现今的市场中，后者更需要餐饮企业通过系统化的营销工作来完成，这就需要时间和餐饮企业扎扎实实的工作。

2. 餐饮产品质量

产品质量是餐饮企业的生命。餐饮产品的质量内容一般包括产品使用价值的大

小、产品生命周期的长短、产品可靠性和安全性、产品的价格。

（1）餐饮产品的使用价值。指能够满足顾客需求程度的高低，即餐饮产品的性能。因此，在餐饮产品的生产中，如何设计产品，恰如其分地满足不同顾客的需求，是餐饮业经营能否成功的关键。

（2）餐饮产品生命周期。餐饮产品生命周期就是在市场中所存在的时间，随着市场竞争的加剧，现代餐饮产品的市场生命周期日趋缩短，一方面反映了餐饮需求的多变，另一方面也加速了餐饮产品的更新换代。

（3）餐饮产品的可靠性和安全性。餐饮产品的可靠性和安全性主要从餐饮企业接待顾客的能力和接待环境中体现。餐饮业要求有卫生、健康的餐饮食品。同时，餐饮产品的安全程度，则要求顾客的安全和财产有保障，因此任何的疾病、自然灾害都可能影响其质量。

（4）餐饮产品的价格。餐饮产品的定价要合理。这主要从两个方面进行分析，一是质与价相符；二是要拉开价格档次。只有这样才能满足各种层次顾客的需要。

小知识 2018年中国餐饮企业百强排行榜

随着餐饮业向产业化、规模化发展，餐饮百强企业也不断壮大。2018年，餐饮百强企业总营业收入达到2410.7亿元，同比增速高达12.2%。

对于餐饮行业而言，2018年以海底捞上市为代表的一系列事件表明，餐饮竞争已迈入更高维度的品牌竞争。12月17日，“2018中国餐饮品牌力峰会”（第21届红餐大会）在广州举行。会上，“中国餐饮品牌力100强”正式揭晓。据活动主办方红餐网数据显示，本次入选百强榜的餐饮品牌，区域分布相对集中一线和二线城市，三四线城市品牌入选较少。在餐饮品类分布上，中餐连锁（44家）、火锅（19家）、简快餐（16家）位列前三。2018年中国餐饮企业百强榜单前15强如表6-1所示。

表6-1 2018年中国餐饮企业百强榜单前15强

2018年中国餐饮企业百强榜单	
排名	企业名称
1	百胜中国控股有限公司
2	金拱门（中国）有限公司
3	海底捞国际控股有限公司
4	河北千喜鹤饮食股份有限公司
5	内蒙古西贝餐饮集团有限公司
6	呷哺呷哺餐饮管理有限公司
7	深圳中快餐饮集团有限公司
8	汉堡王（中国）投资有限公司
9	四川香天下餐饮管理有限公司

续表

2018年中国餐饮企业百强榜单	
排名	企业名称
10	东莞市鸿骏膳食管理有限公司
11	山东凯瑞商业集团有限责任公司
12	福建佳客来食品股份有限公司
13	天津顶巧餐饮服务咨询有限公司
14	真功夫餐饮管理有限公司
15	北京金丰餐饮有限公司

任务二　餐饮产品生命周期

产品生命周期是指产品从进入市场到退出市场所经历的市场生命循环过程。餐饮产品也不例外，餐饮产品只有经过研究开发、试销，然后进入市场，其市场生命周期才算开始。餐饮产品退出市场，标志着其生命周期的结束。典型的产品生命周期一般可分为4个阶段，在生命周期的不同阶段，餐饮产品应采取不同的产品策略。

一、餐饮产品生命周期的含义

菲利普·科特勒指出，谈及产品生命周期（Product Life Cycle），实际上要说明四个问题。

（1）产品有一个有限的生命；

（2）产品销售经过不同的阶段，每一个阶段都对销售者提出不同的挑战；

（3）在产品生命周期的不同阶段，产品的利润有高有低；

（4）在产品生命周期的不同阶段，产品需要不同的营销决策。

小知识

糖果是一种产品种类，糖果中的口香糖是其中的一个品类，而“××牌口香糖”则是具体牌号的产品。三者比较，自然“糖果”的生命周期最长，而“××牌口香糖”的生命周期最短了。在实际经营中，企业运用产品生命周期理论分析产品的种类的情况较少，而更多的是分析产品品类或具体牌号的生命周期。

餐饮产品生命周期是就餐饮产品的销售量与边际利润而言的，是指一项餐饮产品从进入到退出市场为止的整个时间过程。它一般要经过四个阶段，投入期、成长期、成熟期和衰退期。餐饮产品生命周期曲线如图6-3所示，不同餐饮产品生命周期曲线如图6-4所示。

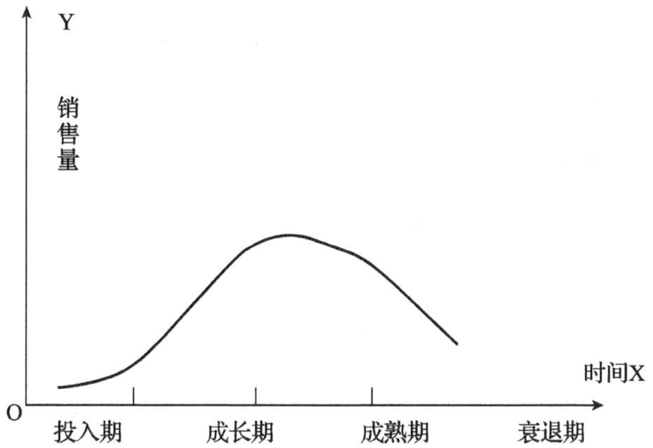

图 6-3 餐饮产品生命周期曲线

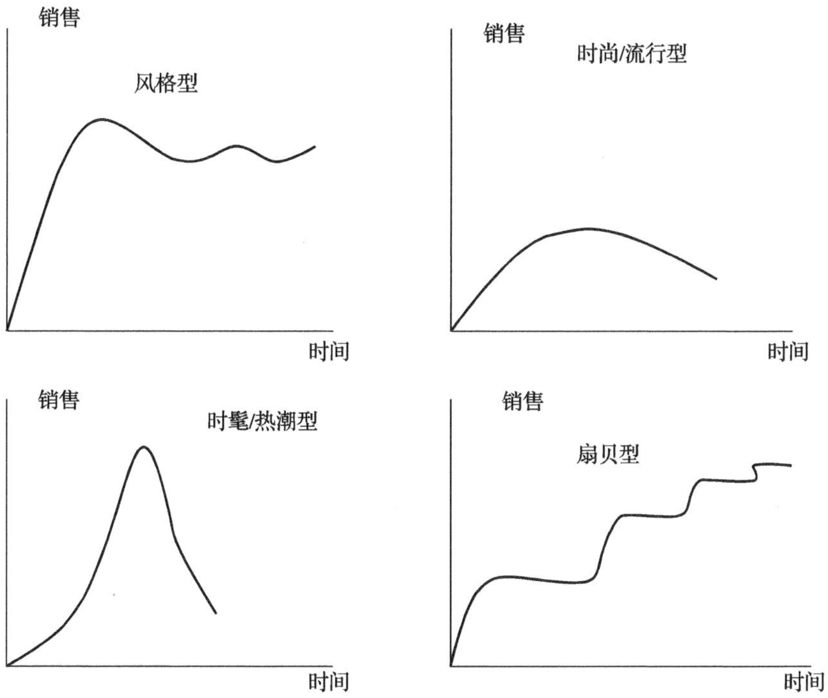

图 6-4 不同餐饮产品生命周期曲线

二、餐饮产品生命周期各阶段的特点

餐饮产品在生命周期的不同阶段呈现出不同的特点，如表 6-2 所示。

1. 投入期

投入期是餐饮产品生命周期的第一阶段，又称为投放期、初创期。在这个时期内，餐饮产品刚进入市场，还处在试销阶段，是否符合顾客需求，餐饮企业并无把握。而对于顾客来说，这些餐饮产品也还处在潜在阶段或观望阶段。因而这一时期的投资额很大，而销售额很低，利润极小甚至亏损。所以，在餐饮产品投放市场前，必须对产品的市场需求进行预测和可行性研究。对该产品是否具有特色，能否经得起竞争，顾客是否喜爱，能否取得可能的利润额，都必须进行充分的论证。

2. 成长期

在成长期内，产品基本定型，已为广大顾客所熟悉和欢迎，并逐渐增加购买量。产品销售额开始快速增长，市场份额逐渐扩大，单位产品的广告费因畅销而降低，使成本大幅度下降，该产品开始盈利。顾客的日益青睐与媒体的关注提升了餐饮企业的市场形象。

3. 成熟期

餐饮产品进入成熟期后，销量仍有一定增长，但增长速度逐渐缓慢，甚至逐渐趋向停滞。这时期餐饮产品的特点是产品在市场上处于平稳饱和；更多的企业参与生产该类产品的竞争，使竞争更为激烈；产品的质量不断提高，服务项目增多，成本降到最低点，利润相对稳定。

4. 衰退期

随着新产品进入市场或顾客需求偏好的改变，此时餐饮产品的销售量下降，利润低微甚至等于零或出现亏损。顾客对市场变化无动于衷，反应迟钝，不愿接受餐饮产品的新成分，甚至对餐饮产品中的原有成分也表示厌倦。产品营销的效果并不明显，许多竞争者也纷纷退出。与此同时，市场上开始出现新的换代产品或替代产品。

表 6-2　餐饮产品生命周期个阶段的特征

阶段	投入期	成长期	成熟期	衰退期
销售	销售量低	销售量激增	销售量最大	销售量减少
成本	单位顾客 成本高	单位顾客 成本一般	单位顾客 成本低	单位顾客 成本低
利润	利润低或亏本	利润激增	利润高	利润下降
顾客	创新者	早期使用者	中期大众	落后者
竞争者	很少	增多	数量稳中有降	下降

三、餐饮产品各阶段的营销策略

餐饮企业应用产品生命周期理论的目的主要在于缩短餐饮产品的投入期，使顾客尽快熟悉与接受餐饮产品；设法保持与延长餐饮产品的成熟期，防止餐饮产品过早被旅游市场淘汰；对已进入衰退期的餐饮产品应明确是尽快退出市场，以新产品代替老产品，还是通过促销使餐饮产品的生命力再度旺盛。

1. 餐饮产品投入期的营销策略

餐饮产品在投入期的营销策略重点在于加强与顾客的沟通，让顾客熟悉与了解餐饮产品；扩大旅游市场营销渠道，扩大餐饮产品的市场占有率；提高餐饮企业的利润。

（1）加强广告宣传。餐饮产品在投入期阶段，应以产品知晓、创造产品知名度为营销重点。但该阶段餐饮企业由于广告费用过大，会造成出现一定程度亏损的局面。因此，广告宣传应有针对性，而且要注重效果。餐饮企业应注意凭借社会重大活动和造成广泛影响的事件，适时进行餐饮产品宣传，以引起社会的轰动效应，从而吸引顾客对餐饮产品的注意和激发顾客的购买热情。

（2）拓展餐饮产品市场。餐饮产品的市场开发是一项独立的创造活动，它不仅限于一般性的宣传，而且包括全方位扩展餐饮产品的销售渠道，通过价格策略占领市场份额或获取理想利润等。

（3）进行餐饮产品质量控制。餐饮产品初入市场，顾客对其产品质量的印象直接导致相应的口碑宣传，将会影响该餐饮产品今后的发展。因此，餐饮企业要继续改进餐饮产品的生产设计和完善其配套服务，逐步提高餐饮产品的质量。

2. 餐饮产品成长期的营销策略

餐饮产品成长期的营销策略的重点在于提高餐饮产品的特色与优势、努力寻求和开拓新的细分市场、开辟新的销售渠道。

（1）继续扩大广告宣传。餐饮企业在这一阶段仍应重视广告宣传，但是广告宣传的重点应从建立产品的知名度转移到说服顾客购买餐饮产品上来。同时，餐饮企业要在广告宣传中提醒顾客本餐饮企业餐饮产品的特点。在这一阶段，餐饮企业还应进行各种公关活动，努力塑造餐饮企业在社会上的良好形象，增强顾客对餐饮企业及其餐饮产品的信任感。

（2）提高市场占有率。餐饮产品在成长期的市场机会是最大的，但市场变化也很快，机会往往稍纵即逝。因此，餐饮企业在这一阶段应以挖掘餐饮产品的市场深度为主，即餐饮企业要不断提高餐饮产品的质量，发展餐饮产品的品种和规模，以系列化的产品满足不同目标市场的需要。通过开拓新的销售渠道和加强销售渠道的管理，在巩固原有渠道的基础上开拓新市场。选择适当时机调整价格，以争取更多的顾客。

（3）努力创造名牌。成长期是餐饮企业创造名牌的最佳时期。餐饮产品要在顾客心目中留下深刻的印象，必须突出产品的特色，形成自身的优势。因此，餐饮企业要进一步改进餐饮产品的生产设计和完善配套服务。

餐饮产品的成长期，是餐饮企业获利的“黄金时期”，也是创造名牌的最佳时期。餐饮企业同时面临着“高市场占有率”和“高利润率”的选择。实施市场扩张和渗透策略虽然会使餐饮企业暂时利润减少，但强化了餐饮企业的市场地位和竞争力，有利于维持与扩大企业的市场占有率。从长期利润观念看，餐饮企业更应该选择以扩大市场占有率为此阶段的主要目标。

3. 餐饮产品成熟期营销策略

餐饮产品成熟期营销策略的重点在于尽量回收资金；在保持原有产品优势的基础上，进行餐饮产品及营销组合的调整变革；努力延长这一阶段。

（1）尽量回收资金。餐饮产品在这一阶段销售增长率达到一个相对高点，然后便趋于下降，利润也开始缓慢下降，但是餐饮产品在这一阶段的销售量仍然处于较高的水平，而且成本能控制在较低的水平。此时，餐饮企业应保证尽量回收资金，不能凭此时餐饮产品好销又赚钱，进行重复性投资。因为此时该餐饮产品的市场已趋于饱和，重复性建设难以吸引到客源，反而使餐饮企业出现资金浪费或亏损。

（2）改进餐饮产品设计。餐饮产品的改进主要表现在两个方面：一是旅游质量与服务的改进，即根据顾客的反馈信息来完善餐饮产品，并以稳定、优质的服务来吸引顾客；二是对原有的营销组合因素进行调整，如进行新的市场开发、开辟多种销售渠道、采用灵活的定价策略等增强餐饮产品的市场竞争力。

（3）开发餐饮新产品。餐饮企业此时应准备实行餐饮产品更新换代，以适应顾客日益变化的需求。只有餐饮新产品与老产品保持良好的衔接关系，餐饮企业才会保持生命力。

餐饮产品的成熟期是餐饮产品社会需求量最旺盛的时期，此时对餐饮企业存在着一种诱惑。旅游企业的决策者应清醒地认识到重复性投资的危害。在这一阶段，餐饮企业应通过产品改革、市场改革、调整营销组合、开发旅游新产品等措施来尽量延长这一阶段，形成新的销售高潮。

4. 餐饮产品衰退期的营销策略

餐饮产品衰退期的营销策略的重点在于：决定是逐步退出市场还是迅速撤离市场。

（1）继续保留。继续保留即餐饮企业继续沿用过去的营销组合策略；将企业资源集中于最有利的细分市场，维持餐饮产品的集中营销，从最有利的市场和渠道中获取利润；大幅度削减营销费用，让餐饮产品继续衰落下去，甚至完全退出市场。

（2）立即放弃。立即放弃即餐饮企业一旦觉察到该餐饮产品已进入衰退期，就毫不犹豫地撤离市场。

餐饮产品在衰退期已经没有生命力，到了淘汰阶段。这一时期，餐饮产品的销售量会迅速下降，勉强维持下去会使餐饮企业处于极其被动的局面。因此，餐饮企业的决策者此时应果断处理餐饮产品在市场上的去与留。也就是说，要尽可能地缩短餐饮产品的衰退期，以减少对餐饮企业的损失。餐饮产品生命周期各阶段的目标和策略如表 6-3 所示。

表 6-3　餐饮产品生命周期各阶段的目标和策略

阶段目标、策略		投入期	成长期	成熟期	衰退期
营销目标		迅速提高产品知名度和销量	最大限度地提高销量，扩大市场份额，获取利润	保卫市场份额，获取最大利润	消减产品支出，获取最大收益
营销策略	总体营销策略	“短”：加强广告宣传；拓展餐饮产品市场；进行餐饮产品质量控制	“快”：继续扩大广告宣传；提高市场占有率；努力创造名牌	“长”：尽量回收资金；改进餐饮产品设计；开发餐饮新产品	“转”“改”“撤”：继续保留；立即放弃

续表

阶段目标、策略		投入期	成长期	成熟期	衰退期
营销策略	产品策略	提供不多的餐饮基本产品	改进产品、提高质量、扩展产品组合，提供多种产品和服务	品牌和种类的多样性	逐步淘汰疲软的产品
	价格策略	撇脂策略或渗透策略	市场渗透价格策略	抗衡或低价格	降价促销
	分销策略	独家或选择性分销	密集、广泛分销	更密集广泛的分销	选择性分销
	广告策略	在早期经销商及消费者中建立产品知名度	在目标消费者中建立独特的区别利益	强调品牌的知名度和内涵	提醒消费者，保持需求
	促销策略	大力加强销售促进措施，以吸引消费者	充分利用广告、公关，适当减少促销	整合运用多种策略，增加消费者对品牌的忠诚度	逐步减少促销，直至停止

小案例

星巴克猫爪杯：价值营销

2019年2月26日，星巴克推出了一波春季新品，其中有一款价值199元的猫爪杯。由于外形可爱，猫爪杯在预热前期便在社交媒体中红起来，在发售当日引发了一众粉丝凌晨就去排队，更传闻有黄牛在店门口大打出手。随后，星巴克宣布在原计划中补货1000个，最终这款猫爪杯在线上被炒至1000多元的高价。

星巴克咖啡跨界卖杯子，表面上是咖啡品牌价值延伸，拓展周边产品，又或者说是“餐饮新零售”的尝试，而在我们看来，星巴克真正在做的是“价值营销”。

星巴克最擅长的就是利用消费者的“价格锚点”，正如其咖啡分为“超大杯、大杯、中杯”，超大杯的作用就是为了拉高价格锚点，从而对比起来，让消费者觉得“大杯”的“便宜”。

猫爪杯的原理一样，星巴克的杯子售价高达199元，再被“爆炒”到1000多元，那么以后，谁买星巴克的咖啡会觉得贵？再贵也物超所值，这才是星巴克跨界卖杯子的核心意义。

好的跨界营销可以选择以下三个入口：商业模式、品牌营销、产品服务。而坏的跨界营销，是因为没有避免用户人群冲突、产品属性冲突、文化价值冲突和体验场景冲突。

任务三　餐饮产品组合

餐饮市场竞争的需要以及餐饮产品自身生命周期的限制，使餐饮企业不能单纯地经营一种产品，但也不是经营的产品越多越好。那么，一个餐饮企业究竟应当经营多少产品？这些产品如何搭配？这需要餐饮企业根据市场的需求以及企业的实力来制订合理的餐饮产品策略，优化餐饮企业的产品组合。

一、餐饮产品组合的含义

餐饮产品组合就是指餐饮企业通过对不同规格、不同档次和不同类型的餐饮产品进行科学的整合，使餐饮产品的结构更趋合理、更能适应市场的需求，从而以最小的投入尽可能大地占领市场，以求实现餐饮企业最大的经济效益。

餐饮产品的组合：一方面是指菜品和饮料在数量、风味特色、档次高低上的组合，另一方面也包括餐饮产品与服务上的组合。

餐饮产品的组合原则应以最有效地利用资源、最大限度地满足市场需要和最有利于竞争为标准。

二、餐饮产品组合的作用

不论何种市场，其需求总是在时间和空间上不断变化的，顾客需求也不例外，在不同的时代和地区，顾客的需求倾向各有特点。这些多样化的需求是餐饮企业组合开发餐饮产品的重要依据。餐饮企业通过产品的组合使其更能适应需求的变化。

通过进行餐饮产品的组合开发，可以使经过组合后的餐饮产品系列更具竞争力，更加适销对路，更能以最快的速度占领目标市场。

以长远的眼光来看，餐饮产品的组合能符合餐饮企业的发展战略，在既定的规划框架内着手开展，能使餐饮产品结构更加科学、合理化。

三、餐饮产品组合策略

所谓餐饮产品组合是指一个餐饮企业生产或经营的全部产品线、产品专案的组合方式，它包括三个变数，广度、深度和相关度。

1. 餐饮产品组合的广度

这是指餐饮企业生产和经营餐饮产品组合类型的总和。餐饮产品组合类型多则为宽产品线，少则为窄产品线。宽产品线的组合，由于产品丰富程度较高、适应性强，故可以从多方面满足顾客需求，拓宽市场面，增加销售额，提高经济效益，同时还可以使餐饮企业的人、财、物得到有效利用，充分发挥其潜力，减少市场变化带来的各种风险，增强企业自身的调节功能和应变能力。相对而言，窄产品线的组合，则可以使餐饮企业集中优势力量，不断提高餐饮产品的质量，它有利于促进餐饮企业专业化水平的提升，也有利于餐饮企业集中力量创造名牌产品，降低其经营成本。

2. 餐饮产品组合的深度

这是指餐饮企业每一个组合产品中所包含的不同类型、档次、品种、特色的单项餐饮产品即旅游项目的个数。较深的餐饮产品组合，能在市场细分化的基础上扩大市场，满足多种类型顾客的消费需求，提高市场占有率，在生产上实现批量少、品种多。增加餐饮产品组合的深度，可以同时满足旅游消费者的多种需求，更能提高旅游者的满意程度，因而有利于餐饮企业提高服务质量和竞争力。而较浅的餐饮产品组合，便于餐饮企业发挥自身特色和专长，以塑造品牌来吸引消费者，增加销售量，可进行批量生产以求得规模效益。

3. 餐饮产品组合的相关度

这是指餐饮企业生产经营的各类餐饮产品和各单项餐饮产品在生产、消费之间的联系程度，如在经营费用、广告宣传、销售渠道、旅游内容替代方面互相支持的程度。注意关联度问题，在于表明进行餐饮产品组合时应注意到的限制条件。餐饮企业在增加餐饮产品组合广度时，如果产品系列之间的关联度过低，就会加大经营风险，因此，餐饮产品组合关联度是餐饮产品决策的重要概念。关联度大的产品组合可以使餐饮企业精于专业，使餐饮企业与产品的市场地位得到提高，使餐饮产品的整体形象得以突出，从而有利于经营管理水平的提高。对中小型餐饮企业而言，比较适宜关联度大的产品组合；而对于那些综合实力强的大型企业集团来说，关联度小的产品组合具有一定的垄断性，采取这种组合尽管成本昂贵，但足以保持其在这种产品领域的强势地位。

四、餐饮产品组合的评价指标

由于市场环境的不断变化，餐饮产品组合中的每一个因素也会随着形势的变化而不断变化。因此，管理者必须经常分析自己产品组合的状况和结构，根据市场环境的变化调整产品组合，在变动的形势中寻求产品组合的最优化。要达到优化餐饮产品组合的目的，首先必须对各产品项目在市场上的发展状况和趋势进行评价。餐饮产品组合的评价标准主要可归纳为以下三个方面。

1. 发展性

根据餐饮产品生命周期理论，处于生命周期发展阶段或成熟阶段早期的产品，一般具有良好的发展前途。评价餐饮产品的发展性，应超越某个具体的范围，并根据整个市场上同类餐饮产品的总体情况进行评价。说明某种餐饮产品发展前途的主要指标是销售增长率。

2. 竞争性

竞争性表明餐饮企业在整体市场上的竞争能力，最主要的评价指标是市场占有率。

3. 盈利性

盈利性主要表现为利润额、成本利润率、资金利润率、资金周转率等，其中资金利润率是最具综合性的指标。

小案例

华龙面产品组合策略

2003 年，在中国大陆市场上，位于河北省邢台市隆尧县的华龙集团以超过 60 亿包的方便面产销量排在方便面行业第二位，仅次于康师傅。同时与“康师傅”“统一”形成了三足鼎立的市场格局。华龙真正地由一个地方方便面品牌转变为全国性品牌。

在20世纪90年代初期，方便面厂家将其目标市场大多定位于中国的城市市场。如“康师傅”和“统一”的销售主要依靠城市市场的消费来实现。而广大的农村市场，则仅仅属于一些质量不稳定、无品牌可言的地方小型方便面生产厂家，并且销量极小。中国的农村方便面市场仍然蕴藏巨大的市场潜力。

1994年，华龙在创业之初便把产品准确定位在8亿农民和3亿工薪阶层的消费群上。同时，华龙依托当地优质的小麦和廉价的劳动力资源，将一袋方便面的零售价定在0.6元以下，比一般名牌低0.8元左右，售价低廉。

2000年以前，主推的大众面如“108”“甲一麦”“华龙小仔”；中档面有“小康家庭”“大众三代”；高档面有“红红红”“煮着吃”。

作为一个后起挑战者，华龙推行区域营销策略。它创建了一条研究区域市场、了解区域文化、推行区域营销、运作区域品牌、创作区域广告的思路，在当地市场不断获得消费者的青睐。从2001年开始推行区域品牌战略，针对不同地域的消费者推出不同口味和不同品牌的系列新品。华龙的产品组合策略如表6-4所示。

表6-4　华龙产品组合策略

地域	主推产品	广告诉求	系列	规格	价位	定位
河南	六丁目	演绎不脆（不贵）	六丁目	分为红烧牛肉、麻辣牛肉等14种规格	低价位	目前市场上最低价位、最实惠产品
			六丁目108			
			六丁目120			
			超级六丁目			
山东	金华龙	山东人都认同“实在”的价值观	金华龙	分为红烧牛肉、麻辣牛肉等12种规格	低价位	低档面
			金华龙108		中价位	中档面
			金华龙120		高价位	低档面
东北	东三福	核心诉求是“咱东北人的福面”	东三福	红烧牛肉等六种口味、五种规格	高价位	高档面
			东三福120		中价位	中档面
			东三福130		低价位	低档面
	可劲造	大家都来可劲造，你说香不香	可劲造	红烧牛肉等三种口味、三种规格	高价位	继东三福130之后的又一高档面
全国	今麦郎	有弹性的方便面，向“康师傅”“统一”等强势品牌挑战，分割高端市场	煮弹面	红烧牛肉等四种口味、十六种规格	高价位	高档面系列、以城乡消费为主
			泡弹面			
			碗面			
			桶面			

另外，华龙还有如下系列产品。

（1）定位在小康家庭的最高档产品“小康130”系列。

（2）面饼为圆形的“以圆面”系列。

（3）适合少年儿童的“A—干脆面”系列。

（4）为感谢消费者推出的“甲一麦”系列。

（5）回报农民兄弟的“农家兄弟”系列。

（6）适合中老年人的“煮着吃”系列。

以上系列产品都有三个以上的口味和6种以上的规格。

华龙目前拥有方便面、调味品、饼业、面粉、彩页、纸品等六大产品线，也就是其产品组合的长度为6。方便面是华龙的主要产品线。

任务四 餐饮新产品开发

餐饮企业的新产品犹如企业的新鲜血液，能够给企业带来新的活力和动力。许多餐饮企业就是因为餐饮产品持续老化，而新产品不能有效适应市场，而导致竞争力低下，甚至企业倒闭。因此，餐饮企业的能否持续不断地开发新产品，并得到市场的认可，餐饮企业才能在市场竞争中获胜，实现企业的可持续发展。

一、餐饮新产品的含义及类型

餐饮产品是一个通常包括实物产品形式、餐饮经营环境和气氛、餐饮服务特色和水平、产品销售形式等四方面内容的有机组合。所以在新产品的设计与开发上，要综合考虑这些因素。

1. 餐饮新产品的含义

餐饮新产品是指餐饮企业初次设计提供的，或者原来提供过，但又做了某些改进，在内容、结构、服务方式、设备性能上更为科学、合理，更能体现餐饮企业特色，与原有餐饮产品存在差异的产品。即只要是整个餐饮产品构成中任何一部分进行了创新或改革，这种产品就属于新产品之列。

2. 餐饮新产品的类型

作为餐饮产品设计与开发中的核心部分，菜品创新一直是酒店餐饮不遗余力的主攻点。菜品创新是多种因素的组合，要兼顾到菜品的色、香、味、形、器、质等基本属性，同时要考虑到新原料的开发运用、原料组配创新、营养功效配比平衡、投入市场后的发展潜力等生产经营要素。

餐饮新产品按照其自身所具有的创新程度大致可以分为以下三种基本类型。

（1）全新型新产品。全新型新产品即为了满足顾客一种新的需求而设计、提供的具有新原理、新技术、新内容等的创新餐饮产品。由于新产品的设计、提供难度较大，产品开发周期较长，且投资多，风险大，故这类产品较为少见。

（2）改进型新产品。在原有的产品上进行改良，例如，在原料搭配、菜点口味以及色泽、形状和烹制工艺上进行改进。这是目前餐饮业所谓创新菜点的主体。

（3）引进型新产品。引进型新产品也就是克隆复制他人的产品，这是一种餐饮业普遍采用的方法。由于现阶段的餐饮产品很少有专利权，一旦何种风味菜点经营成功，跟随者就会蜂拥而至，照抄照搬。虽然这种方法缺乏自己的特色，但却具备了成本低、风险小的优势。

二、餐饮新产品开发的策略

餐饮企业投入资金、人力、物力开发新产品的目的是更好地满足顾客需要，获取更大的企业利润。但是新产品开发的风险又是客观存在的。不同的企业，由于实力不同，在新产品开发上的能力也各不相同，因此餐饮企业应根据具体情况，选择适当的新产品开发策略。餐饮新产品开发策略主要有以下几种。

1. 抢先策略

抢先策略是指餐饮企业在老一代产品衰退前，率先推出新产品，使其占领市场的新产品开发策略。

采用抢先策略的餐饮企业，必须随时注意市场上消费者的需求动向，同时把握竞争对手的状况和变化，当消费者需求开始变化时，及时推出新产品，始终占据市场领先地位。选用该策略的餐饮企业一般应具有较强的技术和管理实力，并且有一套灵敏的市场处理和反馈系统。

一些餐饮企业设立专门的菜品研究所，组织专业化的研究和试制人员，确定一系列的任务指标，这些就是在新产品开发上采用抢先策略的表现。

2. 仿制策略

仿制策略是指餐饮企业将市场上已经存在且竞争者很少的其他企业产品，仿制成自己的新产品的开发策略。

使用这种策略要求餐饮企业随时关注市场上新产品的动向，包括新的餐饮形式、餐厅装修、餐厅风格、餐饮经营新模式等，它们可供借鉴，用以仿制出新的餐厅；也包括其他餐厅推出的受市场追捧的新菜品，经过吸收、改良，成为本企业的新菜品。

对大多数中小餐饮企业来说，它们更多地采用仿制策略。因此，应就新产品仿制制定周密的计划，并建立一整套工作程序，力求在减少投入的同时，不断推出市场反应好的新产品，提高企业的市场竞争力。餐饮企业广泛采用的“试味”就是仿制策略的体现。

3. 最低成本策略

最低成本策略是指在新产品开发时力求降低成本，以便用较低的价格渗透市场，扩大市场占有率。

该策略要求餐饮企业在新产品开发时，通过餐厅经营的组织形式、经营模式等的创新，通过烹饪方法、原料使用等技术手段的改进，或通过生产组织消耗控制等管理水平的改善，努力降低新产品的成本，使之有活力迅速占领市场。

4. 市场服务策略

市场服务策略是在原有产品基础上，通过提供附加服务，增加产品的让渡价值，进一步吸引消费者关注的策略。市场服务策略创造的实际是一种改良新产品，也是使餐饮产品寿命周期再循环的一种手段。

小案例

可口可乐的堪萨斯计划

1982 年可口可乐开始实施代号为“堪萨斯计划”的划时代营销行动。2000 名调查员在十大城市调查顾客是否愿意接受一种全新的可乐。在调查结果的鼓舞下，可口可乐技术部门在 1984 年终于拿出了全新口感的样品，新饮料采用了含糖量更高的谷物糖浆，更甜、气泡更少，柔和且略带胶黏感。在接下来的第一次口味测试中，品尝者对新可乐的满意度超过了百事可乐。经过反复权衡后，可口可乐公司决定“新可乐”取代“传统可乐”，停止传统可乐的生产和销售。

1985 年 4 月 23 日，可口可乐公司在纽约宣布了一项惊人的决定，经过 99 年的发展，可口可乐公司决定放弃它那一成不变的传统配方，为现在消费者偏好口味更甜的软饮料。这项决定使得可口可乐公司陷入空前的危机，被《纽约时报》称为美国商界一百年来最重大的营销失误之一。仅以电话热线的统计为例，在“新可乐”上市 4 小时之内，接到抗议更改可乐口味的电话 650 个；4 月末，抗议电话的数量是每天上千个；到 5 月中旬，批评电话多达每天 5000 个；6 月，这个数字上升为 8000 多个——相伴电话而来的，是数万封抗议信，大多数的美国人表达了同样的意见，可口可乐背叛了他们，“重写《宪法》合理吗?《圣经》呢？在我看来，改变可口可乐配方，其性质一样严重。”为此，可口可乐公司不得不新开辟数十条免费热线，雇用了更多的公关人员来处理这些抱怨与批评。

作为老对头的百事可乐，更是幸灾乐祸地宣布 4 月 23 日为公司假日，并称既然新可乐的口味更像百事了，那么可口可乐的消费者不如直接改喝百事算了。

大惑不解的可口可乐市场调查部门紧急出击，新的市场调查结果使他们发现，在 5 月 30 日前还有 53% 的顾客声称喜欢“新可乐”，可到了 6 月，一半以上的人说他们不喜欢了。到 7 月，只剩下 30% 的人说“新可乐”好话了。当 7 月的销售额没有像公司预料的那样得到增长以后，瓶装商们要求供应“老可乐”。

1985 年 6 月底，“新可乐”的销量仍不见起色，愤怒的情绪却继续在美国蔓延，传媒还不停地煽风点火。焦头烂额的可口可乐公司决定恢复传统配方的生产，在公众的抗议声中，可口可乐公司的决策层不得不认真考虑问题的严重性了。

7 月 11 日，可口可乐公司向公众道歉并宣布恢复传统配方的生产，其商标定名为 Coca-Cola Classic（可口可乐古典），同时继续保留和生产“新可乐”，其商标为 New Coke。但并没有承认“新可口可乐”的出现完全是个错误。

消息传来，美国上下一片沸腾。当天即有18000个感激电话打入公司的免费热线。ABC电视网中断了周三下午正在播出的节目，马上插播了可口可乐公司的新闻。经典可口可乐的复出几乎成了第二天全美各大报的头版头条新闻。华尔街也为可口可乐公司的决定欢欣鼓舞，可口可乐公司的股价攀升到12年来的最高点。而“新可乐”的市场占有额降至0.6%，同时下降的还有“百事可乐”的股票，下跌了0.75美元。

尽管经历了营销噩梦，可口可乐在1985年还是占到了全美饮料总销量的21.7%，雄踞世界第一。

任务实施

餐饮新产品的开发过程如图6-5所示。

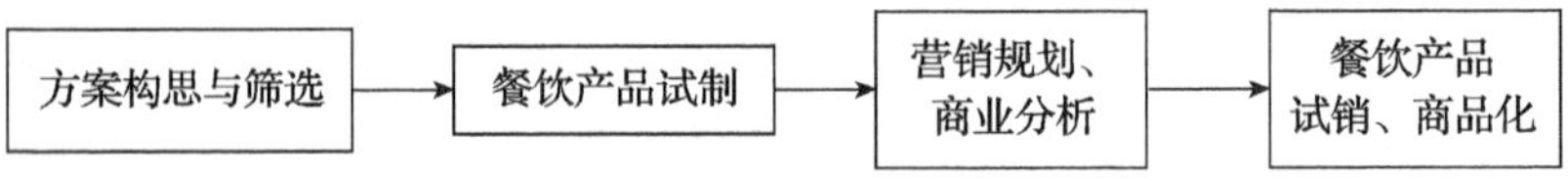

图6-5　餐饮新产品开发过程

第一步：方案构思与筛选。进行餐饮产品的开发，必须要充分了解创意阶段的市场信息和顾客需求情况，掌握最新的一手资料，在此基础上采取“走出去请进来”、集思广益的做法进行多种方案的构想。对构思的多种方案进行筛选，确定开发的品种或更新改造的最佳方案。

第二步：餐饮产品试制。在形成新产品概念的基础上进行试制和设计。产品创意是餐饮企业从自身角度去考虑，而产品概念则是指餐饮企业站在消费者的立场上看待产品。企业要根据消费者的需求把产品创意发展成为产品概念，将产品概念通过文字、图画描述或用实物等形式展示给顾客，观察他们的反映。

第三步：营销规划及商业分析。对已经形成的新产品概念进行营销战略规划，并在以后的开发阶段中不断完善。餐饮营销战略规划包括三个方面。①分析目标市场。在对目标市场的规模、结构和顾客偏好进行分析的基础上，对新产品的定位、市场占有率、销售额和利润率进行分析和预测。②制订短期营销策略，对新产品的价格策略、分销策略和近期的营销预算进行规划。③制订长期营销策略。

商业分析主要是针对新产品进行财务方面的分析，即估计销售量、成本、利润和风险，判断该新产品是否满足餐饮企业开发的目标。

第四步：餐饮产品试销和商品化。接下来就进入了产品的试销阶段，可以通过推荐品尝的方式征求顾客的意见，或者将试制的菜点制成即时性菜单进行销售。

在商品化过程中，最重要的就是把握新产品导入市场的时机、场所和方法。餐饮产品在其生命周期各个阶段的特点是不同的。在导入市场之前，首先就要分析市场中该类产品是否已经出现，出现了又是一种什么样的销售状态，自己的产品能否在这种态势下脱颖而出。然后制订详细的上市营销计划。

实训项目

目标

（1）培养学生理解旅游产品概念的含义；

（2）培养学生在所学理论知识的基础上，运用所学知识解决餐饮产品营销中遇到的实际问题的能力。

内容与要求

（1）采取各种途径收集某餐饮产品的资料。区分此餐饮产品生命周期的各个阶段，并解释原因；

（2）学生利用掌握的餐饮产品策略，对自己所在城市的某家餐饮企业的餐饮产品进行实地调查，分析其餐饮产品组合，分析其一种或几种招牌餐饮产品所处的生命周期阶段，并思考所处阶段应该采取的营销策略；

（3）找出一家经营了 20 年以上的著名的国内或国际餐饮公司，通过互联网研究该公司，确定它所生产和经营的餐饮产品在公司发展过程中有什么样的改变？

（4）假如学生是负责某一餐饮新产品构思的经理，现在要求学生开发一种新的同类餐饮产品，学生该怎样进行餐饮新产品开发过程？请按照餐饮新产品开发程序，写一份简单的餐饮新产品开发计划书。

组织与实施评价

（1）以项目团队为学习小组，选出项目负责人；

（2）建立沟通协调机制，团队成员共同参与、协作完成任务；

（3）各项目团队根据收集的资料和补充的资料进行分析讨论；

（4）评价与总结：各项目团队提交实训报告，并根据报告进行评估。要求首先把本次训练的主要步骤写下来，然后再谈个人的体会。

评估指标及标准如表 6-5 所示。

表 6-5 餐饮产品技能评价评分表

被考评人			考评地点			
考评内容		考评标准	分值 / 分	自我评价 / 分	小组评价 / 分	实际得分 / 分
专业知识技能掌握	餐饮产品概念、特点和体系	熟悉	10			
	餐饮产品生命周期含义、特点和营销策略	掌握	20			
	餐饮产品组合含义、策略和评价指标	熟练掌握	10			
	报告完成情况		20			

续表

被考评人			考评地点			
考评内容		考评标准	分值 / 分	自我评价 / 分	小组评价 / 分	实际得分 / 分
通用能力培养	学习态度	积极主动，不怕困难，勇于探索	15			
	团队分工合作	能融入集体，愿意接受任务并积极完成	15			
	道德自律	自觉遵守纪律，有责任心和荣誉感	10			
合计			100			

注：1. 实际得分 = 自我评价总分 ×40%+ 小组评价总分 ×60%。
2. 考评满分 100 分，59 分及以下为不及格，60—74 分为及格，75—84 分为良好，85 分及以上为优秀。

任务总结

餐饮产品是一个复合的概念，它是指餐饮产品由有形的菜点和无形的服务两部分构成。整体产品包括核心产品、形式产品和延伸产品。餐饮产品有其自身的特点，并且自成体系。

餐饮产品有自己从投入期到被市场淘汰的生命周期。处在餐饮产品的不同阶段要采取不同的营销策略，为此判断餐饮产品所处的生命周期的阶段变得十分重要。餐饮产品组合是一个餐饮企业经营的所有产品的总称，它包括三个因素：餐饮产品的广度、深度和相关度。随着市场竞争的不断加剧，餐饮新产品的开发已经成为当今餐饮企业生存和发展的唯一前提。只有创新的产品才能改变餐饮企业的未来。开发新产品是推动餐饮企业成长的根本途径，餐饮新产品的开发必须遵循相应的步骤。

复习思考题

一、填空题

1. 餐饮产品由________和________两部分构成并被归为服务类产品。
2. 餐饮产品整体概念可以分解为________、________和________三个层次。
3. 餐饮产品的质量内容包括________、________、________和________。
4. 餐饮产品的生命周期主要分为________、________、________和________四个阶段。
5. 餐饮产品组合策略主要包括________、________和________三个方面。

二、选择题

1. 餐饮产品整体观念中最基本、最主要的部分是________。
   A. 核心产品　B. 形式产品　C. 延伸产品　D. 附加产品
2. 航空公司开设的餐厅属于餐饮产品中的________。
   A. 核心产品　B. 形式产品　C. 延伸产品　D. 无形产品
3. 餐饮产品组合的评价标准主要有________。
   A. 持久性　B. 发展性　C. 竞争性　D. 盈利性
4. 餐饮新产品的基本类型包括________。
   A. 全新型　B. 改进型　C. 价格型　D. 引进型
5. 餐饮新产品开发的策略主要有________。
   A. 抢先策略　B. 仿制策略　C. 最低成本策略　D. 市场服务策略

三、简答题

1. 餐饮产品的特点主要有哪些？
2. 什么是餐饮产品的生命周期？餐饮产品生命周期的不同阶段各有什么特点？应采取哪些不同的营销策略？
3. 什么是餐饮产品组合？主要包括哪些方面的内容？
4. 什么是餐饮新产品？餐饮新产品的开发需要哪些过程？

项目七

餐饮产品价格策略

学习目标

知识目标

1. 认识价格策略对餐饮企业营销的重要性；
2. 理解餐饮产品价格的概念；
3. 掌握餐饮价格的构成及其特点；
4. 了解餐饮产品价格制定的影响因素；
5. 掌握餐饮产品的定价方法、定价程序。

能力目标

1. 能够制订餐饮产品的价格；
2. 能够运用价格策略开展餐饮的营销工作。

任务导入

“幸福鱼”是隶属于云南天天集团的一家以经营风味快餐为主的连锁公司，该公司在昆明首次推出了“分时段价格消费”，在昆明餐饮界发生了一场不小的轰动。

“幸福鱼”餐饮超市的“分时段价格消费”具体做法是，餐饮超市分四个时段进行分别定价；每个时段的价格固定。每周一至周四上午 10：30 至下午 3：30 为第 1 时段，这期间，每位顾客只需花 29 元钱即可品尝到 200 多种风味小吃；每周一至周四下午 4：30 至晚 8：30 为第 2 时段，每位顾客只需花 39 元钱即可以尽情享受到各种风味小吃、自助火锅和酒水；而每周六、周日及其他国家法定节假日的上午 10：30 至下午 3：30 为第 3 时段，每位顾客只需花 39 元就可享受到小吃、火锅和酒水饮料；每周六、周日及其他国家法定节假日的下午 4：30 至晚上 8：30 为第 4 时段，每位顾客只需花 49 元钱就可以享受到小吃、火锅、酒水饮料以及海鲜等。

任务分析

价格通常是影响餐饮产品销售的关键因素，餐饮企业的定价策略又是市场营销组合中最活跃的因素，带有强烈的竞争性和多因素的综合性。餐饮企业营销活动能否成功，在一定程度上取决于定价的合理性。餐饮企业的定价决策就是把餐饮产品定价与餐饮企业市场营销组合的其他因素巧妙地结合起来，定出最有利的产品价格，以实现餐饮企业目标。定价决策的全部奥妙，就是在一定的营销组合因素下，如何把餐饮企业营销产品的价格定得既能让消费者乐于接受，又能为餐饮企业带来较多的收益，充分发挥价格的杠杆作用，取得竞争的优势。

知识准备

任务一 餐饮产品价格构成

在餐饮业的经营中，产品的定价，也就是价格策略是一个非常重要的问题。在营销组合各因素中，价格是一个作用最直接、见效最快的变量，也是唯一的一个与可能获取的收入大小直接相关的营销手段。总之，价格是餐饮经营中极为重要的问题之一，价格的变化对餐饮企业的最终经济效益有着决定性的影响。因而，它成为市场营销组合中的一个重要因素。餐饮企业必须根据整体营销的要求，采用恰当的定价方法与策略，与其他营销手段相配合，发挥整体营销的威力。

餐饮产品的价格制定，是建立在对餐饮产品价格的正确认识基础上的，是正确认识餐饮产品的概念、餐饮产品的构成是餐饮产品定价的前提。

一、餐饮产品价格含义

餐饮产品与其他产品一样，是人类劳动的结晶，凝结了人类的一般劳动，并具有满足顾客物质需要和精神需要的使用价值，因而餐饮产品在市场中也和其他商品一样要通过交换而表现出自身的价值。餐饮产品价格，就是顾客为满足自身需要而购买的餐饮产品的价值形式，它是由生产同类产品的社会必要劳动时间决定的。

二、餐饮产品价格的具体构成

餐饮产品价格是由四大部分构成，即成本、费用、税金和利润。成本包括原料和燃料两部分。原料成本指形成菜肴的主料、配料和调料的成本。费用是指营业费用、管理费用和财务费用。税金包括营业税、城建税和教育附加税。利润则是一定时期内营业收入额扣减成本、费用和税金之后的余额。

在餐饮产品价格构成中还有一个重要概念——毛利。毛利是餐饮产品价格减去成本后的差额，由费用、税金和利润组成。因此，餐饮产品价格还可表示为原料成本与毛利之和。

三、餐饮产品价格的特点

餐饮产品与制造业产品有某种相似的地方，即都需要购进原材料进行生产。产品的价格结构中，占较大比例的是原材料成本。在高档餐厅中这部分变动成本约占餐饮产品价格的 35% 以上，而在低档餐厅所占的比例更大，因而餐饮定价往往要以这部分变动成本为基础。

由于餐饮业属于服务性行业，它的产品不能大批量生产，而是根据顾客的需要进行小批量生产，并且由服务员直接向顾客提供服务。在高档餐厅中，人工费在餐饮价格中占很大比例，餐厅中有些菜品的加工生产费用远远超过原材料成本，有的餐厅提供的送餐服务，其服务费用也很高。因此，在定价时人工费是一个不可忽视的重要因素。

餐厅业主既是生产商又是销售商。餐厅生产的产品一般不通过中间商销售，而是直接向顾客销售。由于餐厅直接与顾客交往，产品定价决策与顾客的反应、顾客就餐喜好以及他们对价格的敏感度有直接关系，这一点与制造业不同，制造企业远离顾客，无法根据顾客的直接购买反馈调节价格，而餐饮业可利用价格直接影响需求，应付竞争。正因为餐饮产品价格的这种特点，餐饮定价还要考虑顾客的要求。

任务二　餐饮产品价格的制订

餐饮产品的价格形成，还受到其他诸多因素的影响，并且受到一定的定价目标的制约或引导，同时，餐饮产品的价格确定有着严格的程序要求，客观上要按照一定的科学步骤进行。

一、餐饮产品定价的影响因素

餐饮产品的最终定价是众多影响因素相互作用的结果，归纳起来有餐饮企业内部因素和外部因素两个方面。餐饮企业的管理者们在做出定价决策之前应充分考虑这些因素。

（一）内部影响因素

影响餐饮产品定价的内部因素是指餐饮企业在定价时自己有能力控制的因素，如成本、餐饮产品、档次、原料、工艺、人力资源、经营水平等。

1. 餐饮产品成本

餐饮产品成本是由产品的生产过程和流通过程所花费的物质消耗和人力资本所形成的，它是构成产品价值的主要组成部分。不同的餐饮产品，其成本构成也不相同，它是饭店在正常的市场环境下定价的最低经济界限，从而构成了促进饭店价格运动的内在动力，是决定餐饮产品价格的基本因素。市场竞争中，产品成本较低的饭店在价格决定方面往往具有较大的主动性，较易于保持竞争优势，并能得到预期合理的利润回报。

2. 餐饮产品差异性

餐饮产品差异性包括有形产品本身的差异和产品设计、名称、产品的载体（如餐具）、服务以及销售渠道等各方面的差异。如果餐饮产品在上述差异性方面有独到之处，则其定价的灵活性较大，使得餐饮企业有可能赢得较高的利润。餐饮产品的差异性对产品价格的影响可以表现在以下几个方面。

（1）档次。餐饮企业档次的高低直接影响餐饮产品的定价水平。如“香菇菜心”在一家普通的社会餐馆的定价为18元，而在一家四星级饭店的餐厅，其定价可高达58元。这充分说明餐厅档次对定价的影响。

（2）原料。餐饮原料对价格的影响显而易见。如市场上普通的养殖甲鱼售价为90元/千克，而野生甲鱼的售价却高达980元/千克。原料成本不同，其定价必然不同。

（3）工艺。餐饮产品的制作工艺对定价水平的影响也非常大。一般说来，工艺复杂的菜肴，其销售价格较高，而工艺相对简单的菜肴，其销售价格则较低。

3. 餐饮产品的定价目标

餐饮产品的定价目标规定了其定价的目的与水平，该定价目标最终取决于饭店的经营目标。一般说来，饭店可能同时追求多项目标，目标越清晰和量化，则价格越易确定。而每一价位的设定，又都影响利润、销售收入以及市场占有率等目标的实现。如外婆家3元一份的麻婆豆腐，这道产品的低价策略，主要起到招揽客流的作用。

4. 人力资源

餐饮企业人力资源数量的多少和质量的高低势必会影响其定价水平，因为这涉及餐饮企业的经营费用。如果餐饮企业用工数量较多，为保证其正常的赢利水平，其定价水平必然较高；如果餐饮企业招用较多的名厨（厨师）、名师（服务师），其定价水平也必然较高。

5. 餐饮企业发展战略

餐饮企业在市场经营中，由于所处环境、自身实力、对市场的判断等因素的影响，采取的经营发展战略是不同的，一般有密集型、一体化和多元化三种基本发展战略。餐饮企业采取的经营发展战略不同，相应的餐饮产品价格策略和政策也不一样。若餐饮企业采取密集型发展战略，则企业可能通过降价来进一步占领现有的市场，或通过改进原有产品，相应地提高产品价格，从而增加在现有市场及新开发市场上的销售；若餐饮企业采取一体化发展战略，以提高盈利能力和控制能力，则企业采取优惠价的形式，加强与供应商、销售渠道或生产同类产品企业的联系；若餐饮企业实行多元化发展战略，则企业往往在实施战略的初期，保持餐饮产品价格的相对稳定，在实施战略较为成功后才可能对餐饮产品实施降价等政策调整。

6. 餐饮营销组合的其他要素

价格决策与产品决策、促销决策、分销决策等其他营销决策相比，是营销组合中最灵活的一项，营销人员可以在短时间内比较迅速地制订、调整或变更产品的价格，但餐饮产品的价格决策不能与其他营销决策相分离而单独进行。首先，定价体现着餐饮产品的定位，因此产品决策影响着定价决策。促销决策也往往要求以一定的价格变化作为辅助手段。许多餐饮企业在推出新产品时，常见的一种促销活动就是降低价格或免费为首批客人提供服务，以便使潜在顾客能够积极加入，由此扩大产品的知名度。因此，价格决策应与其他营销决策综合考虑，不应单独进行。

（二）外部影响因素

影响餐饮产品定价的外部因素是指餐饮企业无法控制的、但对企业定价有较大影响的因素，如消费者需求、竞争、市场的发展和环境等。

1. 顾客需求

顾客需求对餐饮企业定价的影响可以从需求能力和消费偏好反映出来。前者，即顾客的实际支付能力，餐饮产品定价应充分考虑顾客意愿和支付的水平，它构成餐饮产品在市场中的价格上限。顾客对于餐饮产品的选择常常会受到消费时尚的影响。由于餐饮产品的弹性较大，因此消费偏好的变化会直接影响餐饮产品的定价。如在 20 世纪 90 年代初，由于顾客攀比的心理，很多餐饮企业都推出了高价的极品宴；而从 20 世纪 90 年代末开始，由于倡导绿色健康消费，国内许多餐饮企业竞相推出价格不菲的野菜宴。

2. 市场发展情况和竞争状态

市场发展过程一般包括投入期、发展期、成熟期和衰退期。不同的市场发展阶段要求制订不同的价格策略。如一家餐饮企业在正处于初期缓慢增长阶段的市场中开业，制订相对比较低的价格策略，以便在这样的市场阶段赢得更多的消费者；在发展期可适当提高产品的价格；成熟期可保持产品的价格的稳定；衰退期可针对市场情况降低产品的价格。餐饮企业定价的范围和自由度首先取决于市场竞争格局，商品经济中的市场竞争是供给方争夺市场的竞争。在激烈的市场竞争中，餐饮产品价格往往受同行同类产品价格的影响和制约。

3. 政府的宏观管理

政府的干预主要表现在相关法律法规和货币、财政、税收政策等方面。在现代经济生活中，我国政府对价格的干预程度在不同行业有着很大的区别。餐饮产品的特性使餐饮企业不仅要关注本行业的政府行为，还要注意相关行业的政府行为。

4. 环境

餐饮企业在制订价格策略时，必须考虑企业所处的外部环境，如餐饮行业的气候和发展趋势、餐饮原材料的通货膨胀、国家有关价格、竞争、行业结构等方面的政策法规；社会公众和顾客的意见等。餐饮企业应认真分析这些环境因素，从而制订出既适合环境，又具有一定竞争力的价格策略，以保证企业的经济效益。

5. 本地区人民生活水平

餐饮企业的价格水平受到当地人民平均生活水平的影响程度很大。一般说来，当地人民的生活水平高，餐饮企业的定价水平就会高一些；而如果当地人民生活水平较低，则餐饮企业的定价水平也就会低一些。当然，餐饮企业的竞争的激烈程度也在很大程度上影响餐饮企业的定价水平。

小案例

在餐饮业，“小肥羊”火锅以同样的产品，走遍全国，但是在不同城市的定价是很不一样。小肥羊的目标顾客群是工薪阶层，在不同区域市场，工薪阶层的收入还是有所不同的，所以，小肥羊就根据区域市场内目标顾客群的收入差异，采取了差别定价。

在高收入地区，定价稍微高一些。在低收入地区定价稍微低一些，正好符合当地工薪阶层的承受能力。例如，北京小肥羊的价格就比包头小肥羊的价格高出 30% ～ 40%，这符合两地居民在收入上的差距，在价格差距中也包含了必要的物流成本。

二、确定餐饮产品的定价目标

餐饮企业在具体定价时，总要有明确的定价目标。定价目标是指企业根据经营目标、经营方针和竞争态势来制定特定水平的价格，并凭借价格产生的效用来达到预期的目的。企业的定价目标一般有以下几类。

（一）以利润为定价目标

以利润为定价目标又可以分为以下三种。

1. 以实现预期利润为定价目标

所谓预期利润是指企业将预期利润水平定为占投资额或销售额的一定比率，用预期的投资利润率或销售利润率等指标来反映。企业在定价时，要考虑把价格定在什么水平，才能在预定时间内收回投资，并获得预期的利润。在这一目标下，定价除了产品成本外，需再加入预期利润。一般说来，预期利润率应高于银行存款利率。如果企业竞争对手少，可将预期利润率定得适中，以便实现中长期稳定的利润。

2. 以追求赢利最大化为定价目标

赢利最大化是指企业在一定时期内可能获得的最高赢利总额。利润最大化并不一定意味着要制定最高的价格，因为最大的赢利往往更多地取决于合理价格所推动的需求量和销售规模。此目标是以良好的市场环境为前提的。它一般只适用于一些专卖商品，如烟、酒或某些功能较优的新产品初始营销。任何产品在市场上处于绝对优势或有利地位时，以此目标来定价还是较易操作的，但想长期维持不合理的高价位是不现实的，它可能会导致需求减少、购买延迟、竞争者大量加入，从而削弱产品的竞争能力。

3. 以赚取合理利润为定价目标

餐饮企业出于长期经营的考虑，为减少风险、扬长避短，往往以合理利润为定价目标。合理的限度应考虑既能使消费者接受，保持一定的销售量，又要保证饭店有利可图，同时减少经营风险。

小案例

巴奴毛肚火锅一开始发力于产品，有意识地区别于其他火锅企业的服务体验，但却从来没有把自己提出的“本色本味”说清楚，顾客当然就更感受不到了。2012 年底，巴奴重新梳理了定位战略，聚焦到代表巴奴的毛肚产品上，之后巴奴以毛肚和特色菌汤开启了扩张化的道路。2017 年巴奴总裁决定放弃最大流量，选择精致客户，同等规模的店，巴奴的座位数仅为竞争对手的一半，同时提高饭店的设计和装潢。寻找精准客群，客单价拉升了 30 多元，巴奴 2018 年在郑州的上座数下降 10%，但是顾客评价“巴奴让吃火锅变成一件很高级、很有仪式感的事”，巴奴2018年在郑州的营业额上涨了2%。

（二）以防止和应付竞争为定价目标

价格竞争是市场竞争的一个重要方面，餐饮企业往往运用价格差异使其在竞争中处于有利地位，所以在定价之前，应广泛收集资料，将本企业产品同竞争者类似产品进行比较，根据其经营战略来做出选择。对于拥有垄断技术或实力雄厚，美誉度和产品知名度都较高的餐饮企业，可以选择高于一般竞争产品的定价目标；而在竞争者实力相当、市场容量宽松的条件下，可以采取随行就市的定价抉择，以免两败俱伤。

（三）以餐厅销售为基础的定价目标

餐饮管理人员有时从经营的角度考虑，在定价时力求增加客源、增加菜品的销售数量。在一段时间里，将菜品价格定得比同行低些，以增加竞争力，吸引更多的客源。以此来提高餐厅的知名度，吸引回头客。也有些餐饮企业在遇到激烈竞争时，为了扩大或保持市场高占有率，甚至为了控制市场，也会用低价来吸引客源，餐饮企业可能会失去一些利润，但靠卖“量”及酒水销售，餐饮企业仍有利润可赚，总比抱着高价不放而客源不足要好得多。

（四）以刺激其他消费为目的的定价目标

有时餐饮企业的经营管理者，会从企业整体经营目标的角度去考虑餐饮菜品的定价；例如，以接待国内公务客人、国内会议内宾旅游团队为主的企业，会考虑到内宾们房费可以报销，每天的餐费却是定额补助的。因此可能将餐饮价格定的稍低些，以此来吸引公务客人、会议团体及旅游团队入住饭店，使饭店的整体利润得到提高。有的饭店甚至是以客房养餐厅方式进行定价。

餐饮经营中，经营者们往往还会推出“特价菜”，以此来刺激其他产品的销售。如某餐厅将鲜活基围虾定价为38元/500克，食客们冲着活基围虾而来，他们不可能只吃基围虾，必然还会点其他的菜肴、酒水及主食，以此来刺激其他产品的消费。

小案例

意式休闲餐厅巴贝拉在进入北京市场时，采用了非常简单直接的方法，DM（优惠券）直投。从X展架到POP（意为“购买点广告”，简称POP广告）到DM直投，可以说是采取了海陆空的复合式广告投放。在巴贝拉的直投单上，一般是产品分类中较为常见的，如鸡翅、意面、比萨等主食中的一款或者几款，感觉很吸引人。巴贝拉在做DM的同时，为了配合西直门嘉茂店，在紧邻嘉茂的西直门地铁口，大手笔做了一个壁画式广告。在这幅强大的广告上，巴贝拉打出了一句话：巴贝拉意式美食登录北京！依托西直门地铁的天然人流，把品牌告知于北京消费者。

很多在巴贝拉吃过饭的人往往会感觉，看起来便宜吃起来贵！其实道理很简单，巴贝拉在使用价格引诱理论，把主流产品中的一两款作为市场产品，给出一个较低的价格，但是对于相关的附属产品，如水及冰沙，则定位于利润型产品，这和数码相机销售配件、超市食品低价百货高价道理一样，是一个在市场中常用的定价理论。定价理论应用于餐饮中，既不会让人产生门槛的感觉，而且在一定程度上有可以当作宣传的主载体，何乐不为？

（五）以生存为定价目标

餐饮企业在遇到金融危机、市场疲软或行业竞争危机的情况时，经营者们为了能使企业生存下去，在定价时只求保本经营，待市场情况好转需求回升或餐厅已打响知名度后，再提升价格，这是餐饮企业遇到危机时的基本定价目标。

（六）以企业形象为导向的定价目标

有些大型餐饮企业，在餐饮产品的定价目标上，以树立自己在社会上的企业形象为主导，不会轻易随着市场行情的变化而涨价或降价，以此来树立自己在客源定位消费群体中的形象和信誉。如北京凯宾斯基饭店提出决不降价——五星饭店五星价。

小知识

一杯星巴克拿铁咖啡 30～40 元，其实一杯咖啡的成本很低，主要是牛奶加咖啡，还有场地和员工费用。如果买一杯星巴克咖啡，选择打包带走，则没有占用场地，而且手中的杯子还为星巴克做了广告。星巴克的咖啡可以高价售出原因是顾客认为物有所值，顾客喝一杯 30 元的咖啡时，可能其中 25 元喝的是星巴克的服务和文化，另外，很多顾客觉得拿着一杯星巴克咖啡可以获得中产阶级的“身份感”，因此顾客愿意为身份感多付溢价。

任务三　餐饮产品定价方法

定价方法是餐饮企业为实现其产品定价目标所采取的具体方法。在实际工作中，餐饮企业的定价方法多种多样、丰富多彩。企业为了在目标市场上实现预期目标，要从诸多的定价方法中挑选确定适当的方法，以便制订自己的餐饮产品基本价格水平。一般说来，无论采用何种定价方法，餐饮企业必须分析市场需求、产品成本和竞争状况。因而，餐饮企业的定价方法就可根据定价时侧重考虑的因素不同，分为成本导向定价、需求导向定价和竞争导向定价等方法。

一、成本导向定价法

成本导向定价法就是以产品的成本为中心来制订价格的定价方法。这也是传统的、运用较普遍的定价方式。具体做法是按照产品成本加一定的利润定价。如生产企业以生产成本为基础，商业零售企业则以进货成本为基础。由于利润一般按成本或售价的一定比例计算，故将一定的期望利润比率（%），又叫成本加成率，加在成本上，因此，常被称为成本加成定价法。此方法的优点在于所定价格如能被接受，则能保证企业全部成本得到补偿，企业成本量自己掌握，计算方便，同时在成本没有大的波动的情况下，有利于价格的稳定，并给消费者一种可靠成本定价——“将本求利”的印象。其缺点在于不能反映市场需求状况和竞争状况。

成本加成法包含不同的具体种类，其中主要有以下几点。

1. 完全成本加成定价法

完全成本加成定价法，即按产品单位成本加上一定比例的加成（毛利），定出售价。这是成本加成定价法的最基本的形式。这种方法主要用于制订食品和饮料的价格，可分为 3 个步骤。

①算出产品成本。

②估计产品成本加成率（%）。

这主要是由经营人员根据过去的经验，结合直觉来判断决定。

③利用公式算出价格。

商品售价 = 完全成本 ×（1+ 成本加成率）。

例如，某菜肴的原料成本为 10 元，餐饮经理确定成本加成率为 40%。那么，该菜肴的价格为 $P = 10 \times (1 + 40\%) = 14$（元）

成本加成定价法的优点是计算简便，而且在市场环境诸因素基本稳定的情况下，采用这种方法可以保证各行各业获得正常的利润率。另外，若整个行业都采用这种定价方法，各饭店的成本和加成率都比较接近，定出的价格相差不大，则相互间的竞争就不会太激烈。最后，这种定价方法在心理上给人一种公平合理的感觉。但是，它毕竟是一种典型的生产导向观念的产物。这种方法只考虑了成本因素，而没有分析市场的需求弹性和消费者心理，就很难使饭店获得最高利润。

2. 因素定价法

这是成本加成定价法的一种简单的变化形式。因素定价法是根据产品所包含的组成因素确定产品的价格。这种方法适用于餐饮部门。这是由于高档餐厅在产品定价时，不仅考虑食品原料成本，还要考虑餐厅的地理位置、声誉、气氛、菜肴的外观等，是根据多因素来制定的。它的优缺点类似于完全成本加成定价法。

3. 实际成本定价法

该方法主要是针对餐饮部门设计的。这种方法只是为餐厅产品的成本确定一个上限，定价人员根据这个上限来制定适当的价格。实际成本定价法可按以下 5 个步骤进行。

①估计销售收入。

②确定目标利润，可用销售收入的百分比表示。

③详细算出除食品原料成本以外的所有其他成本费用。

④计算出食品成本上限：① -（② + ③），即食品成本上限 = 销售收入 -（目标利润 + 其他成本）。

⑤根据食品原料成本来设计菜品价格。

4. 收支平衡定价法

收支平衡定价法是运用损益平衡原理实行的一种保本定价方法。它以盈亏分界点的总成本为依据来确定产品价格。盈亏分界点是指饭店在收支平衡、利润为零时的销售水平。

收支平衡定价法用途广泛，能帮助定价人员找出理想的价格和最理想的饭店获利机会，是定价人员分析餐饮产品价格的一种十分有效的工具。但是，由于产品销售量和产品单价的估计存在一定的难度，加上产品成本费用有时不易计算，因此这种方法带有一定的局限性。

5. 目标收益定价法

成本加成法的缺陷之一就是不考虑饭店投资回收情况，而有些定价法却能弥补这一不足，如目标收益定价法。目标收益定价法是饭店按预期获得的利润量来确定餐饮产品价格的方法。餐饮产品价格是由目标收益率所决定的。其定价的步骤如下。

①确定目标收益率。

由餐饮企业投资者决定，在估计目标收益率时，应考虑风险程度、机会成本及竞争对手的投资收益率。

②确定目标利润总额。

目标利润总额 = 投资总额 × 目标收益率

③预测销售量或客人需求量。

④计算餐饮产品价格。

目标收益定价法的优点在于它同时考虑了投资消费水平、收入、价格及利润等因素，可以保证实现既定的目标报酬率。可是，该方法的一个严重缺点在于未考虑价格与需求的关系。因此，用这种方法计算出来的价格，不可能保证销售量必定会实现，尤其是需求弹性大的产品，这个问题会更突出。

二、需求导向定价法

需求导向定价不再是以成本为基础，而是以宾客对产品价值的理解和认识程度为依据。需求导向定价法是市场导向观念的产物，包括理解价值定价法和需求差异定价法。

1. 理解价值定价法

这是企业根据顾客对产品价值的感觉而不是根据卖方的成本制定价格的办法。各种商品的价值在顾客心目中都有特定的位置，当顾客选购某一产品时常会将该商品与其他同类商品进行比较，通过权衡相对价值的高低而决定是否购买。因此，企业向某一目标市场投放产品时，首先需给这种产品在目标市场上“定位”，即企业要努力拉开本产品与市场上同类产品的差异，并运用各种营销手段来影响顾客的价值观念，使顾客感到购买该产品能比购买其他产品获得更多的相对利益。然后，企业就可根据顾客所形成的价值观念大体确定产品价格。

2. 需求差异定价法

这是根据需求的差异，对同种产品制订不同的价格的方法。它主要包括以下几种形式。

（1）对不同的顾客采取不同的价格。

如同种产品对购买量大和购买量小的采取不同价格；对贵宾、会员用餐价格打折优惠。

（2）相同的产品在不同的地区销售，其价格可以不同。

例如，同样的餐饮产品在沿海和内地的价格是有差异的。

（3）相同的产品在不同时间销售其价格可以不同。

如需求旺季的价格要明显地高出需求淡季的价格，有些餐饮企业下午 2 点后用餐比正点用餐价格低。

小案例

高价的新荣记为何一直欣欣向荣

江浙菜市场上一直以来以亲民的性价比高的餐饮品牌为主，各大餐饮品牌在客单价为 60 元之间搏命厮杀时，新荣记却以几百元以上为客单价，“幸福”地生活在另一个高端餐饮的市场。

20 世纪 90 年代粤菜风行，而本土的台州风味小菜不入流，上不了台面，因此新荣记最初也是以粤菜为主，随着餐饮品牌的发展，创始人张勇将台州的海鲜和东海的小海鲜逐渐为主打菜品，还引入了台州的风味小吃。经营 25 年，新荣记成为台州海鲜界的标杆餐厅，除了贵，几乎听不到一句差评！新荣记秉承着“食必求真，然后至美”的美食理念，选料讲究真材实料，烹饪注重原汁原味、营养健康。新荣记的任何客户对菜品提出异议，都不需要服务人员过多解释，直接退换。面对食品安全卫生新荣记一直有极其严格的把控。新荣记十分注重顾客的氛围体验，其店面不仅是一个餐饮空间，更多是侧重于私人会所。

2017 年 2 月 17 日，美团点评正式发布中国首个基于真实海量用户评价大数据的美食榜单——大众点评必吃榜。上海新荣记南京西路 688 店荣获“2017 全国必吃 50 餐厅”名单内，获得全国吃货的认可。新荣记的成功离不开餐企将食材做到极致，将服务做到最好，将业态更加多样化，尊重客人意见，保证菜品的出品放在首要位置，以此来稳定了新荣记品牌。

三、竞争导向定价法

是一种以同类餐饮产品的市场供应竞争状态为依据，以竞争对手的价格为基础的定价方法。这种方法是以竞争为中心，同时结合餐饮企业自身的实力、发展战略等因素的要求来确定价格。由于不同的餐饮企业对餐饮市场竞争有不同的判断，这种定价方法就可大致分为两类：

1. 率先定价法

这是一种主动竞争的定价方法，一般为实力雄厚或产品独具特色的餐饮企业所采用。餐饮企业在制订价格时，首先，将市场上竞争产品价格与企业估算价格进行比较，分为高于、一致、低于三个层次；其次，将企业产品的性能、质量、成本、产量等与竞争企业进行比较，分析造成价格差异的原因；再次，根据以上综合指标确定本企业产品的特色、优势及市场定位，在此基础上按定价所要达到的目标，确定产品价格；最后，要跟踪竞争产品的价格变化，及时分析原因，相应调整本企业的价格。这种方法所确定的餐饮产品的价格若能符合市场的实际需要，率先定价的餐饮企业会在竞争激烈的市场环境中获得较大的收益，居于主动地位。

2. 追随核心定价法

这是根据餐饮市场中同类产品的平均价格水平，或以竞争对手的价格为基础的定价方法。在餐饮市场营销活动中，由于“平均价格水平”易被旅游消费者接受，认为是合理的价格，而且也能保证企业获得与竞争对手相对一致的成本利润率，使许多企业倾向于与竞争者保持一致的价格，尤其在少数实力雄厚的企业控制市场的情况下，大多数中小旅游企业市场竞争力有限，无力也不愿与生产经营同类旅游产品的大企业作“硬碰硬”的正面竞争，就跟随大企业同类产品的价格，从而制定大致相仿的价格并随其价格变化而相应地调整本企业的价格。

任务四　餐饮产品定价的策略

餐饮产品定价策略是餐饮企业根据餐饮市场的具体情况，从定价目标出发，灵活运用价格手段进行定价，以实现企业的营销目标。在现代餐饮竞争十分激烈的今天，市场变化多端，机遇稍纵即逝。餐饮经营者只有根据不同的市场情况，采取富有针对性的经营策略，方能在竞争中立于不败之地。一般来说，餐饮企业的产品定价策略主要有心产品价格策略、心理价格策略、折扣价格策略、招徕价格策略和区分需求价格策略等。

一、新产品定价策略

新产品价格策略既包括新开业餐厅的产品价格策略，也包括已开业餐厅推出的新产品的价格策略。对于餐饮新产品的定价，经营者可根据具体情况，采取以下三种策略。

1. 撇脂定价策略

也称市场暴利策略，是一种高价格策略，指餐厅新研制开发出的产品，此时市场上暂时还没有竞争者，属“独家经营”。此时该产品没有可比性，餐厅可将价格提高些，以牟取高额利润。随着市场上别的餐厅也模仿制作出了此产品，再把价格降下来，这样较为符合顾客对价格从高到低的心理预期。而且，因为事先得到了利润，甚至可以把价格降低，使产品仍然具有竞争力。采取这种策略能在短期内获取尽可能多的利润，尽快回收投资成本。餐饮产品没有高科技之言，利润高的产品很快就被同行模仿，因而会很快形成激烈的竞争，从而导致价格下降。

由于餐饮产品的价格不能简单地认为只是原料成本加利润，还应包括许多无形的、精神文化的成本在内，如餐饮企业的建筑特色、装潢风格、知名度、服务人员的气质风度等，一些餐饮产品的价格定的高一些，如一支雪茄五星级饭店餐厅定价1000元，政府并不去干预。

2. 渗透价格策略

渗透价格策略与撇脂价格策略相反，这是一种低价格策略，这种策略是将新产品一开始就以低价格投放市场，目的是使新产品迅速地被消费者接受，迅速地占领市场，从而取得较高的市场份额，尽早在市场上取得领先地位，扩大市场销量，增加盈利。由于此策略价格较低，竞争者觉得无利可图，故还能有效地排斥竞争者进入市场，从而能在较长时间内居市场领袖地位。

3. 满意价格策略

这是一种折中价格策略，吸取了上述两种定价策略的长处，制订比撇脂价格低，但比渗透价格高的适中价格，既能保证企业获取一定的初期利润，又能为顾客所接受，因而，这种价格策略确定的价格称为满意价格。

小案例

在国内，提起西式快餐，人们首先想到的是麦当劳和肯德基。紧随其后，有德克士和汉堡王。如何通过产品线及定价凸显自己的品牌策略？以鸡肉汉堡为例，同样的鸡肉汉堡，有的品牌产品线多达6个，有的却只有2个；最便宜的只卖9元，最贵的卖35元。

肯德基和德克士都是主打炸鸡产品，因此只有少而精的两三款鸡肉汉堡。主打汉堡产品的麦当劳和汉堡王，采用的是“产品线定价”，产品和定价覆盖高中低三个档次。

四个品牌鸡肉汉堡，价格从9元到35元不等。肯德基和德克士定价方法相似，主要销售的两款鸡肉汉堡价格完全相同。德克士的至尊脆皮鸡腿堡，因是招牌产品，价格有所提高。而麦当劳和汉堡王的鸡肉汉堡，不只产品丰富，售价也各不相同。这就是“战略定价金字塔”：有9～11元的低价走量产品、15～18元的趋近市场定价的盈利产品，还有20～35元的高端形象产品。

麦当劳肯德基进入中国市场20多年，会分阶段、分季节推出新品，以鸡肉汉堡为例，麦当劳的新口味鸡腿堡，价格都比产品线中的盈利产品价格高一些。这些阶段性销售的新品定价，采用的是“撇脂定价”，肯德基在推新产品时也常会使用，然后在市场上出现同类产品时降低价格，扩大销量。

二、心理定价策略

心理定价策略就是经营者在制订餐饮产品的价格时，不但要考虑顾客对餐饮产品的理性分析，而且更要注重消费者在心理情绪上对餐饮产品价格的反应。因而，在定价中利用消费者对价格的心理反应制订适宜的价格，可以刺激顾客对餐饮产品的消费。常用以下三种方法。

1. 吉利数定价策略

根据我国餐饮企业的经营经验，顾客就餐图吉利，因而更容易接受“6”“8”等较为吉利的数字，反之，对那些非吉利的数字，在定价时要慎用，如“4”“250”“314”等。因此，餐饮企业在具体定价时必须充分考虑这些吉利数字。比如，新荣记的推荐菜单有如下内容，农家盐卤豆腐煲每例 98 元，荣记响螺汤每盅 798 元。尾数使用“6”和“8”，在中国香港、中国澳门、中国台湾及新加坡也多有使用，尤其“8”与“发”谐音，有发财之息，符合中国人“讨口彩”的习惯。

2. 尾数定价策略

根据心理学的分析和市场调查的统计数据显示：在消费者的心目中，19.8 元与 20 元，99 元与 100 元的对比定价，在理性认识时，这些价格是一回事；但在实际中，顾客对这些价格的心理反应还是不一样，他们认为 19.8 元比 20 元，99 元比 100 元便宜。因此，针对顾客不同的心理反应，餐饮产品的定价应遵循一定的要求，通常有奇数和偶数两种尾数定价法。

针对奇数定价法而言，国外餐饮企业使用得较多。一项对美国 242 家餐厅所作的调查表明，58% 的菜单价格以 9 结尾，35% 的菜单价格以 5 结尾，6% 的价格以 0 结尾。

美国心理学调查显示，价格在 7 美元以下的菜肴，其价格尾数通常是 9，使顾客认为餐饮企业有意给他们 1 美分的折扣，如某菜肴的定价为 3.99 美元，顾客会认为该菜肴的实际价格是 4 美元，折扣为 1 美分。而价格在 7 美元以上 10 美元以下的餐饮产品的价格尾数通常为 5，以使顾客认为餐饮企业给了他们 5 美分的折扣，因为价格高的菜肴应该有较大的折扣。当然，国外的有些顾客会认为以 9 为尾数的价格，是廉价餐饮企业的标志，与他们的身份和地位不相称。因此，以 5 为尾数的价格，更能满足这类顾客的消费心理。如果餐饮产品的价格超过了 10 美元，尾数为 0 也是常见的。

3. 声望定价策略

这种定价策略是指针对消费者“价高质比优”的消费心理的一种定价策略。一些餐饮企业将餐饮产品制订较高价格。这是因为价格的高低常被当作产品档次的直观地反映。顾客在识别高档产品时，这种心理尤为强烈。高价与高档次比较协调，能显示出产品的高层次，给顾客留下高档的印象，甚至使消费者感到购买此产品可提高自己的声望、档次。

小案例

位于北京国贸地区的王品是一家看上去很适合约会和商务应酬的餐厅。一份王品牛排套餐价位是人民币338元，外加10%的服务费。2015年营业额近40亿元。王品集团是一家从不做广告的中国台湾企业，如何取得这样的营销成绩?

对于绝大多数消费者而言，几乎都会受到王品极具诱惑的广告语“一头牛只出六客王品牛排”的吸引。这句话的意义是“历经数千小时的严格选材，精心研发之后，发现1头牛只有第6至第8对肋骨这6块牛排。经72种中西香料腌浸两天两夜后，是全国唯一能在250℃烤箱烘烤一个半小时，还能保持100%鲜嫩度、独具中国口味的牛排，重16盎司是最佳规格。”

王品牛排原是中国台湾台塑集团王永庆太太的发明，因为王永庆不习惯血淋淋的牛排，于是太太和主厨就精心研制出一道全熟牛排，虽然全熟却鲜嫩多汁，久而久之这道牛排就成了台塑集团招待贵宾的特色菜品。王品在成立之初就看好了富豪王永庆的私房菜对普通人的诱惑。就像香奈儿价值159万元人民币的雪白鳄鱼钻石包一样，营销永恒的战略就是抓住人们“物以稀为贵”的心理，让人们忘记花钱的痛，只想到稀有的贵。

三、折扣定价策略

这种定价策略是指餐饮企业在既定的产品价格基础上打折优惠消费者，目的是吸引、鼓励顾客积极消费。这是一种以实惠争夺顾客、适应需求、灵活经营的策略，对提高餐饮企业的竞争能力、扩大销售、增加利润都有很大作用，为餐饮企业普遍采用。常用的折扣价格策略有如下几点。

1. 数量折扣

这是指餐饮企业的生产经营者为了鼓励顾客大量购买，根据购买者所购买的数量给予一定的折扣。数量折扣又可分为以下两种。

（1）累计数量折扣。

这是指在一定时间内，顾客购买总数超过一定数额时，餐饮企业按消费总数给予一定的折扣。一般情况是顾客消费数量越大，折扣越多。这种定价策略有利于加强餐饮企业与顾客之间的联系。如餐厅为鼓励顾客常来消费，实行“积分制折扣”，即每次顾客无论消费多少，达100元就可积1分，当顾客积到500分时，餐厅发给顾客一张银卡，积到1000分时，发给金卡，积到1500分时发VIP卡，积到2000分时，发特权卡，各卡的优惠程度分别为九五折、九折、八五折和八折。

（2）一次批量折扣。

即顾客一次购买数量达到企业所规定的数量，就可得到一定的折扣优惠，超过数量越多折扣越大。这能刺激顾客多消费，增加利润，减少交易时间，节约开支。如团体用餐优惠。餐饮经营者为促进销售，提高本企业在社会上的知名度，往往对旅游团队、会议用餐等大批量就餐的顾客给予折扣。尽管团体顾客每人的消费标准并不高，但由于量大，起到了薄利多销的作用。同时，团体往往都有豪华大客车接送，内宾、外宾经常进出餐厅，能起到提高餐饮企业社会知名度的作用。

2. 现金折扣

这种折扣又称为付款期限折扣，是指对现金交易或按期付款的消费者给予价格折扣。具体操作方法是若卖方规定的付款期以前若干天内付款，卖方就给予一定的折扣。其目的是鼓励买方提前付款，以便尽快收回货款，加速资金周转。

小知识

餐饮企业在具体的运用中，实行一次性折扣和累计性折扣两种方式。比如，凡一次性消费1000元以上给予5%的折扣优惠、3000元以上给予10%的折扣优惠、5000元以上给予15%的折扣优惠；再如，预订12桌1200元以上的婚宴，将只收取11桌的费用。这就是一次性折扣。而累计性折扣，如，凡累计消费2000元以上给予5%的折扣优惠、5000元以上给予10%的折扣优惠；再如，凡累计消费次数3次以上给予5%的折扣优惠、累计消费次数5次以上给予10%的折扣优惠、累计消费次数10次后可免费就餐一次（金额500元以内）。

其实折扣的方法很多，远不止这些手段，实际工作中还可以采用回赠优惠券、免去餐费零头、发放实物礼品、赠送菜肴、免费享受特价菜等做法来吸引顾客。

四、差别价格策略

在激烈的市场竞争中，餐饮企业采取相同的餐饮产品以不同价格出售的策略，其目的是通过形成数个局部的市场而扩大销售，增加企业的盈利来源。

1. 地理差价策略

这是指餐饮企业以不同的价格在不同地区营销同一产品。形成这种差价主要是由于不同地区的消费者具有不同的爱好和习惯，因而各地市场就有不同的需求曲线和需求弹性。如沿海地区与内陆的消费者的饮食习惯和偏好有很大的不同点。对同样的海鲜菜品的需求有明显不同，价位也就存在不同。

2. 时间差价策略

是根据顾客就餐的不同季节、日期、时间等采取不同层次的优惠价格策略。包含的内容主要有季节优惠、周末优惠、时间优惠等。比如，以一天的不同时段为单位进行的优惠酬宾活动。例如，中国香港包饺饭店上海自助餐就是以不同的时段来优惠顾客的，中午自助餐——（11:00～15:00）80款上海菜任你食，成人58元、小童38元；下午茶自助餐——（14:00～17:00）所有上海点心任你食，成人38元、小童28元等。

时段性优惠一般多用于生意较好的餐厅，这种做法既可以将餐厅的利用率大大地提高，将顾客分流，使较淡的时间段被充分利用，同时又能调节菜式结构，保证菜肴新鲜而优质。例如，以周末时段进行优惠酬宾，中国香港京港酒店推出的中式海鲜夜宵自助餐广告单就有如下内容，由6月3日起，逢星期五、六、日，晚上9：30到午夜12：00，荔轩中餐厅供应丰富中式夜宵自助餐，每位只需128元（原价158元）。另可特价20元享用欧洲SKOL啤酒3罐。

任务实施

餐饮产品定价步骤如下图所示。

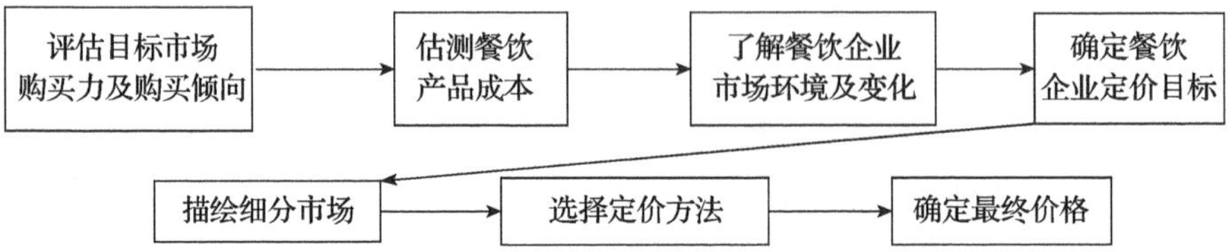

图　餐饮产品定价步骤

餐饮产品的价格确定是建立在科学基础之上，必须遵循一定的程序和步骤。一般说来，餐饮产品定价可分为6个步骤。

第一步：评估目标市场购买力及购买倾向。目标市场是餐饮企业开展营销活动的空间和获取预期收益的来源。目标市场的大小及购买倾向就成为企业定价的前提条件。因此，餐饮企业通过对目标市场的评估，可从中发现顾客的现实需要，了解到顾客对餐饮产品的价值理解程度和价格承受力，并发掘出顾客的潜在需要及消费偏好变化，以便采取主动、灵活的价格政策，引导目标市场的成长。因而对目标市场购买力的评估，除要了解顾客的总收入、纯收入外，更重要的是掌握顾客可自由支配收入和可能用于餐饮产品购买的比例，还要了解目标市场中的顾客对餐饮产品的喜爱程度和兴趣转移的可能，以及对价格的敏感性等。评估目标市场购买力及倾向的方法可采用问卷调查、面对面交谈和专家意见等方法。

第二步：估测餐饮产品成本。通过评估目标市场购买力，就可以确定餐饮企业产品供给的总量和价格的上限，再通过对企业单位产品成本估测，就可寻找到企业可以支撑的价格下限，从而使企业明确产品价格灵活变动的允许范围。对单位产品成本进行分析，可找出其最佳规模时的最低成本，并从中看出产品成本发展的趋向，从而为确定最佳的产品价格提供可靠的依据。

餐饮产品成本包括两部分，一是固定成本；二是变动成本。固定成本指的是固定资产（主要指建筑物、机器设备等）折旧费、租金、利息、办公费用、上层管理人员报酬等相对固定的开支，一般不随产量的变动而变动。它不能计入某阶段的某项产品之中，而是以多种费用的方式分别计入各种产品成本中。变动成本（又叫可变成本、直接成本）是指原材料、生产用燃料、职工工资等随产量的变动而变动的成本。这部分成本随产品产量的变动成正比例变化，它可直接计入各种具体产品之中。

第三步：了解餐饮企业市场环境及变化。餐饮产品价格的确定，还必须考虑企业内外环境要求及其变化。对于餐饮企业内部而言，供货商的价格稳定性、供货的时间衔接性和供货的品种齐全性等，关系餐饮企业是否能顺利地控制原材料、燃料采购成本，从而为产品成本奠定良好的基础；对企业外部环境而言，政府规定的最高限价是旅游企业价格上扬的警戒线，国民收入水平、消费结构、产业结构、经济增长率、政府支出等经济环境因素的变化也会制约或促进餐饮产品价格的升降。

第四步：确定餐饮企业定价目标。关系企业生存和发展的时间、空间，无论企业作何种定价目标决策，都必须考虑自身的规模实力，考虑市场拓展的有利因素和障碍，考虑目标市场的转移、替换以及企业资源配置的可能和变化等，进而与餐饮市场中现在和今后可能变化的最高限价和理想价格比较，从而在诸多的定价目标中选择出符合自己实际的定价目标。

第五步：选择定价方法。定价方法取决于企业的定价目标和影响价格的主要因素，同时还要根据不同产品本身的特点。定价过程中还必须充分考虑定价的策略，要从竞争者和消费者的心理上、市场的差异上、需求的差别上等巧妙地进行定价工作，既使定价工作与企业其他营销工作相配合，为企业的全面发展创造良好的环境和条件，又能在定价工作中充分体现出定价的科学性、艺术性和技巧性，更加增进消费者对产品的价格理解和偏爱。

第六步：确定最终价格。运用一定的方法定出基本价格后，还需要考虑其他有关情况，如政府有关政策法规，顾客心理等。这就需要运用一定的定价策略，确定最终价格，以取得最佳效果。确定最终价格应遵循这样四项原则。

（1）餐饮产品价格的制订与企业预期的定价目标的一致性，有利于企业总的战略目标的实现。

（2）餐饮产品价格的制订符合国家政策法令的有关规定。

（3）餐饮产品价格的制订符合顾客整体及长远利益。

（4）餐饮产品价格的制订与企业市场营销组合中的非价格因素是否协调一致、相互配合，达到为企业营销目标服务。

实训项目

目标

培养学生利用定价相关知识对餐饮企业的定价策略进行分析判断的能力。

内容与要求

（1）根据当地某餐厅的性质，对某餐厅的菜单进行分析，分析该餐厅的价格策略，指出其不合理之处，并能够重新设计适合该餐厅的最佳的价格策略以提高此餐厅的餐饮营销水平。

（2）一个餐饮产品销售代表和一个潜在顾客进行价格谈判，期望达成一个有利的结果。通过实际调查，学生觉得该销售代表在谈判中，应把握哪些基本资料来与顾客进行谈判？

（3）学生分组分别到学校周围的 4 ～ 6 家不同位置、不同类型的餐厅，对这些餐厅的10种相同的餐饮产品的价格进行调查，并进行比较分析。

组织与实施评价

（1）以项目团队为学习小组，选出项目负责人。

（2）建立沟通协调机制，团队成员共同参与、协作完成任务。

（3）各项目团队根据资料进行分析讨论。

（4）评价与总结：各项目团队提交实训报告，并根据报告进行评估。

评估指标及标准如下表所示。

表　餐饮产品价格技能评价评分表

<table>
<tr><td colspan="2">被考评人</td><td></td><td colspan="2">考评地点</td><td colspan="2"></td></tr>
<tr><td colspan="2">考评内容</td><td>考评标准</td><td>分值 / 分</td><td>自我评价 / 分</td><td>小组评价 / 分</td><td>实际得分 / 分</td></tr>
<tr><td rowspan="5">专业知识技能掌握</td><td>价格含义、构成</td><td>熟悉</td><td>10</td><td></td><td></td><td></td></tr>
<tr><td>定价目标、影响因素</td><td>掌握</td><td>10</td><td></td><td></td><td></td></tr>
<tr><td>定价方法、策略</td><td>熟练掌握</td><td>10</td><td></td><td></td><td></td></tr>
<tr><td>定价步骤</td><td>熟悉</td><td>10</td><td></td><td></td><td></td></tr>
<tr><td>报告完成情况</td><td></td><td>20</td><td></td><td></td><td></td></tr>
<tr><td rowspan="3">通用能力培养</td><td>学习态度</td><td>积极主动，不怕困难，勇于探索</td><td>15</td><td></td><td></td><td></td></tr>
<tr><td>团队分工合作</td><td>能融入集体，愿意接受任务并积极完成</td><td>15</td><td></td><td></td><td></td></tr>
<tr><td>道德自律</td><td>自觉遵守纪律，有责任心和荣誉感</td><td>10</td><td></td><td></td><td></td></tr>
<tr><td colspan="3">合计</td><td>100</td><td></td><td></td><td></td></tr>
</table>

注：1. 实际得分 = 自我评价总分 ×40%+ 小组评价总分 ×60%。

2. 考评满分100分，59分及以下为不及格，60—74分为及格，75—84分为良好，85分及以上为优秀。

复习思考题

一、填空题

1. 餐饮产品价格由________、________、________和________构成。
2. 餐饮企业的定价方法可分为________、________和________。
3. 餐饮产品定价的影响因素主要有________和________两类。
4. 餐饮产品定价策略包括________、________、________和________。
5. 差别价格策略主要有________和________两种。

二、选择题

1. 下面属于影响餐饮产品定价的内部因素的是________。
   A. 定价目标　　B. 人力资源　　C. 竞争　　D. 消费者需求
2. ________是构成餐饮产品价值的主要组成部分。
   A. 餐饮企业发展目标　　B. 餐饮产品成本
   C. 餐厅档次　　D. 餐饮企业发展战略
3. 理解价值定价法属于________导向定价法。
   A. 竞争　　B. 收益　　C. 成本　　D. 需求
4. 餐饮新产品适用的定价策略有________。
   A. 撇脂定价策略　　B. 渗透定价策略　　C. 满意价格策略　　D. 声望定价策略
5. 同样的餐饮产品在沿海和内地的价格具有差异性属于________。
   A. 理解价值定价法　　B. 目标收益定价法
   C. 因素定价法　　D. 需求差异定价法

三、简答题

1. 什么是餐饮产品价格？餐饮产品价格有哪些特点？
2. 餐饮产品定价的影响因素有哪些？
3. 餐饮产品的定价目标主要有哪些？
4. 成本导向定价法主要包括哪些？
5. 餐饮产品价格的确定应该遵循哪些步骤？

项目八

餐饮营销渠道策略

学习目标

知识目标

1. 了解餐饮营销渠道的概念、产生和发展；
2. 掌握餐饮销售渠道模式；
3. 掌握餐饮企业销售渠道选择与评估；
4. 理解餐饮分销渠道冲突及调节方法。

能力目标

1. 能够针对餐饮企业选择正确的销售渠道模式；
2. 能够对餐饮企业销售渠道进行正确选择与评估。

任务导入

餐饮业跨界网络银行多渠道营销

新品频出、优惠促销不再是快餐业竞争的唯一途径，锁定白领消费群的真功夫日前宣布，与京东商城、招商银行等大玩“跨界”，并赶潮流玩起了微博。

据介绍，活动期间购买真功夫原盅蒸炖鸡套餐，即可获赠真功夫 & 京东开心待‘补’卡，凭此卡可兑换真功夫免费食品和 10 元京东券一份；京东会员则无须消费，用 20 积分即可兑换真功夫 8 元原盅蒸炖鸡代金券。而广州招行信用卡用户，只需凭招行相应促销手机短信，立减 8 元购买真功夫招牌饭原盅蒸炖鸡套餐。

对此次“跨界”合作，真功夫副总裁兼首席营销官张帆表示，真功夫与京东商城、招商银行都有相当部分共同的目标消费群，如白领、商务人士等，合作有利双方扩大潜在的消费群，达到资源共享、强强合作的效应。此外，真功夫还将目光瞄准了网络互动营销，玩起微博，期望拉近与目标消费群的距离。

“跨界”营销不是新鲜名词，不过在市场竞争日趋激烈的今天，不同行业、企业间的“跨界”行为日渐成为趋势。早前，麦当劳联手上海大众朗逸汽车，推出“LAVIDA 朗逸质享套餐”，“跨界”汽车与餐饮。

对此，业内人士表示，跨界合作追求的就是品牌协同效应，不同行业合作，才能实现用户体验的互补，越是不搭界的行业，越能跨界。

任务分析

餐饮产品从餐饮生产企业到餐饮顾客的过程，是通过一定的渠道实现的，即在“特定的时间”“特定的地点”以“特定的方式”提供给“特定的餐饮顾客”。由于餐饮企业的选择不同，餐饮产品的营销渠道就呈现多种多样的状态。

知识准备

任务一　餐饮分销渠道概述

一、餐饮营销渠道的概念

餐饮营销渠道又称为分销渠道，它是餐饮产品从餐饮生产企业向餐饮顾客转移过程中所经过的一切取得使用权或协助使用权转移的中介组织和个人，也就是餐饮产品使用权转移过程中所经过的各个环节连接起来而形成的通道，具体包括以下几个方面。

（1）从餐饮产品营销渠道的机构来看。餐饮营销渠道是指餐饮产品从餐饮企业到餐饮顾客所经过的一切组织机构，只有这些机构以及这些机构的相互配合，产品才能从生产者转移到顾客。

（2）从餐饮产品营销渠道的功能上来看。餐饮营销渠道是指餐饮产品及其使用权从餐饮企业到顾客转移的所有活动。

（3）从餐饮产品在营销渠道的转移过程来看。餐饮销售渠道是指餐饮产品由餐饮企业到顾客所经过的途径。

在商品经济中，餐饮产品和服务必须通过交换，发生价值转移的运动，使餐饮产品从一个所有者转移到另一个所有者直至顾客手中，这才能称为商流。伴随着商流，餐饮产品和服务从餐饮生产者到达顾客手中的路径，便是销售渠道或分配途径。

二、餐饮营销渠道的产生及其发展

在餐饮市场不断发展并逐渐成熟的条件下，大多数餐饮产品并不是餐饮生产企业直接供应给餐饮顾客，而是要经过或多或少的中介组织，即餐饮中间商。餐饮中间商是社会分工和商品经济发展的产物，在餐饮市场营销活动中有着客观存在的必然性。由于餐饮产品生产和消费之间在数量、品种、时间、地点等方面的矛盾，为解决这些矛盾并节约社会劳动，就需要中间商发挥生产与消费“联结人”的作用。对于餐饮产品的生产企业来说，餐饮中间商是专门化的市场营销组织，市场接触面广、信息来源多、熟悉顾客并可实行规模化经营，因而餐饮生产企业借助于餐饮中间商，就可使自己的产品打入广阔的市场，节约资金占用，提高营销效率和投资效益率。餐饮中间商的这一优势作用如图 8-1 所示。

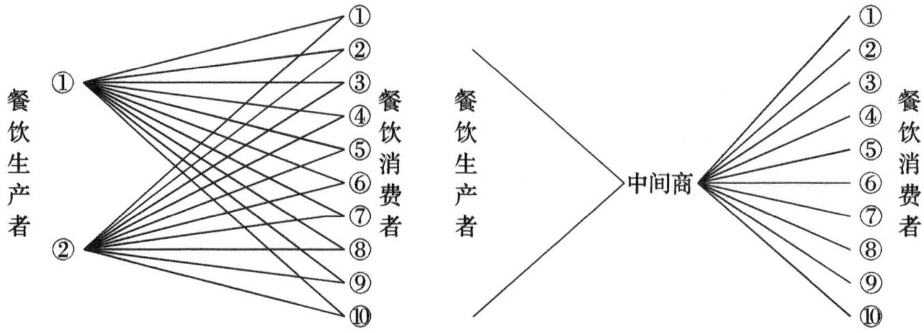

图 8-1　餐饮中间商存在的必要性示意图

从图 8-1 中可以看出，假定有 2 个餐饮产品的生产企业和 10 个餐饮消费者，若没有中间商，餐饮生产企业和餐饮顾客之间要进行 20 次产品的购销交易活动，而一旦有了中间商，则只要进行 12 次交易即可达到预期的营销目的。总之，餐饮中间商是餐饮活动更加社会化和客源市场不断扩大的产物，餐饮营销渠道将随着经济的发展和餐饮产业的壮大，将更趋多样化，复杂化。

三、餐饮销售渠道的功能

（1）销售渠道有助于收集制订计划和进行销售所必需的信息。中间商作为餐饮生产者与顾客双方的桥梁，能够向餐饮生产者和顾客提供市场和产品服务等双方感兴趣的信息，促进餐饮生产者和顾客之间的沟通和了解。

（2）促销作用。销售渠道有助于进行关于餐饮产品和服务的说服性沟通。所以餐饮生产者应当为中间商的促销提供相应的材料，如宣传手册等。

（3）接洽作用。销售渠道有助于寻找可能的顾客并与其进行沟通。

（4）匹配作用。销售渠道可以是餐饮企业的产品和服务符合顾客需要。

（5）购买作用。作为销售渠道环节之一的中间商在获得顾客预订要求后，会向餐饮生产者预订产品。在有些餐饮产品紧缺的地方，以及营业旺季，中间商为了保证能够获得预订的产品，也采取预先向餐饮企业预订批量产品，然后再组织客源的做法。

（6）融资作用。餐饮中间商可以筹集用于向餐饮生产者预订的资金以及向顾客提供信贷等所需的财务资金。

（7）风险承担。销售渠道的中间商对于代理销售过程中可能造成的损失具有承担风险的责任。

任务二　餐饮销售渠道模式

根据有无中间商参与交换活动，可以将餐饮销售渠道归纳为两种基本的销售渠道类型，直接销售渠道和间接销售渠道。间接销售渠道又分为短渠道与长渠道。

一、直接销售渠道

直接销售渠道是指餐饮企业将产品和服务直接供应给顾客，没有中间商介入。直接销售渠道的形式是餐饮企业—顾客。

1. 直接销售渠道的方式

（1）预订销售。预订销售是指餐饮企业通过互联网、电话、传真或接受客人亲自上门的方式，将产品和服务销售给顾客。

（2）自开销售网点。自开销售网点是指餐饮企业通常将销售网点设立在用户较集中的地方或商业区。

2. 直接销售渠道的优缺点

（1）直接销售渠道的优点。有利于餐饮企业、顾客双方沟通信息，可以按需定制，更好地满足目标顾客的需要；可以使餐饮企业和顾客双方在营销上相对稳定；可以在销售过程中直接进行促销。

（2）直接销售渠道的缺点。餐饮企业若凭自己的力量去广设销售网点，往往力不从心，甚至事与愿违，很难使产品在短期内广泛分销，很难迅速占领或巩固市场。

中间商在销售方面比餐饮企业的经验丰富，中间商往往最了解顾客的需求和购买习性，在商业流转中起着不可缺少的桥梁作用。而餐饮企业自销产品，就拆除了这一桥梁，势必自己去进行市场调查，包揽中间商所承担的人、财、物等费用。这样会加重餐饮企业的工作负荷，分散餐饮企业的精力。

当餐饮企业仅以直接销售渠道销售其产品，致使目标顾客的需求得不到及时满足时，竞争者可能会趁势进入目标市场，夺走目标市场。

二、间接销售渠道

间接销售渠道是指餐饮企业利用中间商将产品供应给顾客，中间商介入交换活动。

1. 间接销售渠道的典型形式

间接销售渠道的典型形式为餐饮企业—批发商—零售商—个人顾客。

2. 间接销售渠道的优缺点

（1）间接销售渠道的优点。

①有助于产品广泛分销。中间商因处在餐饮企业与顾客之间，从而有利于调节餐饮企业与顾客在品种、数量、时间与空间等方面的矛盾，既有利于满足餐饮目标顾客的需求，也有利于餐饮产品价值的实现，更能使产品广泛地分销，巩固已有的目标市场，扩大新的市场。

②缓解餐饮企业人、财、物等方面的不足。中间商购走了餐饮产品并交付了款项，使餐饮企业提前实现了产品的价值，并开始新的资金循环和生产过程。此外，中间商还承担销售过程中其他方面的人力和物力，能弥补餐饮营销中的力量不足。

③间接促销。顾客往往是货比数家后才购买产品，而一位中间商通常经销众多的餐饮产品，中间商对同类产品的不同介绍和宣传，对产品的销售影响甚大。此外，实

力较强的中间商还能支付一定的宣传广告费用，具有一定的售后服务能力。所以，餐饮企业若能取得与中间商的良好协作，就可以促进产品的销售，并从中间商那里及时获取市场信息。

④有利于餐饮企业的专业化协作。现代生产的日益社会化和科学技术的突飞猛进，使专业化分工日益精细。中间商是专业化协作发展的产物，有了中间商的协作，餐饮企业可以从琐碎的销售业务中解脱出来，集中力量进行生产，以提高生产经营的效率。

（2）间接销售渠道的缺点。

①可能形成“需求滞后差”。中间商购走了产品，并不意味着产品就从中间商手中售出去了，有可能销售受阻。对于餐饮企业而言，一旦其多数中间商的销售受阻，就形成了“需求滞后差”，即需求在时间或空间上滞后于供给。

②可能加重顾客的负担，导致抵触情绪。中间环节的增多会增加顾客的负担。此外，中间商服务工作欠佳，可能导致顾客对商品产生抵触情绪，甚至引起购买的转移。

③不便于直接沟通信息。如果与中间商协作不好，餐饮企业就难以从中间商的销售中了解和掌握顾客对产品的意见、竞争者产品的情况、餐饮企业与竞争对手的优势和劣势、目标市场状况的变化趋势等。

三、长渠道和短渠道

餐饮营销渠道的长度是指餐饮产品从生产者脱手开始到消费者购买为止，整个过程中所经过的中间机构的层次数，产品在营销渠道中经过的中间层次越多，营销渠道就越长；反之，营销渠道就越短。可根据介入营销渠道中间商层次的多少，将营销渠道划分为长渠道和短渠道。

（1）零级渠道。指从餐饮企业直接到顾客，餐饮企业—顾客。

（2）一级渠道。是指餐饮企业通过零售商到顾客，餐饮企业—零售商—顾客。

（3）二级渠道。是指由餐饮企业到批发商再到零售商最后到达顾客，餐饮企业—批发商—零售商—顾客，或者由餐饮企业到代理商再到零售商最后到达顾客，餐饮企业—代理商—零售商—顾客。

（4）三级渠道。是指从餐饮代理商到批发商再到零售商最后到达顾客，餐饮企业—代理商—批发商—零售商—顾客。

可见，零渠道最短，三级渠道最长。营销渠道短，生产者承担的销售任务就多，信息传递快，销售及时，能较为有力地控制销售渠道（如控制价格、提供服务、进行宣传等）；销售渠道长，批发商、零售商就要完成大部分营销职能，信息传递慢，流通时间长，餐饮企业对营销渠道的控制就较为困难。

四、宽渠道和窄渠道

餐饮营销渠道的宽度，一般是指一个时期内销售网点的多少、网点分配的合理程度以及销售量的多少。这主要取决于餐饮企业希望自己的餐饮产品在目标市场上扩散范围的大小，也就是希望占据多少市场供应点以及什么样的供应点。通常所说的要多设销售网点，就是指加宽餐饮营销渠道。

宽渠道是指使用的同类中间商较多，餐饮产品在市场上的销售面较广的餐饮营销渠道。一般化、大众化的餐饮产品主要是通过宽渠道进行销售的，通过多家餐饮批发商或代理商批发给更多的零售商去进行销售，从而能大量地接触餐饮消费者，大批销售餐饮产品。

窄渠道就是使用的同类中间商较少，餐饮产品在市场上的销售面较窄的餐饮营销渠道。窄渠道对餐饮产品生产企业而言，比较容易控制，但市场的销售面就会受到限制，因此餐饮窄渠道一般只适用与专业性强的或费用较高的餐饮产品的销售。

五、单渠道和多渠道

根据餐饮企业所采用的渠道类型的多少，餐饮营销渠道又可分为单渠道和多渠道。有些餐饮企业采用的渠道类型比较单一，如所有产品全部由自己直接销售或全部交给批发商经销，这称之为单渠道。有的餐饮企业则根据不同层次或地区消费者的不同情况而采用不同的营销渠道，若在本地区采用直接渠道，对外地采用间接渠道，或同时采用长渠道和短渠道，这就称为多渠道。有时把采用的多渠道的销售系统又称为双重销售系统。一般情况下，餐饮企业生产规模较小或经营能力较强，可采用单渠道销售餐饮产品，反之，则可采用多渠道，以便扩大产品的覆盖面，灵活地大量销售自己的餐饮产品。

六、新兴网络营销渠道

1. 自建网站式营销渠道

自建网站式营销是餐饮企业自行建立一个官方网站，用以展示其独特的餐饮文化和相关的餐饮产品，主要是依赖品牌效应和口碑营销来实现盈利。一般餐饮连锁企业采用自建网站的营销渠道。

2. 手机 APP 营销渠道

餐饮类的手机 APP 作为为消费提供各种餐饮信息的网络移动客户端，是凭借互联网优势与传统餐饮业务相结合的一整套餐饮服务系统。是一款让餐饮生产商入驻的网络平台。

根据第三方数据机构 DCCI 发布的《2017 中国网民网络外卖服务调查报告》显示，各大外卖餐饮平台用户使用率分别为美团外卖 79.9%、饿了么 63%、百度外卖 38.5%。

自 2014 年 O2O（Online-to-Offline）营销模式开始在餐饮行业流行，2017 年，手机在线订餐更是越来越火。移动通信技术、大数据、速递平台的不断发展，促使被称为舌尖上的“懒人经济模式”——外卖 O2O 平台飞速发展，改变了越来越多消费者的用餐习惯。2014 年中国餐饮行业 O2O 市场规模达 946 亿元，2015、2016 年逐年递增，2017 年中国餐饮行业 O2O 市场规模将突破 2000 亿。

根据以上数据可见利用手机 APP 营销是当前形势下餐饮企业获利的一个重要渠道。

3. 新媒体营销渠道

（1）微信营销渠道。微信是一款被人熟知的通信 APP，餐饮行业利用其来进行营销宣传。一般是采用公众号推送等渠道，向顾客宣传推广餐饮文化、使其了解餐饮品牌及餐饮产品。也可以直接进入微信商城进行排号、点菜等餐饮相关业务。

（2）微博营销渠道。通过微博用户及时分享更新微博，是一种高效便捷的营销渠道。网友可通过微博中的美食主题了解不同的餐饮企业的文化。餐饮企业通过分享微博，吸引粉丝，在一定程度上提高产品的知名度，从而达到吸引顾客的目的。

（3）小视频营销渠道。近几年来，抖音、快手等短视频 APP 在较短的时间内说明较为丰富有趣的内容，进入门槛低，人人都可参与。商家以自己的餐饮企业为背景，打造与餐饮相关的视频内容，发布到平台上，来收获赞和关注量，从而宣传企业产品。

（4）网红营销渠道。随着网络发展网红经济快速崛起，利用一些网络红人或者餐饮企业做有趣的直播，对餐饮品牌、餐饮文化特色进行宣传，吸引消费者；餐饮企业也可以在网红直播时广告植入或利用网红直播试吃，对企业进行宣传，从而提升餐饮品牌的知名度。

4. 事件营销渠道

事件营销是通过策划、组织和利用具有新闻价值、社会影响的人物或事件，吸引媒体、社会团体和消费者的兴趣与关注，以求提高餐饮企业的知名度，达到宣传的效果，并最终实现销售的一种营销渠道。

5. 服务营销渠道

通过良好的服务来实现企业经营目的的一种营销渠道方法。服务营销是新时期餐饮业的核心，主要是要从顾客的需求和心理出发，结合餐饮企业自身文化，增强顾客满意度，加强餐饮服务意识。餐饮顾客不仅关注餐饮产品本质，同时也关注商家服务态度和随之带来的服务体验，所以服务营销的本质是服务。

6. 体验营销渠道

体验营销是餐厅以一个特色的主题为品牌基础，餐厅的装修、菜品，甚至是服务人员的穿着和口号都围绕这个既定的主题经营，使得顾客在整个消费过程中有良好的体验。时下流行的主题餐厅就是体验营销成功的代表。

在网络时代的背景下，餐饮营销渠道多样化的时代已经来临，餐饮企业一定要注意把握顾客的心理诉求，全方位采用新兴营销渠道策略，以达到提高餐饮产品的销售量的最终目的。

小案例

可口可乐独战果汁市场扩张美汁源品牌分销渠道

收购汇源果汁被否的2个月后，可口可乐中国饮料有限公司高调宣布，全面启动新一轮的果汁市场攻势。

开设2个新的装瓶生产线，推出美汁源新口味果汁饮料与更换新品牌代言人，不排除借引进国外美汁源旗下纯果汁产品来开拓中国纯果汁市场……种种迹象暗示，可口可乐对果汁市场的新攻势已经与汇源关系不大。

可口可乐中国区高级整合市场总监嘉景荣未对收购汇源部分股权等市场臆测做任何回应。相反，他连续三次强调“可口可乐完全有能力靠现有的‘美汁源’果汁品牌、营销渠道、生产研发等资源优势，巩固公司在中国果汁饮料市场的领导地位”。

独战果汁市场

商务部一纸批复，让可口可乐与汇源果汁联姻共战果汁市场的如意算盘告吹。两个月间，后者“掌门人”朱新礼被传依然在为“儿子当猪卖掉”物色出售对象；而前者则为独战果汁市场蛰伏。事实上，早在禁购令之前，位于上海的可口可乐全球研发中心已经开始涉足茶、果汁、水等非碳酸类饮料产品的研发。而据嘉景荣介绍，本次在国内市场全面上市的“美汁源”葡萄果粒产品就是上海研发中心果汁类饮料的首个研发成果。

面对“可口可乐欲收购汇源部分股权”“收购不成，改找汇源代工”等市场臆测，嘉景荣两次表示：“政府不批准收购要约，可口可乐感到非常遗憾，但这不影响公司对中国果汁市场的重视。对于各种市场臆测，我和公司都不便做任何回应。”

20亿元投入

2001年，统一鲜橙多PET装饮料入市，随后各种果汁饮料品牌层出不穷，统一凭借“鲜橙多”连续多年占据低浓度果汁饮料市场第一位。直到2005年，可口可乐“美汁源”果粒橙在全国铺开，一年后果粒橙在国内销量增长了78%，其后每年销量都实现了双位数的增长。

AC尼尔森数据显示，2007年12月—2009年3月，统一在低浓度果汁市场份额从22.9%降到18.4%。同期，“美汁源”的市场份额却一路上升，从24.5%上升到29.4%。而据业内人士估算，美汁源的销售至少占到可口可乐中国公司非碳酸饮料销售的20%～30%。“去年，美汁源果粒橙的销量已经超过了十亿瓶。”可口可乐中国区公共关系副总监赵彦红表示，“位于东莞的非碳酸、非水生产调度基地，在2002年前后，担心生产出来的果汁、茶饮卖不出去，到现在专注于整合全国10多家装瓶厂的产能，确保各地市场不脱销。”

据透露，可口可乐最近已经开始动用新追加的20亿元对华投资，不仅在苏州、乌鲁木齐等地新建了两个装瓶生产线，还将强化分销系统，下沉渠道至国内二、三线市场，同时还会把中国研发的产品推广到海外市场。比如，由中国内地研发的美汁源果粒橙产品就将推广到中国香港、菲律宾、泰国以及印度尼西亚等国家和地区。

任务三 餐饮企业销售渠道选择与评估

餐饮企业要经过较长时间才可能形成和完善餐饮产品营销渠道。这是由于餐饮企业的经营目标发生变化、产品结构重新调整、目标市场不断扩展、营销力量成熟壮大等原因所致，同时更重要的原因在于餐饮企业与餐饮中间商的相互合作关系要通过市场长期的检验和磨合后，才能相对固定下来形成利益紧密联系、思想观念统一、友谊深厚持久的市场营销整体。因而，餐饮产品营销渠道在渠道形式、管理、调整等方面的决策及其策略运用就甚为重要。

一、良好的餐饮产品营销渠道的特征

1. 连续性明显

餐饮企业所选择的营销渠道应能保证其产品连续不断地从生产领域、流通领域转移至消费领域，餐饮中间商应尽可能不发生脱节、阻塞和不必要的停滞现象。这客观上要求餐饮企业在选择和营造自己的营销渠道时，应注意所选的渠道是否环环紧扣，与最终餐饮顾客紧密联系。若餐饮产品营销渠道的连续性差，餐饮产品在营销渠道的某个中间商处发生了停滞，不仅餐饮中间商要发生损失，而且由于餐饮产品不能迅速抵达目标市场中的餐饮顾客，必然会使餐饮企业错失良机，不能及时满足市场需求，使其市场竞争优势下降，还可能会影响餐饮企业长期的营销能力。因而，连续性明显是良好的餐饮产品营销渠道的首要特征。

2. 辐射性突出

营销渠道的辐射性直接影响着餐饮企业产品的市场覆盖面和渗透程度。餐饮企业的营销渠道实际上是以企业为起始点向餐饮中间商进行辐射，然后再由各餐饮中间商为始点进一步向外辐射而形成的多层次扇面网络。

餐饮营销渠道的扇面越大，餐饮企业产品的市场覆盖面就越广，市场渗透力也就越强，而且所形成的市场营销机会明显增多，餐饮企业的市场风险也就相应下降。当然，在餐饮实践中，由于餐饮企业的性质不同、规模不一、营销目标不等，即便是同一种餐饮产品，对市场的覆盖也不可能完全一样。

3. 配套性全面

餐饮产品的营销活动，不仅是物质产品的转移过程，也是相关信息等方面的流动过程，因而餐饮营销渠道若能同时兼有营销活动所需要的各种配套功能，就能更有效地保证餐饮企业顺利地完成由生产领域、流通领域向消费领域的转移。餐饮企业所选择的餐饮中间商，除具有买卖交易的能力外，最好还同时具有促销、运输、开发市场等配套功能。这样，餐饮中间商在交易活动中，不仅能保证实体性的餐饮产品能顺利地进行流转，而且所具备的市场调研，信息收集反馈、运输等辅助功能，也将会更有效地促使餐饮企业的产品在目标市场中营销，更有针对性地满足多种餐饮顾客的需要。

4. 经济效益理想

餐饮企业所选择、确定的营销渠道应当尽可能以减少的耗费获得较高的收益，实现理想的经济效益。因而，这种具有良好经济效益状态的餐饮营销渠道应能使餐饮产品的流通、营销费用降低。这些费用包括交易成本、资金成本等。交易成本的降低主要取决于交易环节的减少和交易成功率的提高，因为交易环节的减少可使餐饮产品流通的流转费用减少，而交易成功率的提高则可使无效的营销费用降低，这就要求餐饮企业在选择营销渠道时要尽可能减少不必要的中间环节，同时要谨慎地选择适当的餐饮中间商为交易对象；降低资金成本主要在于加快企业资金的周转次数，提高资金的周转效率。总之，对餐饮产品营销渠道经济效益的评估、测量应从总体上综合各种因素后进行考察，不能只强调某一方面的优势，而应追求餐饮营销渠道综合效益的最优化。

二、影响餐饮销售渠道选择的因素

影响销售渠道的因素很多。餐饮企业在选择销售渠道时，必须对下列几方面的因素进行系统的分析和判断，才能做出合理的选择。

1. 产品因素

（1）产品价格。一般来说，餐饮产品单价越高，越应注意减少流通环节，否则会造成销售价格的提高，从而影响销路，这对餐饮企业和顾客都不利。而单价较低、市场较广的产品，则通常采用多环节的间接销售渠道。

（2）产品的性质。由于餐饮企业既生产有形的实物产品，又生产无形的服务产品，使得餐饮企业在销售时面临许多困难，所以餐饮企业应该尽量多使用不同的销售渠道来销售其产品。

（3）新产品。为尽快地把新产品投入市场，扩大销路，餐饮企业一般都愿意组织自己的推销队伍，直接与顾客见面，推荐新产品并收集顾客意见。如能取得中间商的良好合作，也可考虑采用间接销售形式。

2. 市场因素

（1）购买批量大小。购买批量大，多采用直接销售渠道；购买批量小，除通过自设销售处销售外，多采用间接销售。

（2）顾客的分布。餐饮市场分布比较集中，适合直接销售；反之，适合间接销售。

（3）潜在顾客的数量。若顾客的潜在需求多，市场范围大，需要中间商提供服务来满足顾客的需求，宜选择间接销售渠道；若潜在需求少，市场范围小，餐饮企业可直接销售。

（4）顾客的购买习惯。顾客的购买习惯有较大的差异，餐饮企业应该根据目标市场的消费习惯有选择地进行销售渠道决策。

3. 餐饮企业本身的因素

（1）资金能力。餐饮企业本身资金雄厚，则可自由选择销售渠道，可建立自己的销售网点，采用产销合一的经营方式，也可选择间接销售渠道。餐饮企业资金薄弱则只能选择间接销售渠道，依赖中间商进行销售和提供服务。

（2）销售能力。餐饮企业在销售力量和销售经验等方面具备较好的条件，则应选择直接销售渠道；反之，则必须借助中间商，选择间接销售渠道。另外，餐饮企业如能和中间商进行良好的合作，或对中间商能进行有效地控制，则可选择间接销售渠道。若中间商不能很好地合作或不可靠，将影响产品的市场开拓和经济效益，则不如进行直接销售。

小知识　80 ：20 法则推进策略

许多白酒企业做餐饮店产品推广时，所选餐饮店的规模数量没有错，投入的人力物力也达到了平均比例，可餐饮店营销的绩效却令人非常失望。

虽然个别餐饮店有了明显的销售成绩，可为什么带不动市场？为什么企业会感到心有余而力不足，且好像被一种无形的枷锁紧套着？

1897 年，意大利经济学家发现了 80 ：20 法则，餐饮店白酒营销也脱离不了这项法则。在你选择的几家餐饮店中，你是否找到了在目标市场餐饮店中数量上仅占 20% 却起着 80% 领导消费潮流的这部分餐饮店？同时你又是否将 80% 的精力与资源用在这 20% 的酒店上，而将 20% 的精力与资源用在剩余 80% 的酒店上？

在餐饮产品营销实践中发现，在同一个目标市场，相同档次及类别的餐饮店中，也只有 20% 左右客人爆满，生意兴隆。在这里，并不是让白酒企业放弃 80% 的餐饮店，而是以 20% 为重点切入点，因为这 20% 能够影响剩余的 80%，拿下了这 20%，另外 80% 的餐饮店就会给企业的工作提供无形的方便，企业只需付出 20% 的相关资源，就能获得 80% 的餐饮店产品推广的 80% 成绩。

（3）可能提供的服务水平。中间商通常希望餐饮企业尽可能多地提供广告、展览、培训等服务项目，为销售产品创造条件。若餐饮企业无意或无力满足这方面的要求，就难以达成协议，这将迫使餐饮企业自行销售。反之，若餐饮企业提供的服务水平高，中间商则乐于销售该产品，餐饮企业则可选择间接销售渠道。

4. 经济效益

不同分销途径经济效益的大小也是影响选择销售渠道的一个重要因素。对于经济效益的分析，主要考虑的是成本、利润和销售量三个方面的因素。

（1）销售费用。是指产品在销售过程中发生的费用。它包括包装费、运输费、广告宣传费、陈列展览费、销售机构经费、代销网点和代销人员手续费、产品销售后的服务支出等。一般情况下，减少流通环节可降低销售费用，但减少流通环节的程度要综合考虑，做到既节约销售费用，又有利于餐饮产品的销售。

（2）价格分析。包括两种情形，第一种是在价格相同条件下，进行经济效益的比较。目前，许多餐饮企业都以同一价格将产品销售给中间商或最终顾客，若直接销售量等于或小于间接销售量时，由于餐饮企业直接销售时要多占用资金，增加销售量，所以，间接销售的经济收益高，对企业有利；若直接销售量大于间接销售量，而且所增加的销售利润大于所增加的销售费用，则选择直接销售有利。

第二种是当价格不同时进行经济效益的比较。此时主要考虑销售量的影响，若销售量相等，直接销售多采用零售价格，零售价格高，但餐饮企业支付的销售费用也多。间接销售价格低，但餐饮企业支付的销售费用也少。究竟选择什么样的销售渠道，可以通过计算两种销售渠道的盈亏临界点作为选择的依据。当销售量大于盈亏临界点的数量，选择直接销售渠道；反之，则选择间接销售渠道。在销售量不同时，则要分别计算直接销售渠道和间接销售渠道的利润并进行比较，一般选择获利的销售渠道。

三、餐饮销售渠道管理的原则

餐饮销售渠道管理人员在管理具体的销售渠道模式时，无论出于何种考虑，从何处着手，一般都要遵循以下原则。

1. 畅通高效的原则

这是渠道管理的首要原则。任何正确的渠道决策都应符合物畅其流、经济高效的要求。餐饮产品的流通时间、流通速度、流通费用是衡量分销效率的重要标志。

畅通的销售渠道应以顾客需求为导向，将产品尽快、尽好地通过最短的路线，以尽可能优惠的价格送达顾客方便购买的地点。畅通高效的销售渠道模式，不仅要让顾客在适当的地点、时间以合理的价格买到满意的餐饮产品，而且应努力提高餐饮产品的分销效率，争取降低分销费用，以尽可能低的分销成本获得最大的经济效益，赢得竞争的时间和价格优势。

2. 覆盖适度的原则

餐饮企业在管理销售渠道模式时，仅仅考虑加快速度、降低费用是不够的，还应考虑是否有较高的市场占有率并足以覆盖目标市场。因此，不能一味强调降低分销成本，这样可能导致销售量下降，市场覆盖率不足。成本的降低应是规模效应和速度效应的结果。在销售渠道模式的选择中，也应避免扩张过度、分布范围过宽过广，以免造成沟通和服务的困难，导致无法控制和管理目标市场。

3. 稳定可控的原则

餐饮的销售渠道模式一经确定，便需花费相当大的人力、物力、财力去建立和巩固，整个过程往往是复杂而缓慢的。所以，餐饮企业一般不会轻易更换渠道成员，更不会随意转换渠道模式。只有保持渠道的相对稳定，才能进一步提高渠道的效益。畅通有序、覆盖适度是销售渠道稳固的基础。

由于影响销售渠道的各个因素总是在不断变化，一些原来固有的销售渠道难免会出现某些不合理的问题。这时，就需要销售渠道具有一定的调整功能，以适应市场的新情况、新变化，保持渠道的适应力和生命力。调整时应综合考虑各个因素的协调，使渠道始终都在可控制的范围内保持基本的稳定状态。

4. 协调平衡的原则

餐饮企业在选择、管理销售渠道时，不能只追求自身的效益最大化而忽略其他渠道成员的局部利益，应合理分配各个成员间的利益。

渠道成员之间的合作、冲突、竞争的关系，要求渠道的领导者对此有一定的控制能力——统一、协调、有效地引导渠道成员充分合作，鼓励渠道成员之间有益的竞争，减少冲突发生的可能性，解决矛盾，确保总体目标的实现。

5. 发挥优势的原则

餐饮企业在管理销售渠道模式时为了争取在竞争中处于优势地位，要注意发挥自己各个方面的优势，将销售渠道模式的设计与饭店的产品策略、价格策略、促销策略结合起来，增强营销组合的整体优势。

四、餐饮销售渠道管理

餐饮企业在选择渠道方案后，必须对中间商加以选择和评估，并根据条件的变化对渠道进行调整。

1. 控制出发点

不应仅从餐饮企业自己的观点出发，而要站在中间商的立场上纵观全局。通常餐饮企业会抱怨中间商不重视某些特定品牌的销售、缺乏产品知识、不认真使用餐饮企业的广告资料、不能准确地保存销售记录，而中间商则会认为自己不是餐饮企业雇佣的分销环节中的一环，而是独立机构，可以自定政策不受他人干涉；他销售得好的产品都是顾客愿意买的，不一定是餐饮企业希望他卖的。也就是说，中间商的第一项职能是顾客购买代理商，第二项职能才是餐饮销售代理商。餐饮企业若不能给中间商特别奖励，中间商不会保存销售各种品牌的记录。所以，餐饮企业要考虑中间商的利益，通过协调进行有效控制。

2. 激励渠道成员

餐饮企业在选择确定了中间商之后，为了更好地实现餐饮企业的营销目标，促使中间商与自己合作，还必须采取各种措施不断对中间商给予激励，以此来调动中间商经销餐饮产品的积极性，并通过这种方式与中间商建立一种良好关系，激励职能包括的内容主要有，研究分销过程中不同分销商的需要、动机与行为；采取措施调动分销商的积极性；解决分销商或分销执行者之间的各种矛盾等。激励中间商的方法很多，不同餐饮企业所采用的方法也不同，就是同一个餐饮企业，在不同地区或销售不同产品时所采用的激励方法也可能不同。

从总体上说，激励方式的选择要具有针对性。依据餐饮企业销售产品的不同和餐饮企业选择中间商的不同，激励方式的也应有所不同。任何一家餐饮企业在选用激励方式之前都要分析激励对象即中间商和其他分支机构的需求，然后设法满足。如果不分析中间商的需求情况随便采取一种激励手段，其激励作用可能不会很好，有时甚至起负面作用。餐饮企业还要确定好合理的激励水平，因为激励可能带来销售量的增加，但也需要花费餐饮企业的人力、财力。

此外，在进行激励时，要注意采用多元化手段，因为中间商与餐饮企业如果仅仅只有利益关系，在市场不稳定，出现利润下降甚至没有利润时，中间商就有可能流失。而如果相互间的纽带多元化，就可以化解很多危机。例如，现在有的餐饮企业在自身发展的同时扶持一大批一流经销商，餐饮企业不惜花较多的时间指导中间商的经营工作，从提供产品发展到提供管理、培训人员，合作领域不断扩大，接触面不断扩大，餐饮企业对中间商的影响力也随之扩大。

3. 调整渠道成员

在销售渠道管理中，随着每个中间商的具体表现、市场变化和餐饮企业营销目标的改变，对销售渠道也要进行调整。调整的方式主要有以下几种。

（1）增减销售渠道中的中间商。经过考核，对推销不积极或经营管理不善、难以与之合作的中间商，对于给餐饮企业造成困难的中间商，餐饮企业在必要时可以与其中断合作关系，餐饮企业为了开拓某一新市场，需要在该地区物色一个中间商时，须经过调查分析和洽谈协商，在符合餐饮企业对中间商的要求和中间商愿意合作的基础上，才可以选定其作为餐饮企业在该地区的经销商或代理商。

（2）增减某一销售渠道。当某种销售渠道出售本餐饮企业的某种产品，其销售额一直不够理想，餐饮企业可以考虑在全部目标市场或某个区域内撤掉这种渠道类型，而另外增设一种其他类型的渠道。餐饮企业为满足顾客的需求变化而开发新产品，若利用原有渠道难以迅速打开销路和提高竞争能力，则可增加新的销售渠道，以实现餐饮企业营销目标。

（3）调整整个销售渠道。有时由于市场情况变化太大，餐饮企业对原有渠道进行部分调整已难以适应餐饮企业的要求和市场情况的变化，此时则必须对餐饮企业的销售渠道进行全面的调整。在对整个渠道进行调整时，难度较大，且会带来极大的风险，餐饮企业必须进行认真细致的调查研究，权衡利弊，充分考虑各种因素后，才可作出决策。

任务四 餐饮分销渠道冲突及调节

餐饮企业为了更有效地了解目标市场，为其提供服务，满足其需求，建立了包括批发商和零售商在内的各种渠道，并希望通过渠道合作产生的整体渠道利润高于各自为政的各个渠道成员的利润。但竞争是永恒的话题，各个独立的业务实体将有不同的利益寻求，一切竞争都围绕利益而开展。由于各经销商之间存在着利益竞争，因此不管渠道设计如何精良，管理如何优秀，总会或多或少存在一些冲突。餐饮企业的目的在于较少无谓的冲突，把竞争控制在良性范围内，引导渠道成员更好地开拓市场。

一、冲突的类型

在餐饮企业销售渠道中，中间商具有不同的类型，各种类型的中间商可与不同的餐饮企业和消费者构成不同的销售渠道。而在餐饮企业、中间商、消费者的结合中，由于关系的不同，主要形成垂直、水平和多渠道的销售渠道系统。由于这三种销售渠道中不同层级以及同一层级的不同中间商利益矛盾的存在，便产生了垂直渠道、水平渠道、多渠道三种类型的冲突。

1. 垂直渠道的冲突

垂直渠道的冲突是指同一渠道中不同层次之间的利益冲突，这类冲突比较常见。

如一个餐饮企业采用餐饮企业—餐饮批发商—餐饮零售商—餐饮消费者的销售渠道，在餐饮产品上市时，批发商占主导地位，此时它可能压低餐饮企业的购买者，提高对餐饮零售商的批发价格，这样就导致垂直渠道的冲突。

2. 水平渠道的冲突

水平渠道的冲突是指存在于渠道同一层次的成员之间的冲突。如餐饮企业的各个零售商由于区域划分的不清晰，价格的参差不齐，便会相互恶意竞争，形成水平渠道的冲突。

3. 多渠道的冲突

多渠道的冲突产生于餐饮企业已经建立两个或多个渠道，并且他们同时在同一市场推销时。如餐饮企业可以通过直接销售渠道向消费者销售产品，也可以通过中间商销售产品，由于他们目标、利益的不同便会产生渠道间的冲突，即所谓的多渠道冲突。当一个渠道的成员或者降低价格或者降低毛利时，多渠道冲突会变得特别强烈。

小案例

可口可乐在中国的分销渠道体系

可口可乐与中粮集团、嘉里集团（2006年因故退出）、中国香港太古集团合作，至2007年，在中国已经建有29家瓶装公司、35个生产基地。旗下有可口可乐、雪碧、酷儿、美汁源等十多个软饮料品牌，由可口可乐中国有限公司（管理型公司，不负责生产）负责各个品牌的规划和建设，即公司有可口可乐、雪碧、酷儿等品牌经理为各自品牌产品的定位、包装、推广等品牌发展负有全面的责任。各瓶装公司都有一套完整的产、供、销组织体系，自主开展生产、采购等日常经营管理活动，在各自的市场区域内，独立组织自己的销售队伍，发展区域内渠道。这种组织分工模式，保持了品牌的统一性，也保证了各区域销售的独立性，有利于各瓶装公司日常经营管理积极性的发挥，也有利于各自市场区域内渠道精耕细作。

不过也有明显的弊端。各瓶装公司都是独立法人，是单独的利益主体，相互之间冲突严重。如各销售区域边界的窜货屡禁不止；全国性市场推广活动中，各有各的算盘；各种广告、公关费用的分摊，常闹矛盾。最关键的是，对市场竞争的反应不灵敏，一些价格、一广告政策必须由可口可乐中国有限公司统一协商后决定，往往贻误战机。

二、冲突产生的原因

渠道冲突的根本原因是各独立实体的利益目标不同，具体而言主要是指目标的不一致、责任与义务划分的不清晰以及他们知觉的偏差。

1. 目标不一致

例如，餐饮企业想要通过低价迅速扩大市场，而餐饮经销商的目标是赚取等多的利润和推行短期的盈利率。由于目标的不一致，他们会采取不同的行为方式，彼此间产生冲突。

2. 职权划分的不清晰

餐饮企业往往采用多种渠道销售产品，不同渠道的成员任务与边界划分不清，造成经营的混乱，以及同一地区的不同层级和不同渠道间的相互冲突。如餐饮企业可通过直接销售渠道销售产品，它的经销商亦可销售该产品，形成不同渠道的冲突。

3. 知觉差异

不同渠道成员因个人偏好、生活阅历、家庭背景以及个人经济实力的不同，对不同的决策、不同的绩效、不同的行业前景有不同的看法，从而引起他们的知觉差异，导致思维方式和行为的冲突。

三、冲突的解决方法

一定的渠道冲突能产生建设性的作用，它能导致适应环境变化的更多动力，防止渠道的僵化。但是，更多的冲突是失调的，有碍于渠道整体利益的最大化，甚至会产生破坏性的作用。餐饮企业要视情况而定，采取适当的措施，有效地管理冲突，将冲突控制在一定的限度之内。

1. 目标的制订

渠道成员以某种方式签订一个以他们共同追求的目标为指导的协议，例如，市场份额的扩大、顾客的高度满意、提高产品和企业的知名度等，使他们彼此间息息相关，利益互动，风险共担，从而有效地协调他们的行动，将冲突内部化。

2. 慎重选择经销商

经销的市场观念和营销才能极大地影响着彼此间的合作。良好的营销素质和正确的市场观念，是减少冲突的“预防针”，为经销商与餐饮企业之间建立共同目标打下基础。选择那些与自己的观念、目标基本一致的经销商，有利于沟通与合作。可通过选择，挑选合适的经销商，并适时加以培训，灌输餐饮企业的概念。这对以后进行有效管理、控制冲突很有好处。

3. 制订完善的营销政策

制订完善的营销政策是有效管理冲突的保证。良好的经销商，也需要一套完整的政策来激励、制约，同时也能保护经销商的正当利益。这体现在各方面的措施要切实可行，主要是指经销商的区域划分与价格策略等。在区域划分方面，餐饮企业应合理分配区域，经销商在指定的区域内销售产品，不许跨区销售。如果遇到特殊情况，经多方协商许可后才可跨区销售。对跨区域销售现象严加监督检查，视情况而定，给予不同的处罚，制止恶意竞争。价格策略是协调冲突的有力手段，但有时也会带来一定的负面影响，所以要正确利用价格这种手段。为了促进销售，对不同等级的销售商实行不同的价格策略，并辅以数量折扣、季节折扣等，理顺价格机制，形成公平、公正的竞争格局。

4. 人员互换

餐饮企业的一些营销人员可到分销渠道中的某些销售机构工作，分销渠道的某些工作人员亦可到餐饮企业或其他营销渠道工作，通过人员互换，双方更好地沟通交流，以便形成共识，减少知觉偏差和渠道冲突。

5. 协商、协调或仲裁解决

以上措施主要是着眼于冲突的预防，当冲突发生时，餐饮企业必须采取强有力的措施解决它，使冲突得以有效的控制。解决冲突的方法主要有协商、调解和仲裁三种。协商是双方正面交涉，面对面磋商解决，以免冲突尖锐化；调解是指由第三方出面，根据双方的利益进行调停；仲裁是双方同意把纠纷交给第三方，并接受他的仲裁决定。

任务实施

餐饮市场营销渠道选择和评估的步骤如图 8-2 所示。

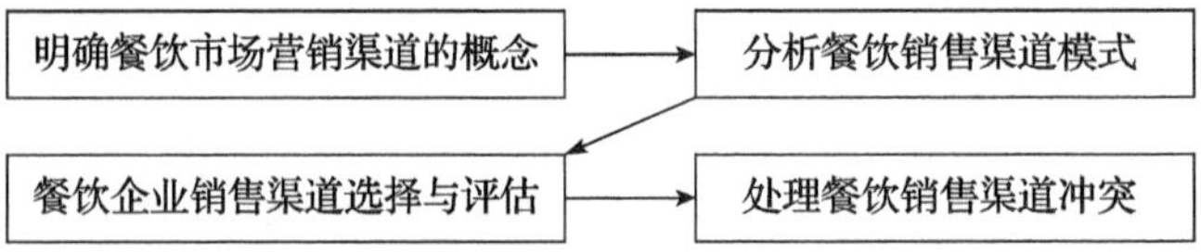

图 8-2　餐饮市场营销渠道选择和评估的步骤

第一步：明确餐饮市场营销渠道的概念。餐饮营销渠道又称为分销渠道，它是餐饮产品从餐饮生产企业向餐饮顾客转移过程中所经过的一切取得使用权或协助使用权转移的中介组织和个人，也就是餐饮产品使用权转移过程中所经过的各个环节连接起来而形成的通道。

第二步：分析餐饮销售渠道模式。在市场营销中，由于餐饮市场、餐饮企业、餐饮中间商以及餐饮顾客等多种因素的影响，餐饮产品营销渠道也就形成了多种多样的状态，即便是同一种餐饮产品，也有可能通过不同的营销渠道销售。所以餐饮企业要分析餐饮销售渠道模式，通过各种可能的渠道销售餐饮产品。

第三步：餐饮企业销售渠道选择与评估。餐饮产品营销渠道形式的选择和评估，要以餐饮企业的经营要求为出发点，以其营销目标为指导，即要保证餐饮产品及时到达目标市场中的餐饮消费者，保证营销渠道具有较高的工作效率，并且营销费用支出较少，能取得良好的经济和社会效益。因而，餐饮产品和服务营销渠道形式的决策，要建立在对影响因素的系统分析、对市场的认真调研、对餐饮企业的战略目标和营销因素组合策略的综合分析的基础上，确定营销销售目标，而后做出一系列的决策。

第四步：处理餐饮销售渠道冲突。餐饮企业建立了包括批发商和零售商在内的各种渠道，但竞争是永恒的话题，各个独立的业务实体将有不同的利益寻求，一切竞争都围绕利益而开展。由于各经销商之间存在着利益竞争，因此不管渠道设计如何精良，管理如何优秀，总会或多或少存在一些冲突。餐饮企业的目的在于较少无谓的冲突，把竞争控制在良性范围内，引导渠道成员更好地开拓市场。

任务总结

餐饮营销渠道又称为分销渠道，它是餐饮产品从餐饮生产企业向餐饮消费者转移过程中所经过的一切取得使用权或协助使用权转移的中介组织和个人，也就是餐饮产品使用权转移过程中所经过的各个环节连接起来而形成的通道。根据有无中间商参与交换活动，可以将餐饮销售渠道归纳为两种基本的销售渠道类型，直接销售渠道和间接销售渠道。

餐饮产品和服务营销渠道形式的决策，要建立在对影响因素的系统分析、对市场的认真调研、对餐饮企业的战略目标和营销因素组合策略的综合分析的基础上，确定营销销售目标，而后做出一系列的决策。餐饮企业的目的在于较少无谓的冲突，把竞争控制在良性范围内，引导渠道成员更好地开拓市场。

实训项目

目标

（1）培养学生认识餐饮企业正确的销售渠道模式；

（2）培养学生在所学知识的基础上，能够对餐饮企业销售渠道进行正确选择与评估。

内容与要求

学生利用掌握的餐饮分销渠道的概念和模式，对自己所在城市某家餐饮企业销售渠道进行选择和评估，并处理餐饮销售渠道中的冲突问题。

组织与实施评价

（1）以项目团队为学习小组，选出项目负责人；

（2）建立沟通协调机制，团队成员共同参与、协作完成任务；

（3）各项目团队根据收集的资料和补充的资料进行分析讨论；

（4）评价与总结：各项目团队提交分析报告，并根据报告进行评估。

评估指标及标准如下表所示。

表　餐饮销售渠道选择和评估技能评价评分表

被考评人			考评地点			
考评内容		考评标准	分值 / 分	自我评价 / 分	小组评价 / 分	实际得分 / 分
专业知识技能掌握	餐饮销售渠道的概念和模式	熟悉	10			
	餐饮企业销售渠道选择与评估	熟练掌握	20			
	餐饮分销渠道冲突及调节	熟悉	10			
	分析完成情况		20			

续表

被考评人			考评地点			
考评内容		考评标准	分值／分	自我评价／分	小组评价／分	实际得分／分
通用能力培养	学习态度	积极主动，不怕困难，勇于探索	15			
	团队分工合作	能融入集体，愿意接受任务并积极完成	15			
	道德自律	自觉遵守纪律，有责任心和荣誉感	10			
合计			100			

注：1. 实际得分＝自我评价总分 ×40%+ 小组评价总分 ×60%。
2. 考评满分 100 分，59 分及以下为不及格，60—74 分为及格，75—84 分为良好，85 分及以上为优秀。

复习思考题

一、填空题

1. 餐饮营销渠道又称为________，它是餐饮产品从餐饮生产企业向餐饮消费者转移过程中所经过的一切取得使用权或协助使用权转移的中介组织和个人。
2. 间接销售渠道的典型形式为________—________—________—________。
3. 调整渠道成员的方式有________、________、________。
4. 影响餐饮销售渠道选择的因素中市场因素包括________、________、________、________。
5. 一般情况下，餐饮企业生产规模较小或经营能力较强，可采用________销售餐饮产品，反之，则可采用________，以便扩大产品的覆盖面，灵活地大量销售自己的餐饮产品。

二、选择题

1. 直接销售渠道的方式有________。
   A. 预订销售　B. 网络销售　C. 自开销售网点　D. 上门推销
2. 影响餐饮销售渠道选择的因素中产品因素有________。
   A. 产品价格　B. 产品的性质　C. 新产品　D. 产品的特点
3. 冲突的类型有________。
   A. 上下渠道的冲突　B. 垂直渠道的冲突
   C. 水平渠道的冲突　D. 多渠道的冲突

4. 影响餐饮销售渠道选择的因素中餐饮企业本身的因素是________。

A. 资金能力　　B. 顾客的分布

C. 销售能力　　D. 可能提供的服务水平

5. 冲突产生的原因有________。

A. 目标不一致　　B. 职权划分的不清晰

C. 知觉差异　　D. 利益不同

三、简答题

1. 餐饮销售渠道的功能有哪些？
2. 间接销售渠道的优缺点是什么？
3. 良好的餐饮产品营销渠道的特征是什么？
4. 餐饮销售渠道管理的原则有哪些？
5. 冲突的解决方法是什么？

项目九

餐饮促销策略

学习目标

知识目标

1. 学习餐饮广告、餐饮公共关系广告、餐饮人员促销、餐饮人员内部促销的概念；
2. 了解餐饮广告的分类、餐饮公共关系广告的类型、餐饮推销人员的个人素养；
3. 掌握餐饮广告媒体的选择、餐饮广告的操作步骤；
4. 学习餐饮人员促销的特点、餐饮人员内部促销的形式；
5. 掌握餐饮人员推销技巧、人员推销操作步骤。

能力目标

1. 能够根据餐饮企业的要求选择合适的广告媒体，并熟悉餐饮广告的操作流程；
2. 根据餐饮企业及餐饮产品的性质，促销人员能巧妙地使用推销技巧，帮助餐饮企业销售餐饮产品。

任务导入

星巴克咖啡

去过星巴克的人大多会被它的装潢所吸引，在那里除了喝咖啡、休憩之外，人们还会关注摆放在店内一角的各式产品，如它的保温杯有没有定期推出新的图案。在星巴克，只要购买保温杯就可以免费赠饮一杯咖啡（不限种类）；独卖的“伯顿壶”，是有专利登记的。

星巴克有一种本周咖啡，所谓本周咖啡，就是由星巴克在某一段时间内推出的咖啡豆当场调制而成的，表面上看好像是在对咖啡进行促销，但实际上它也在促销咖啡豆。有一个时期星巴克推出了咖啡护照，只要顾客购买半磅或一磅的咖啡豆就能够获得一本咖啡护照及所购买咖啡豆种类的标签和店章，星巴克鼓励顾客多尝试不同种类的咖啡，集满 8 个不同的标签，就可以获赠半磅不限种类的咖啡豆。

另外星巴克还与时代公司合作，出版星巴克专卖的双月刊 JOE，内容定位为流行文化、电影和旅游等。

任务分析

星巴克咖啡通过独特的装修风格吸引顾客进店，采用推出“咖啡护照”的广告方式，促进咖啡豆的销售量。另外，通过“集满 8 个不同的标签”的广告政策，带动顾客的多次光顾消费。

在激烈的餐饮市场竞争中，面对一个个强劲的对手，作为餐饮企业，不仅要生产适销对路的餐饮产品，制订具有竞争力的产品价格并选择合理的营销渠道，而且还要将相关的餐饮产品和服务及时有效地传递给顾客，加强与顾客之间的联系，激发顾客的购买欲望，满足其需要，促进购买行为的实现。目前的社会是一个高度发达的社会，已然不是“酒香不怕巷子深”的时代，餐饮企业和餐饮产品的种类五花八门，如何才能在顾客心中树立起自身企业的形象，如何刺激现实顾客和潜在顾客的购买动机和行为，如何才能有效提高餐饮产品的销售量，其中最有效的一个途径就是打餐饮广告。

知识准备

任务一　广告促销

餐饮广告是餐饮企业促销过程中运用最广泛的也是最受重视的促销策略。广告作为促销手段或促销方式，它是一门带有浓郁商业性的综合艺术。虽然说广告不一定能使餐饮企业（或产品）成为世界名牌，但是一则成功的广告可以使原本默默无闻的餐饮企业一夜成名，家喻户晓。

餐饮广告是指餐饮企业支付费用，通过各种各样的传播媒介，向社会公众或特定市场中的潜在顾客传递产品和服务信息，诱发顾客需要，劝导购买，提醒顾客注意餐饮企业产品和服务的变化，进而实现扩大产品销售面、增加盈利的目的的一种营销工具。餐饮广告可以帮助顾客获取餐饮企业的相关信息，也可以在顾客心目中树立形象，刺激顾客的购买动机和行为。

一、餐饮广告的分类

餐饮广告的类型很多，而不同的广告类型有不同的特点。比较常用的有如下几种。

1. 报纸、杂志刊物广告

报纸、杂志刊物广告的优越性表现在以下几个方面：一是影响比较广泛。报纸的发行量很大，而且与社会公众有密切的联系，它是新闻传播的重要工具。二是便于保存、剪贴和编辑。三是信任度高。因为报纸在公众心目中具有一定的威信，能提高广告的可信度。四是制作方便，简便灵活，成本比较低。

报纸、杂志刊物广告的不足之处有以下几点：一是报纸刊登的内容繁杂，容易分散公众对广告的注意力。二是受众范围受到文化水平的限制，不识字的基本不能接受此种广告。三是传播速度及传播范围都不及电视和电台广告。

这类广告适合做食品节、特别活动等餐饮广告，也可以刊载一些优惠券，让读者剪下来凭优惠券享受餐饮优惠服务和产品。

2. 电视广告

电视作为广告媒体是在20世纪40年代出现的，但是因为它有图文并茂的优势，发展速度很快，成为最重要的广告媒体，具体来说，电视广告有以下优点：一是表现手段丰富多彩，声像、文字、视听结合，使广告形象、生动、富有感染力。二是宣传范围广泛。电视进入千家万户，已成为人们文化生活的重要组成部分，收视率高，使电视广告的宣传范围广、影响面大。

电视广告的缺点有以下几点：一是制作烦琐，费工、费时、成本高。二是电视播放节目种类繁多，容易分散人们对广告的注意力。三是时间性强，而且不易保存。广告信息只能单向被动地传递给社会公众，稍纵即逝不便于查找。

3. 广播电台广告

广播电台广告的优点有以下几点：一是传播迅速、及时；二是制作简单、费用低；三是效率高，大众性强。无论男女老幼、是否能认字，均能受其影响。而且现在的广播有很大的参与性，可以通过热线点播、邀请嘉宾对话或点播歌曲等形式，来刺激听众参与，增强了广告效果。

广播电台广告存在以下三点不足：一是传播手段受技术的限制，信息稍纵即逝，不具备资料的保存性和可视性；二是被动性较强，听众几乎完全隶属于电台安排的播出时间、播音速度；三是单一口语化的信息不容易对公众形成深刻的印象。

4. 户外广告

通过户外的道路指示牌、交通工具、灯箱等所作的餐饮广告。比如在商业中心、主要交通路线两旁、码头、车站、广场等行人聚集较多的地带做各种霓虹灯、灯箱广告、布告栏等。

5. 互联网广告

互联网的兴起也为餐饮企业的广告宣传开辟了新的渠道，可以利用互联网发布相关产品和服务的信息，如携程网、去哪儿网、美团、饿了么等相关网站。

6. 其他印刷品、出版物上的广告

如可以在旅游指南、旅游景点门票、市区地图、电话号码本等处登载的餐饮广告。

二、餐饮广告媒体的选择

不同的广告媒体具有不同的特点，决定了餐饮企业必须合理选择。正确地选择广告媒体，需考虑以下几个方面。

1. 产品的性质

产品的性质不同，其实用价值和宣传要求也不同。广告媒体只有适应产品的性质，才能取得较好的广告效果。通常情况下，对高技术产品进行宣传，多采用专业性杂志；而对于一般的生活用品，则选择直接传播到大众的广告媒体，如广播、电视、地方性报纸、刊物等。餐饮企业的产品则适合后者。

2. 顾客接触媒体的习惯

广告媒体的选择，还要考虑目标顾客接触到的广告媒体的种类。否则，很难达到预期的广告效果。如，针对商务型客人的宣传，适宜选择互联网促销；旅游景区的餐饮企业进行广告宣传，适宜采用旅游指南、饭店指南等印刷资料，效果较好。

3. 媒体的传播范围

媒体传播范围的大小直接关系到广告信息传播区域的宽窄。准备在全国各地推广的餐饮企业产品应以全国发放的报纸、杂志、电视和广播作为广告媒介；地方性餐饮产品的销售，则通过地方性的报纸、杂志、电台、电视台等传播信息，如北京的餐饮企业可以选择《北京晚报》、天津的餐厅可选择《今晚报》。

4. 媒体的费用

广告媒体的收费标准是不同的，即使同一种媒体，在不同的时间段收费标准也是不同的。考虑媒体费用，应该注意其相对费用，也就是广告促销效果。餐饮企业应根据自身的实力及餐饮产品选择适合自己的广告媒体。

无论选择何种广告媒体，餐饮企业都应该注意宣传的餐饮产品必须与现实相符，否则会使顾客产生不信任感，被冠以虚假广告之名。

小知识　餐饮广告媒体的评价指标

一是视听率。是指接收某一特定电视节目或广播节目的人数（或家庭数）的百分比。

二是毛评点。又称毛感点、总视听率，指广告通过有关媒体传播所获得的总效果，是各次广告传播触及人数比例的总和。

三是视听众暴露度。是指在某一特定时期内收听、收看某一媒体或某一媒体特定节目的人数（户数）总和，实际上是毛评点的绝对值。

四是到达率。是表示在一定时期内，“不同的”人（或户）接触某一媒体刊播的广告的比例，可以用百分比表示。

五是暴露频次。是指在一定时期内，每个人（或户）接收到同一个广告信息的平均次数。

六是每千人成本。为广告信息到达 1000 人（或户）平均所付出的费用成本。

七是有效到达率。又称有效暴露频次，是指在一特定广告暴露频次范围内，有多少媒体受众知道该广告信息并了解其内容。

三、餐饮公共关系广告

餐饮公共关系广告是介于纯粹广告和公共关系之间的一种广告形式。它比普通的广告更能引起公众的注意和好感。因此，现在越来越多的餐饮企业采用公共关系广告来扩大自己的影响。

1. 餐饮公共关系广告的概念

餐饮公共关系广告，指为扩大餐饮企业的知名度、提高信誉度、树立良好的形象，以求得社会公众对组织的理解与支持而进行的广告宣传活动。

餐饮公共关系广告既属于公共关系活动的一部分，又属于广告的范畴，它集公共关系的特点与广告的特点于一身，形成了一种特殊的广告。

2. 餐饮公共关系广告的类型

要使公共关系广告发挥出自身作用，必须借助于一些公关模式，还要选择传播媒介，把握好策略和时机。餐饮企业公共关系广告的类型有如下几种。

（1）选择适合的传播媒介，宣传餐饮企业及产品的优良形象。主要是向传播媒介及行业专家、学者、名人传递餐饮企业的宗旨、方针、策略等。餐饮企业应有计划地、主动地争取新闻媒介的宣传来促进餐饮产品的销售。新闻界发表一条对餐饮企业有利的消息，其价值远远超过餐饮企业自己花钱做的广告。

（2）支持社会公益事业，赞助公益活动。它可划分为两种形式：一是对政府的某项政策、措施或者当前社会活动中的某项重大事件以餐饮企业的名义表示响应；二是对某个新开张或有重大庆典活动的餐饮企业，以同行的身份刊登广告以示祝贺。

（3）举行节日慰问活动。在某些特定的节日（端午、中秋、圣诞节等）给公众赠送印有餐饮企业标志的纪念品或礼品，扩大企业的知名度。

（4）征询公众意见。这是一种征询型公关广告，通过采集信息、舆论调查、公众满意度测评等形式，传递餐饮企业信息，更好地为社会公众服务，提高企业的知名度和美誉度。

小资料

携手美团公益，为95慈善添份力

2018年9月5日，江苏省老龄事业发展基金会携手美团公益共同发起“生活在此，爱在此”地方公益活动，并在北京、上海、广州、深圳、南京、武汉、龙岩等16个城市同步开展。作为双方在地方公益模式的新尝试，本次活动旨在发挥美团公益地方优势，以及江苏省老龄事业发展基金会在地方公益的枢纽作用，共同推动公益慈善文化的广泛传播，并助力地方公益组织及公益项目宣传推广，号召公众在积极参与公益的同时，了解并支持身边公益。

活动期间，活动所覆盖的16个城市用户可通过美团APP启动图及平台内消费支付多环节看到活动专题页，让用户在浏览或购买生活服务的同时，关注并了解身边公益需求，通过随手转发或爱心支持，助力地方公益事业发展。与此同时，本次活动中，深圳、南京、太原、龙岩的用户，在活动页面选择分享后，将获得中深（深圳）健康产业投资发展有限公司、英伟达（NVIDIA）、南京水秀苑大酒店有限责任公司三家爱心企业的1.5～5元不等的配捐，让每一次分享都成为对身边公益坚实的助力。

“生活在此，爱在此”地方公益活动的目的是与美团公益及更多慈善组织一起努力，依托美团公益在精准触达地方用户的能力，以及慈善组织在地方的公益枢纽作用，动员更多的公众了解公益慈善文化、传播公益慈善精神，推动全民慈善氛围。

四、餐饮广告操作

餐饮广告操作步骤如图9-1所示。

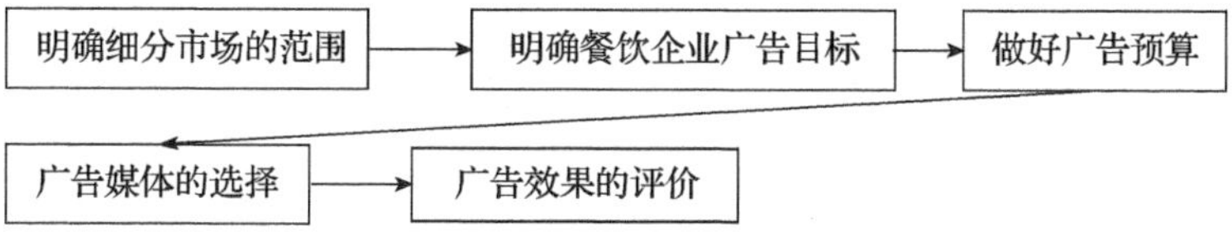

图9-1 餐饮广告操作步骤

在餐饮企业营销活动中，广告不是对产品及服务的点缀，而是企业文化的延伸，体现的是经营理念的内涵。餐饮广告操作步骤如下。

第一步：明确细分市场的范围。了解消费者的地理分布、收入状况、消费倾向、对本餐厅的态度及心理状态，有针对性地设计符合细分市场的广告。

第二步：明确餐饮企业广告目标。广告目标是指在一个特定时期内，对于某个特定的目标受众，所要完成的特定传播任务和所要达到的沟通程度。不同的餐饮产品具有不同的广告目标，通常有如下三类。

（1）创牌广告目标。主要应用于餐饮企业推出新的产品、新的服务项目、新增设施进行广告宣传时，来提高顾客对产品的认知度、理解度和对企业的认识。

（2）说服性广告目标。主要应用于餐饮企业的竞争阶段，目的是向一个特定的细分市场宣传餐饮企业的产品及服务的优势，强化自身比竞争者更具优势的部分，巩固消费者对餐饮企业的信心。

（3）提醒性广告目标。主要应用于餐饮产品的成熟期，目的是保持消费者对该产品的记忆，使得顾客有需要就会想到本餐饮企业。

第三步：做好广告预算。广告预算是制作过程中重要的组成部分，它规定了计划期内餐饮企业投入的经费总额和使用范围。广告费用过多会造成浪费，费用过少则会影响广告效果。餐饮企业应根据不同的产品、服务及产品不同的生命周期给出合理的广告预算。

第四步：广告媒体的选择。餐饮企业做广告必须借助于一定的宣传媒体，才能把信息传达给消费者。在选择媒体时最为关注的是广告如何尽可能让更多的消费者看到或听到。每一种媒体都有其一定的优势和局限性，餐饮企业必须全面衡量所要宣传产品的性质和特点以及前面提到的广告费用，选择适合自己的广告媒体。

第五步：广告效果的评价。广告的效果既表现在经济效益方面，又表现在社会效益方面。广告的经济效益，表现在广告有没有促进产品或服务的销售，进而增加利润。广告的社会效益主要反映在顾客对餐饮产品或服务的认知度，是否符合社会文明的要求。

餐饮广告，是指餐饮企业支付费用，通过各种各样的传播媒介，向社会公众或特定市场中的潜在顾客传递产品和服务信息，诱发顾客需要，劝导购买，提醒顾客注意餐饮企业产品和服务的变化，进而扩大产品销售、增加盈利的目的的一种营销工具。餐饮广告的媒体有报纸、杂志刊物广告、电视广告、广播电台广告、户外广告、互联网和其他印刷品、出版物上的广告。餐饮广告媒体的选择需要考虑产品的性质，消费者接触媒体的习惯，媒体的传播范围和媒体的费用。

餐饮公共关系广告，指为扩大餐饮企业的知名度，提高信誉度，树立良好的形象，以求得社会公众对组织的理解与支持而进行的广告宣传活动。餐饮公共关系广告的类型有选择适合的传播媒介，宣传餐饮企业及产品的优良形象，支持社会公益事业，赞助公益活动，举行节日慰问活动和征询公众意见。不同的餐饮企业应结合自身实际选择适合自己的广告形式，以求实现最佳的广告效果。

任务二　人员促销

在餐饮企业的促销活动中，人员促销是一种很有效和直接的促销手段。人员促销是通过销售人员与一个或多个客户（及潜在客户）面对面的洽谈和口头传递信息，已达到劝说消费者购买餐饮产品和服务的过程。

一、餐饮人员促销概述

1. 餐饮人员促销含义

在餐饮产品的销售过程中，人员促销是十分重要而有效的手段。面对餐饮企业日益激烈的竞争，高素质的餐饮促销人员发挥的作用往往是销售成败的决定因素之一。

餐饮人员促销，是指餐饮促销人员通过面对面的洽谈业务，向顾客提供餐饮产品或服务的信息，劝说其购买的全过程。

2. 餐饮人员促销的特点

人员推销与非人员推销相比，具有不可替代的作用。它是促销方式中最普遍、最直接也是最有效的。它的特点表现在以下几个方面。

（1）信息传递的双向性。在人员促销过程中，首先，通过向顾客宣传、介绍餐饮产品或服务的有关信息，向顾客宣传本企业，达到了招徕顾客、促进产品销售的目的；其次，推销人员通过与顾客接触，能及时了解到其对本企业的产品或服务的评价，能掌握餐饮产品的生命周期及市场占有率。如此，不断搜集信息，为餐饮企业制订合理的营销策略提供科学依据。

（2）销售过程的灵活性。人员促销是与顾客直接联系、当面洽谈，可以通过与其交谈、观察顾客，进而根据顾客的特点和反应，有针对性地调整自己的促销方法，以期实现促销目的；同时，还可以及时发现、回答顾客的问题。

（3）推销目的的双重性。促销人员与顾客直接沟通。可以根据顾客的愿望、需求、动机灵活地采取必要的协调行动，既达到了产品或服务销售的目的，还可以促使双方建立友谊，拉近了顾客与餐饮企业的关系。在长期保持双方友谊的基础上展开餐饮产品的销售。

（4）满足需求的多样性。促销人员与顾客直接接触可以满足其多样的需求。首先，通过促销人员有针对性地向顾客宣传、介绍餐饮企业产品，满足顾客对产品的信息的需求；其次，通过直接销售，满足顾客方便购买的需求；最后，通过促销人员热情、真诚、礼貌的服务，满足顾客求尊重的心理需求。

虽然餐饮人员促销有上述优点，但它也存在一定的局限性。主要表现在人员促销的成本较高，支出较大，由于促销人员接触顾客范围的有限性，在市场广阔而又分散的情况下，不适宜采取人员促销；对促销人员的素质要求较高，促销人员素质的高低，直接影响销售的效果。

二、餐饮推销人员的个人素质

人员推销的成败很大程度取决于推销人员，所以推销人员应具有较高的素质。随着餐饮推销人员在企业中发挥的作用越来越大，对推销人员的素质提出了更高的要求，推销人员一般应该具有以下素质。

1. 道德素质

推销人员要有良好的职业道德，作风正派，遵守国家的法律、法规；做到对企业忠诚，对顾客诚信；还要具有为顾客服务的高度的责任心、坚韧不拔的毅力、战胜困难的勇气和敬业精神。

2. 知识素质

良好的推销人员要有良好的求知欲望。合格的推销人员需要掌握的基础知识包括企业知识、产品及服务知识、公共关系知识、法律法规知识、顾客知识及市场知识。另外，还应该掌握顾客心理学、语言学、经济学等方面的知识。一名好的餐饮推销员可以说是一个“百事通”，是餐饮行业的行家。

3. 身体素质

人员推销的特点决定了其工作性质，要求推销人员应该具备良好的身体素质，包括个人的体格、健康状况，又包括个人的仪容仪表、言谈、举止。

4. 心理素质

良好的心理素质是现代推销人员应该必须具备的一个基本条件。面对竞争激烈的市场，推销人员应该具有很强的自信心，以及能够承受无数次失败与挫折的忍耐心。要应付形形色色的顾客，必须加强心理训练，培养正确的推销态度。

三、餐饮人员推销技巧

人员推销具有较强的灵活性。它是推销人员与顾客面对面的交谈，需要根据推销对象的特点和餐饮产品及服务的特点巧妙地运用推销策略。常用的推销策略有以下三种。

1. 试探性策略

又称“刺激—反应”策略，即餐饮企业推销人员用试探性的问话等方式刺激顾客做出购买行为。推销人员在不很了解顾客需求的情况下，用事先设计好能刺激顾客购买欲望的推销语言，对其进行小心谨慎的试探，认真观察其反应，然后根据反应采取相应具体的推销措施。

2. 针对性策略

又称“配方—成交”策略，即推销人员用事先准备好的有针对性的话题与顾客交谈，说服顾客，达成交易。这种策略适用于推销人员事先已掌握顾客的基本需求。推销人员在与顾客接触前需要做大量的准备工作，搜集相关的有针对性的材料、信息；熟悉产品满足顾客要求的性能；设计好推销语言和措施。

3. 诱导性策略

又称“诱发—满足”策略，即顾客在与推销人员推销交谈之前并没有感到或强烈意识到某种需求，推销人员运用能刺激顾客需求的手段或方法激发其潜在的购买需求。这是一种“创造性推销”，需要推销人员有很高的推销技巧。采用这种策略，推销人员要设身处地地为顾客着想，这样才更加有利于把产品“推”向顾客。

四、餐饮人员内部促销

餐饮人员促销还有另外一种形式就是企业内部员工促销，餐厅的每一名员工都是推销人员，都应做好产品及服务的推销工作。

1. 餐饮人员内部促销的含义

餐饮人员内部促销是指向来餐厅消费的顾客利用各种手段进行推销的行动。

内部促销要达到两个目的：一是争取顾客更多的消费；二是提高顾客的满意度，从而争取更多的回头客。服务人员首先要明确推销什么，前提就是要清楚地了解饭店所提供的各类商品和服务项目，通过接受系统和有效的培训，使服务人员掌握推销的技巧。服务人员经过不断的培训，提高了自身的素质，也提高了服务的质量，这本身就形成了一种推销的力量。

2. 餐饮人员内部促销的形式

推销是餐厅服务人员工作的一个重要环节，能够熟练地掌握并运用推销技巧，对餐饮产品的销售可起到积极的作用。

（1）根据用餐者的身份及用餐性质，进行有重点的推销。用餐者身份及用餐性质不同，用餐标准就存在差异。一般家庭宴席讲究实惠的同时也要吃些特色，餐厅服务员应把经济实惠的大众菜及餐厅富有特色的菜品介绍给顾客。对于谈生意的人，服务员要抓住顾客讲排场的心理，菜品、饮料、酒水都要推荐高档的，既显示了其身份又显示了他的经济实力。同时，服务员还要提供优质的服务，使顾客感到被重视。

（2）准确选择推销目标。并不是所有的顾客都接受服务员的推销。所以，在为顾客提供服务时要留意顾客的言行举止，来找出推销对象。从气质类型上说，胆汁质和多血质的顾客比较容易接受服务员的推荐，反之，黏液质和抑郁质的则很难接受。从年龄上分析，年轻人敢于尝试新鲜事物，而老年人一般不但很节俭，而且不太容易接受新鲜事物。要根据顾客的类别进行有选择性的推销，成功推销的概率相对较大。

（3）运用语言技巧，达到推销目的。语言是一门艺术，巧妙的语言会使产品推销达到意想不到的效果。比如，服务员向顾客推销饮料时，有如下三种询问方式，一是“先生，您用饮料吗”，二是“先生，您用什么饮料”，三是“先生，啤酒、饮料、咖啡、茶您需要用哪种”。显然第一、第二种问法不合理，而第三种问法服务员给出顾客几种不同选择，顾客很容易在服务员的诱导下选出理想的一种。可见，利用语言技巧，可大大提高推销效率。

小案例

一张会员卡

有一天，王先生路过一个汉堡店。进去要了一个汉堡，点完餐以后，收银员问他：“先生是否需要再加一包薯条，只要再加4元就可以了。”王先生一想只加4元，那就来一包吧！收银员说：“OK，先生，您已经要了一个汉堡、一包薯条，您看是不是再来杯饮料？”王先生说：“饮料不需要了吧！”收银员说：“再加杯饮料的话，正好有个套餐，一个汉堡、一包薯条加一杯饮料，这样的话可以再省6元。”王先生一想：还能省6元呢。他决定就来一个套餐。收银员说：“好的先生，那就来一个套餐，里面有一个汉堡、一包薯条加一杯可乐。”

王先生掏出钱递给收银员，她接过钱以后又问：“先生，你有我们的会员卡吗？”王先生摇了摇头。她说：“我们的会员卡是全国通用的，凭会员卡在卡友日可以获得汉堡点一送一。如果单独点的话，还可以享受八八折。会员卡是10元一张，您现在购买的是我们的套餐，在这个基础上再加三元，就可以得到一张会员卡，给我一下您的手机号，现在就能激活。”王先生一想这样更划算了，要不就办一张吧！

本来顾客只是想买一个汉堡，因为收银员的成功推销，使顾客不但买了一个套餐，还办了一张会员卡，有效的人员推销能促进餐饮企业的产品销售。人员促销是最古老的一种促销方法，早期经济不发达的时期，商人的沿街叫卖、送货上门等就属于人员推销性质，也是现代餐饮企业常用的促销方式。内部人员促销也是促销的一种，餐厅中的每一位服务人员都可以成为优秀的销售人员，尽可能地提高顾客的消费水平。在商品经济高度发达的现代社会，人员推销仍然是一种重要的促销方式。

（4）结合膳食和服务加强酒水的推销。酒品饮料的销售可为餐厅带来相当可观的经济效益。酒水最有利的推销时机是客人点菜期间。如当顾客在西餐厅点了海鲜类菜肴时，服务员可介绍一两种白葡萄酒供他们选择；在西餐厅，特别是扒房一类的高级西餐厅，顾客入座后，服务员应首先向他们推荐鸡尾酒或开胃饮料。中餐厅可以根据顾客的不同国籍推销酒水。对于欧美宾客可推荐红、白葡萄酒；对于日本、外籍华人或港澳同胞可以推荐黄酒；对于国内顾客可较全面地介绍餐厅所经营的各种名牌白酒和饮料。

小知识 推销菜品的语言技巧

1. 选择问句法——是指在推销过程中不以“是”或“否”的问句提问。

例如：“先生，您要饮料吗？”这样问的结果是选择要或不要，应说：“先生，我们有椰汁、可乐，请问您需要哪一种？”

2. 语言加法——是指尽可能地罗列菜肴的各种优点。

例如：这道菜不仅味道好，原料也十分新鲜，含有多种营养成分，还对虚火等症有辅助疗效！

3. 语言减法——是向顾客说明如果不吃这道菜会是一种损失。

例如：大闸蟹只有阳澄湖一带水域才有，您如果现在不尝尝，回国之后将难得有机会尝到了！

4. 语言除法——是将一份菜的价格分成若干份，使其看起来不贵。

例如：××× 虽然要 30 元一份，但是 6 个人平均下来不过 5 元，您只要花费 5 元就可以品尝到正宗的 ××× 了！

5. 转折法——即先顺着客人的意见，然后再转折阐述。

例如：这道菜确实比较贵，但其原料在市场上的价格就不低，成菜工艺也较复杂，口味别具特色，您不妨一尝！

6. 借人之口法

例如：①顾客们都反映我们这里的 ××× 做得很好，您愿意来一份吗？②我国古代文人 ××× 曾赞誉过湖北的武昌鱼，您如果品尝一下，一定有同感！

7. 赞誉法

例如：这鲍鱼炒饭是我们这里的招牌菜之一，您不妨尝尝！

8. 亲近法

例如：您一直这么照顾我们的生意，今晚我特意介绍一味好菜给您！

任务实施

人员推销的步骤如图 9-2 所示。

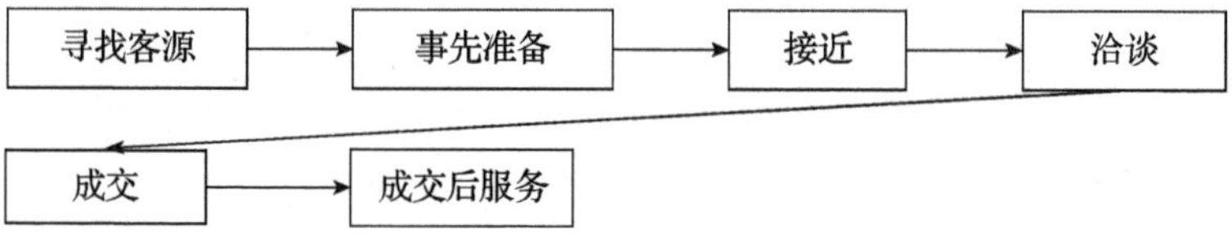

图 9-2　人员推销操作步骤

按照“程序化推销”理论，人员推销操作步骤如下。

第一步：寻找客源。推销工作的第一步就是要找到客源。比如依靠现有顾客或中间商、饭店协会等的介绍和推荐；借助于贸易展览会、推介会，参加各种社交活动。

第二步：事先准备。确定好客源后就要用相应的方法去接近，按以下程序展开。

（1）了解顾客需求。在向顾客推销产品之前，先要了解顾客的需求，了解顾客的购买决策、实际购买者的性格及购买方式。

（2）资料准备。推销人员需要准备如下材料：本餐饮企业的简介、准备赠送给顾客的推销资料等。

第三步：接近。是成功推销的第一步，否则无法展开面对面的交谈。要注意自己的仪容仪表，要有礼貌，给对方一个良好的第一印象。

第四步：洽谈。将宣传材料递与顾客，并介绍餐饮企业的产品及服务。在洽谈过程中，推销人员必须全面介绍餐饮企业的情况，并辅助图片、宣传资料说明，在介绍时必须着重说明该产品能给顾客带来的益处。在洽谈过程中如果收到顾客对本企业的投诉或抱怨，推销人员不要辩解，而是应该马上道歉，并诚心地请求顾客给予改正错误的机会。

第五步：成交。是推销人员接受顾客购买的阶段。好多推销人员认为，接近和成交是两个较困难的过程。在洽谈过程中，推销人员要随时抓住成交的机会，并可以提供一些餐饮企业允许的优惠条件，促成交易。

第六步：成交后服务。是推销人员确保顾客满意并实现重复购买的重要环节。推销人员应该监督有关部门，并且认真执行订单中的保证条款，确保顾客消费过程满意。重要客人到餐厅后，推销人员要到大厅接待，对客人的光顾表示感谢。

任务总结

餐饮企业人员促销是餐饮企业运用推销人员直接向顾客推销餐饮产品或服务的一种促销活动。通过推销人员与顾客之间的接触、洽谈，将产品或服务推销给顾客，从而达成交易，实现既销售产品，又满足顾客需求的目的。餐饮人员促销的一个关键因素就是促销人员的选择，交易能否实现，很大程度上取决于推销人员。人员促销既有外部推销还有内部推销，无论是哪种推销形式，都是为了提高餐饮企业的效益。

实训项目

目标

（1）使学生掌握餐饮人员促销的技巧；

（2）使学生能够运用餐饮人员促销方法制订促销方案，在工作中熟练运用推销技巧。

内容与要求

根据某餐饮企业提供的相关产品信息，运用人员推销的方法，为餐饮企业制订合理的推销程序。

组织与实施评价

（1）以项目团队为学习小组，小组规模一般是 4 ～ 7 人，分组时注意小组成员在知识、性格和技能方面的互补性，选出小组长以协调小组的各项工作；

（2）建立沟通协调机制，团队成员共同参与、协作完成任务；

（3）各项目团队根据实训内容互相进行交流、讨论，并点评；

（4）评价与总结：各项目团队提交实训报告，并根据报告进行评估。

评估指标及标准如下表所示。

表　人员推销操作技能评价评分表

被考评人			考评地点			
考评内容		考评标准	分值 / 分	自我评价 / 分	小组评价 / 分	实际得分 / 分
专业知识技能掌握	餐饮人员促销含义	掌握	10			
	餐饮推销人员的个人素质	掌握	10			
	餐饮人员推销技巧	熟练掌握	10			
	餐饮人员内部促销	熟练掌握	10			
	报告完成情况		20			
通用能力培养	学习态度	积极主动，不怕困难，勇于探索	15			
	团队分工合作	能融入集体，愿意接受任务并积极完成	15			
	道德自律	自觉遵守纪律，有责任心和荣誉感	10			
合计			100			

注：1. 实际得分 = 自我评价总分 ×40%+ 小组评价总分 ×60%。

2. 考评满分 100 分，59 分及以下为不及格，60—74 分为及格，75—84 分为良好，85 分及以上为优秀。

复习思考题

一、填空题

1. 餐饮广告种类有报纸、____________、电视广告、____________、____________、____________、其他印刷品及出版物上的广告。

2. 报纸、杂志刊物广告的优点有____________、____________、____________、制作方便。

3. 餐饮产品广告目标有____________、____________、____________。

4. 餐饮推销人员的个人素质包括____________、____________、____________、心理素质。
5. 餐饮人员推销技巧有____________、____________、____________。

二、选择题

1. 在旅游指南、旅游景点门票、市区地图、电话号码本等处登载餐饮广告，属于________。
   A. 报纸　B. 电视广告　C. 互联网　D. 印刷品广告
2. 广播电台广告的优点有________。
   A. 传播迅速、及时　B. 制作简单、费用低
   C. 效率高、大众性强　D. 费用高
3. 餐饮人员促销的特点有________。
   A. 信息传递的双向性　B. 销售过程的灵活性
   C. 推销目的双重性　D. 满足需求的多样性
4. 餐饮企业推销人员用试探性的问话等方式刺激顾客做出购买行为，描述的是________。
   A. “配方—成交”策略　B. “刺激—反应”策略
   C. “诱发—满足”策略　D. “问话—反应”策略
5. 推销工作的第一步就是要________。
   A. 找到客源　B. 准备资料　C. 洽谈　D. 接近

三、简答题

1. 什么是餐饮广告？餐饮广告媒体的选择需考虑哪些因素？
2. 餐饮广告的操作步骤有哪些？
3. 什么是餐饮公共关系广告？餐饮公共关系广告的类型有哪些？
4. 餐饮人员促销的含义？餐饮人员内部促销的含义？
5. 餐饮人员内部促销的形式有哪些？餐饮人员推销的步骤有哪些？

项目十

餐饮营销策划方案设计

学习目标

知识目标

1. 了解餐饮营销策划的含义和种类；
2. 了解餐饮营销策划书的种类；
3. 掌握营销策划书的结构和内容；
4. 掌握餐饮营销策划的要点。

能力目标

能够撰写餐饮专项营销策划书。

任务导入

某酒店想为新开张的餐厅制订一个餐饮营销策划，酒店营销部小张参与了此次项目。如何编制一份既能为企业解决实际问题又十分规范、美观的营销策划书，初次涉足营销策划的小张是“丈二和尚摸不着头”，于是小张请教了某高校专门研究营销策划的教师，终于完成了策划方案。经过这次项目小张体会颇深，他说：“企业策划好比是一项工程，它有其自身的理论内容和运行规律，并非简单之事，需要营销人员认真学习相关知识，掌握编制和撰写技巧。”

任务分析

餐饮营销策划是餐饮企业开展餐饮营销活动的依据和指导方针，餐饮策划要求餐饮营销人员运用所学知识和理论，通过策划书的形式反映在管理者、其他使用者或参与者面前。编制一份结构完整合理、内容清晰齐全、语言富有感染力，以及具有合理的排版装帧的策划书是现代餐饮营销策划的基本功之一。

知识准备

营销策划（Marketing Plan）是根据企业营销目标，在对企业内部环境予以准确分析，并在有效运用经营资源的基础上，对一定时间内的企业营销活动的行为方针、目标、战略以及实施方案与具体措施进行设计和计划。餐饮营销策划是餐饮企业营销人员或外部策划人员根据营销目标，在分析餐饮企业营销环境并有效运用各种资源的基础上，对特定时间内的企业活动的行为、方针、目标、战略及实施方案进行全面或专项设计和计划的活动。餐饮营销策划可以使企业经营者、策划人及企业员工等在从事营销活动之前对营销条件、战略、定位、策略、实施等各环节有意识地进行深刻思考，从而从本质上提高抵御环境威胁的能力；作为企业发展的科学规划，餐饮营销策划能保证企业在某些因素发生变动时保持经营的连续性；同时餐饮营销策划制订的每个环节的规划目标和任务，能有效激发企业员工的工作热情和责任心，保证工作效率和工作结果。

任务一　餐饮营销策划类型

根据策划活动内容和涉及范围的不同，现代餐饮企业营销策划可以分为综合营销策划和专项营销策划两种类型。

一、现代餐饮综合营销策划

综合营销策划是指餐饮企业营销活动的全过程全方位策划，内容包括营销环境分析和顾客研究、运用STP战略确定企业将为之服务的目标市场及其市场定位、针对目标市场制订确保营业目标实现的4Ps营销组合策略，在此基础上进一步发展为战术实施方案。因此，制订综合营销计划，要求营销人员或策划者掌握餐饮营销的完整知识，综合性地进行全过程策划。现代餐饮企业年度营销计划就是一种典型的综合营销策划。

二、现代餐饮专项营销策划

现代餐饮专项营销策划是指企业针对餐饮市场营销过程的某个环节进行策划的活动。它包括餐饮企业营销过程的部分内容及解决营销过程中的某些专门问题。如市场调研任务和模式策划、展示促销的策划，解决如何利用餐厅条件，合理展示餐饮产品或服务，以实现增加销售的目的等。

专项营销具有局部性的特征，是餐饮企业经常进行的策划活动。餐饮企业的菜品策划及各项专门的促销活动策划等是现代餐饮营销策划所涉及的专项策划。常见的专项营销策划有以下8种。

1. 调研策划

调研策划是根据餐饮企业某项特殊营销要求，针对市场调研的模式、方法、范围、时间、问卷、人员培训、经费预算、实施方案、成果运用等进行的策划。

2. 环境策划

就餐环境越来越成为现代餐饮产品的重要组成，这点已经成为市场营销者的共识。一个好的环境可以起到烘托主题的作用。人们可以通过餐厅建筑物设计、规划，通过对餐厅室内环境装修装饰合理布置各类设施家具，通过音响、灯光、植物以及自然山水的人工雕琢，再加上清新的空气调节等策划来形成特色的餐饮环境。现代餐饮顾客往往对未来就餐环境还会有更高的期盼与要求。

3. 流程策划

流程策划是对餐饮企业的厨房生产、前厅服务等业务活动的工作流程进行的策划，目的在于通过完善流程更好地为顾客提供服务，同时降低餐饮企业的营运成本。

4. 菜品策划

菜品策划是对菜品制作进行的策划，该策划力图通过原料和辅料选用、色彩搭配、造型、盘式、烹饪方法、菜名等，向顾客传递餐饮文化的信息。菜品策划已经成为现代餐饮企业营销策划的重要内容。

5. 菜谱策划

菜谱策划通常包括对菜谱的重新组合形成主题菜谱或特色菜谱，对菜谱上的菜名根据经营者的意图需要重新命名，对菜谱进行款式设计、装帧设计等。现代餐饮营销策划还十分注意对菜谱更新规律的研究。

6. 宴会策划

宴会策划的内容包括根据目标客户的特点设计宴会菜品组合、宴会场景布置、宴会活动程序和组织、与宴会有关的附加服务等。现代餐饮营销策划可以把宴会分成不同的类型，如生日宴会、婚庆宴、会议宴等，并根据宴会类型的区别制订不同的营销策划方案。

7. 服务策划

餐饮企业产品的构成之一是前厅服务，前厅服务是形成餐饮企业特色的重要因素，而且还对服务质量具有显著影响。服务模式的设计要解决的问题是采取规范化还是特色化服务，选用什么特色、如何体现特色及相应的服务人员培训方案等。当然，这种策划方案可以选用多种形式，看看哪种形式最适合自己企业的经营。一般来说服务策划依赖于餐饮产品的性质与特色，企业应该将服务模式与产品的有形展示很好地结合起来，才会达到服务策划的最佳效果。

8. 促销策划

促销策划内容很多，它可以使用多种促销工具进行不同策划。如大型的公共关系活动策划、各类广告策划、专门的营业推广活动的策划、大量利用人员推销的策划等，凡是属于促销范围的活动策划都属于此范畴。促销策划是现代餐饮营销策划中使用频率最高的活动。

小资料

中秋节营销

农历八月十五日是我国传统的中秋节，在中秋节来临之际，某酒楼结合实际情况和中国的传统风俗，为了更好地开展酒楼销售服务工作，达到经济效益与社会效益双丰收的目的，特制订了节日营销方案。

1. 目标顾客

本酒楼的顾客主要是社会中上层人士和政府机关单位工作人员。

2. 定价策略

（1）饭菜基本上可以保持原来的定价，但要考虑与中秋相关的一些菜品的价格，可采用打折（建议使用这种办法）或者直接降低价格的办法。

（2）针对价格高的饭菜，建议采用减量和减价相结合的办法。

（3）中秋节的套餐价格不要偏高，人均消费控制在 20 ～ 30 元（不含酒水）。

（4）其他的酒水价格和其他的服务价格可根据酒楼的实际情况灵活变动，在中秋节的前后达到最低价（但要针对酒楼的纯利润来制订）。

3. 营销策略

（1）制作专门针对中秋节的套餐，可以根据实际的情况分实惠、中、高三等，有二人餐、三人餐等类型，主题要体现全家团圆，可赠送月饼（价格不需要太高）。

（2）如果一家人里有一个人的生日是中秋节当天，凭借有效的证件（户口本或身份证）在酒楼聚餐可享受 5 ～ 6 折（根据酒楼的实际情况决定）的优惠。建议给他们推荐中秋节套餐。

（3）如果手机和固定电话尾号是 815（当地地区以内），可凭借有效证件（户口本或身份证）在酒楼聚餐可享受 5 ～ 6 折（根据酒楼的实际情况决定）的优惠。建议给他们推荐中秋节套餐。

（4）可与其他以住宿为主的大型饭店联合行动，相互介绍客户，这样可以增加客户群，减少一些相关的费用。对这部分顾客可用专车接送，享受协议价格，同时也建议给他们推荐中秋节套餐。

（5）在饭后赠送一些和中秋节相关的小礼物（上面要印上酒楼的名称、电话、地址、网址）。

（6）活动的时间定于农历八月十日至二十日。

4. 推广策略

（1）在酒楼的门口附近、火车站、汽车站放置户外广告（户外广告采用以喷绘为主、条幅相结合的形式）或利用电子屏滚动播放促销活动。

（2）电视、街道横幅和报纸广告相结合。

（3）以酒楼微信公众号推广的形式，介绍酒楼的最新活动。

（4）利用手机 APP 的形式推广酒楼的促销活动。

（5）也可以采用传单广告，但传单的质量必须要高。

注意：以上的广告可同时选择几种，推广的重点在市区，也可以向周边的县市推广。广告的受众最低要保证 15 万人。

5. 其他相关策略

保安必须要保证酒楼的安全，对服务员和相关的工作人员采取一些激励政策，调动他们的工作积极性，在大厅里播放一些高雅的音乐，上菜的速度必须要快，大厅的布置不需要太豪华，但要美观大方，体现出中秋节的味道。

6. 效果预测

如果推广和相关的服务到位，收入最少是平时的1.5倍以上。

7. 其他建议

（1）在服务大厅配备电脑，随时保存重点顾客的资料。

（2）在争取顾客同意的条件下，把顾客的信息输入数据库（关键是顾客的名字和手机号码），为以后的推广服务做准备。

（3）做好酒楼的网站，网站必须要由专业的人士制作，域名既要简单又要好记，网页的设计上要体现出酒楼的特色，颜色以暖色调为主，主页最好有一个大的FLASH动画，还要有新闻发布系统、网上营销系统、顾客留言板、客户论坛、员工娱乐等方面的内容。通过网络营销（最大的优势是受众范围广、花费少）增强酒楼的知名度。

（4）推出酒楼微信公众号，采用关注公众号注册成会员的形式，会员通过公众号可以查看酒楼促销活动，享受用餐积分、积分兑换菜品服务。

任务二　餐饮营销策划书的种类、结构和内容

一、餐饮营销策划书的种类

一份饭店营销策划书，可以根据策划书要起到何种目的、给谁看而有不同的形式。尤其是对不同的对象，策划书应有不同的内容。一般情况下，根据策划书的机密程度可分为内部策划书和外部策划书两种。

1. 内部策划书

内部策划书是绝密的，仅供饭店高层决策者参考。内部策划书在以下7个对策中应有详细的说明（这7个对策应严格对外保密）：策划执行过程中的人际关系对策；策划执行过程中的相关组织和团体对策；策划执行过程中的资金对策；策划执行过程中的障碍因素及消除对策；策划执行时对大众传播媒介关系对策；与策划执行有关的政府机构对策；与策划执行有关的法律问题。

2. 外部策划书

外部策划书是供策划的外部参与人员参考的非绝密文件（但对一般公众仍旧保密）。

外部策划书编写时应注意以下三点。

（1）把握好保密的“度”。在外部策划书中不能透露策划的核心机密，但又必须让外围参与者对策划产生兴趣，明确自己在这项活动中的职责与行动方案。

（2）站在对方的立场上编写，语气、思路都要让对方满意。正确使用敬语使策划

接受方对你的策划方案增加亲切感；逻辑鲜明，采用提纲式编写；尽量逐条分列，重点排列；不使用策划接受方不理解的言辞等。

（3）以“互惠”的态度，指出策划书对策划接受方的好处及相关利益。

二、餐饮营销策划书的结构和内容

不同的营销策划的内容和范围不同，决定了策划书的繁简不同，除了必需的项目外，很多是可选的。策划者的能力不同，策划书的结构和内容也有较大的差别。只要策划书能够向管理者、委托策划者、各部门和员工说明策划方案，从这个意义上说，撰写营销策划书时的结构并无定式，其内容和结构如表 10-1 所示。

表 10-1 餐饮营销策划书的结构和内容

策划书项目	相关要项	注意要点
1. 封面	（1）呈报对象 （2）文件种类、密级、编号 （3）营销策划项目名称	（1）封面纸张式样和质地 （2）标题要有吸引力，可以考虑使用适当的副标题
2. 前言	（1）营销策划的目的、意义 （2）营销策划书展现的内容 （3）希望达到的效果 （4）策划的过程、人员 * （5）致谢 *	（1）字数控制在 500 ～ 1000 字 （2）文字精练，概括性强
3. 目录	（1）标题 （2）副标题 * （3）各章次（或部分）名称 （4）各节次（或问题）名称 （5）附加说明（或附件）*	每个要项后面需要附注页码
4. 营销策划摘要	（1）策划背景与动机 （2）策划主题 （3）策划相关分析结果 （4）营销目标 （5）策划的策略和战术安排 （6）损益分析 （7）策划进度 （8）策划控制 （9）策划所需物资和场地 * （10）附加说明（或附件）*	（1）各要项是对策划书主要内容的高度概括，基本要求是既反映全貌又简洁扼要 （2）篇幅控制在 2 ～ 3 页 （3）营销目标只用于年度营销策划书
5. 策划背景和动机	（1）餐饮企业的基本状况 （2）与策划相关的餐饮企业设备及服务项目 （3）餐饮企业的目标客源 （4）当地交通和气候 （5）潜在客源的增长形势 （6）营销策划的理念和动机	（1）该部分用于打动管理者 （2）该部分对策划本身的意义在于发现策划可能存在的约束条件

续表

策划书项目	相关要项	注意要点
6. 策划主题	（1）营销策划目标 （财务指标和市场营销目标） （2）营销策划品的特征 （3）顾客对该策划品的需求	（1）策划品的含义之策划的客体，可以是餐饮产品、促销活动计划、广告方案等 （2）策划中把握三者关系的是：通过策划品的特性被顾客接受（符合需要），进而实现营销策划目标 （3）策划主题要有针对性，要简洁易懂，但必须要有视觉冲击力 （4）营销策划目标适用于年度营销策划以外的策划项目，由于它们的目标是既定的，所以列于此 （5）目标不能概念化，必须转化成能量化指标
7. 营销策划相关分析	（1）餐饮企业的微观环境分析 （2）餐饮企业的宏观环境分析 （3）SWOT 分析 （4）结论与建议	微观和宏观环境分析的因素及选择参见本教材项目二内容
8. 现代餐饮营销策划目标	（1）财务目标 （2）市场营销目标	（1）本项目适用于年度营销策划书的编制。因其在相关分析基础上确定，故列于此。专项营销策划不需该项目 （2）目标不能概念化，必须转化为量化指标
9. 营销策划战略及主要策略	（1）制订目标市场战略 （2）制订营销组合策略 ——产品策略 ——价格策略 ——促销策略 ——渠道策略 （3）营销预算	（1）目标市场战略要求明确策划进入的细分市场及其特征 （2）营销组合策略包含的内容根据策划内容确定，综合策划包含的组合因素多，专项策划仅需使用与现实策划目标有关的营销组合因素 （3）营销预算应注明金额、用途和理由
10. 营销策划战术安排	（1）针对各项营销组合策略的具体行动方案 （2）策划进度表	将两方面结合撰写，将行动方案的内容、时间、期限、费用分配、责任人通过图表形式扫描出来
11. 项目风险表	（1）风险 （2）来源 （3）程度 （4）解决办法 （5）预算出现的时间	（1）只适用于现代餐饮专项营销策划 （2）要尽量列出风险项目 （3）解决办法应多些途径
12. 损益分析	预测的损益表	尽可能与实际情况相符，禁止浮夸
13. 营销策划控制	（1）执行过程的管理办法 （2）执行进度的管理办法	通常可采取将目标、行动内容、预算按月或按季度分开，便于监控

续表

策划书项目	相关要项	注意要点
14. 附加说明（或附件）*	（1）策划所需的物资及场地 （2）其他需说明的问题 （3）各项附件资料、图片等	附件有助于帮助理解策划方案的内容，或佐证策划方案的可能性，应予以重视

备注：表中 * 表示可选项目，根据实际选择是否需要。

任务三 餐饮营销策划书的撰写和制作技巧

一、构建框架

开始学写营销策划书时，有人会经常在搜集了一些零散的资料之后就迫不及待地撰写，即使是营销策划的老手有时也会犯这类错误。在对这些资料加以整理、分类后，在书写营销策划书之前，先用因果关系图（也称树状图）将策划的有关概念和框架汇集于一张纸上。用一张纸来描述策划的整体构想，其目的在于将核心问题、内外环境因素及解决问题的思路清晰地展现出来。

二、版面设计

营销策划书的版面设计要掌握的原则是有利于使用者理解、阅读，并促使他们接受策划。因此，应该统一营销策划书中各部分所使用的符号。

具体应注意的事项如下。

（1）确定版面的设计。包括每页标题的位置、版面中文字和图片的位置、页码的位置和设计等。

（2）目录的设计排列不应该一成不变，防止刻板老套。

（3）多运用图表、图片、插图、曲线图及统计图表等，并注意辅之以文字说明，增加可读性和感染力。

（4）通过每一页的策划识别符号来增加版面的美感。因此，不妨在标题前加上统一的识别符号或图案，作为策划内容的视觉识别。

（5）自行设计的文字符号将会产生意想不到的效果，应该适当加以应用。

标题可以分为主标题、副标题、标题解说等，通过这种简练的文字，使策划书的内容与层次一目了然。

三、撰写技巧

（1）在正式的营销策划书中，要附摘要和前言。前言的撰写最好采用概括力强的方法，如采用流程图或系统图。

（2）在书写营销策划书之前，要在一张图标上反映出计划的全貌。

（3）巧妙利用各种图表。

（4）适当举证。举证或举例既可以是正面的国内外企业营销的成功范例，也可以是反面的经验教训。

（5）利用数字说明问题。任何经济活动都应考虑经济数量关系，如销售额、利润率、市场占有率、价格等。所以，在营销策划书中应注意利用数字来说明问题，在营销策划中也应有数量的计划安排。

（6）策划书的体系要井然有序，局部也可以用比较轻松的方式来表述。

（7）策划书的各部分之间要做到承上启下。

任务四　餐饮营销策划的要点

一、准确识别问题

准确识别策划要解决的真实问题，策划人员可以从以下三方面考虑。

（1）策划人员要善于发现问题。只有那些对餐饮企业来说十分重要而且十分紧迫的问题，才能成为策划的问题。因此，策划人员只有训练自己的问题意识，提高自己发现问题、分析问题和解决问题的能力，才能最终具备掌握策划对象的能力。

（2）策划人员要弄清委托者的本意。如果是单项策划，就应该弄清委托者的本意是为了提高销售额，还是为了增加利润。

（3）策划人员要对策划对象进行深入的调查研究。餐饮策划对象的差异，要求调查研究应有针对性。策划人员既要全面收集各种信息，同时又要学会过滤那些无关紧要的问题，以便集中精力对真正的策划对象做深入细致的调查。

二、明确策划主题

1. 过滤主题

具有强烈问题意识的策划人员可以发掘出很多策划对象，但并不需要把每一个策划对象都主题化。精心选择策划对象，把力量集中在必要的主题上是每个餐饮企业对策划工作的又一要求。一般来说，企业确定策划主题时必须思考这些问题：该策划对象为什么被选为策划主题？如果针对该主题提出策划案，可能会产生什么效果？自己是否具备完成该策划案的能力？

2. 筛选策划对象

为了突出重点策划对象，就要对很多问题进行过滤和筛选。筛选工作可以交给餐饮企业业主来完成，也可以由业主组织专门的专家委员会通过集体讨论来确定最终的策划对象。

3. 使决策者或委托者接受策划方案

任何策划案在拟定完成之后，首先要做的事情就是使你的策划案获得业主的认同。因此，策划人员在提出策划案之前，就应该做好充分的准备，使自己的策划案能够顺利通过。

（1）策划案提交前的准备工作。①现在一般采用多媒体投影展示策划材料，所以要认真做好各种准备，并能做到熟练操作，要注意展现效果的最佳化；②其他相关辅助资料，如录像、图标及各种理论或名人名言、最高领导者曾说过的话等要准备充分；③要提前熟悉场地及座位等的安排，以避免临场心里紧张而不利于演说能力的发挥。

（2）策划人要学会巧妙阻击反对者的意见

阻击反对意见，可以做到“化敌为友”。这种方法是在策划过程中，将评审人员或决策人员也纳入策划工作小组，让他们以某种方式参与计划的制订，并把他们的意见或建议运用于策划之中。这实际上是把评审人员变成了“统一战线”的盟友。事实上就是运用业主的更多建议来进行策划构思，少走弯路，提高策划的成功率。

三、成功执行营销计划的关键问题

现代餐饮企业要成功执行营销计划，关键的问题在于如何把营销策划书的策划方案转化为一系列的活动部署。为此需要做好以下工作。

1. 做好企业资源分配工作

在执行营销策划时少不了要利用餐饮企业各种资源（资金、人员、精力等），为了保证策划得以执行，需要在方案、职能、战略之间合理分配资源，并确定向各种拟定的营销活动分配合理资金、人员等企业资源。

2. 餐饮企业要充分做好组织工作

现代餐饮营销策划的执行要充分依靠组织力量，只有靠组织的支持和协助才能实现预期的目标。要充分运用组织的力量，做好企业成员的协调与说服工作，使全体员工都来支持协助策划方案的执行，争取获得他们强有力的支持。

3. 考核工作

餐饮企业的销售额、销售成本、利润和顾客满意度是考核的 4 个主要方面。在餐饮营销专项策划书执行过程中，需要从多个角度对营销业绩进行评价与考核，并随时根据评价与考核的结果做出适当的调整，使策划能按预定轨道取得预期的效果。通过考核，既可以防止策划意图的曲解，也可以避免环境的变化造成对策划执行的影响，以便能获得正确、客观的营销效果。

任务实施

餐饮专项营销策划过程如下图所示。

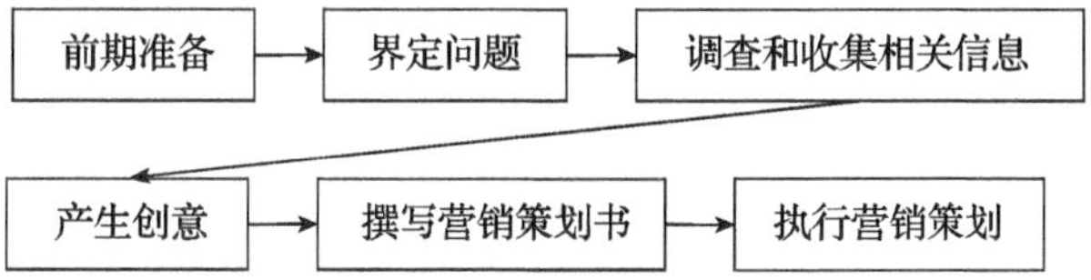

图 餐饮专项营销策划过程

第一步：前期准备。餐饮营销专项策划其复杂性相对综合策划来说要小得多，专项策划的重点和关键在于，如何把餐饮产品或某项服务给销售出去。因此在进入正式策划之前，一般可以事先确定策划项目的目标市场，并对目标市场顾客进行分析和选择策略。营销目标和策略是营销策划的基础，营销策划是为实现营销目标服务的。所以在营销目标中要指出必须完成什么目标任务；在营销策略中必须指出实现目标的各种方法。

餐饮营销专项策划一般是受人委托来进行的。因此，与综合策划不同，餐饮营销专项策划有其明确的策划目标。因此营销专项策划的目标通常也可以在正式策划前予以确认。

第二步：界定问题。

（1）界定问题是专项营销非常重要的步骤。问题界定不清做出的策划可能达不到管理者或委托者的目的，甚至与其相左，这样的策划就不能被接受甚至注定会失败。为此，可以用下列方法界定餐饮营销专项策划面临的相关问题。

（2）寻找首要问题。餐饮企业策划委托者在和营销策划人员交换意见时往往会涉及若干问题，但这些问题的重要性并不是同等的。营销策划者应善于将面临的多个问题，根据策划的目的和要求进行重要性排序，把最重要的问题找出来作为首要问题来解决，这才是最终全面解决问题的好方法。

（3）细分问题。解决问题就要抓住问题的本质，要找到问题的本质就要对问题不断进行细分，直至找到它的基本构成单元，这就使得问题的本质能够清晰地表现出来。这个办法就是平常所说的透过现象看本质。

（4）“刨根问底”法。通过提出一系列的“为什么”，直至得到问题的答案，会使答案变得越来越清晰。

第三步：调查和搜集相关信息。该步骤与餐饮营销综合策划搜集信息的方式基本相同。只不过单项策划的信息收集工作要单纯得多，营销人员也更容易实施和操作。

第四步：产生创意。产生创意是餐饮营销专项策划灵魂所在，策划方案的质量、档次和风格都可以透过创意而表现出来。

第五步：撰写营销策划书。完整的创意完成后就可以撰写营销策划书了。餐饮营销专项策划对策划书的撰写要求与综合策划的情况大致相同，主要区别是在结构上两者稍有不同。

第六步：执行营销策划。策划案获得通过后就进入了策划的执行阶段。策划的实施要以策划案的实施计划为指导，因此策划的实施者要充分了解策划案实施的内容。一个优秀的策划案只有通过良好的实施才能实现其预期效果；如果不能很好地实施，再好的策划案也只能是纸上谈兵。因此，策划人员要充分运用自己的组织、协调与说服能力，使各部门既分工明确又能够良好的协作，通过企业团队整体战斗力的充分发挥，来实现策划案的目标。

小知识

创意是人们为了能够更好地达到一个预定的策划目的，采取一种或多种表现形式来营造一种氛围，这种氛围具有鲜明的个性与独特性，这个过程就是创意。

创意和策划、点子是三个不同的概念。其中，策划是生命，创意是灵魂；策划为纲，创意为目；点子是个人的突发灵感，但创意是一项需要组织的系统工作。

创意技术。创意技术是为了清楚地表达出想要表现的一个主题所采用的技巧或方法。现代餐饮营销策划人员需要掌握一定的创意技术。创意技术包括以下8种。

（1）极限创意。即在创意中追求给人带来极限感受的创意技术。通过创造极限，达到创意目的。

（2）煽情创意。又叫激情创意技术，是通过在一个极度矛盾冲突或极度感情冲突的氛围里，在解决矛盾或释放感情的同时，产生创意的技术。

（3）逆向创意。用与一般人的思路相反的思想方式去产生创意，使人因没有想到而产生强烈印象。如成都市有一家“光头香辣蟹”餐厅，所有员工都剃光头，就连女员工也不例外。按照人们的正常思维，女人不该剃光头，但是，“光头香辣蟹”餐厅门口的迎宾恰恰就是个“女光头”！

（4）无关联想创意。通过对和欲达到目标无关的食物进行联想，然后在这个联想的基础上继续联想，最后一直延伸到欲达到的目标上的创意技术。这种方法实际是要寻找两个无关事物的本质的趋同点。

（5）精神打包创意。将有关的思想、精神的产品或成果进行整合、剥离、重组、复制等一系列技术加工后，形成创意的技术。

（6）语意直觉创意。这个方法是先创造一个概念，然后再根据这个概念产生创意。

（7）跳跃思维创意。用大跨度的跳跃性思维进行创意的技术。

（8）怪异创意。用行动、思维、语言、色彩、饰品等各种表现形式让大多数人感到诧异，从而产生创意的技术。

任务总结

餐饮营销策划是餐饮企业营销活动的一项重要工程，它分为餐饮综合营销策划和餐饮专项营销策划两类，前者以企业年度营销策划为最常见，后者则内容较多，是餐饮企业经常进行的策划活动。

餐饮营销策划书是餐饮营销策划的主要表现形式，可以分为内部策划书和外部策划书两种。营销策划书的内容和结构及撰写制作技巧是营销策划人员要掌握的基本功之一，尤其是餐饮专项营销策划书的撰写和编制。

实训项目

目标

撰写一份餐饮促销专项营销策划方案。

内容与要求

（1）以节日促销或宴会促销为主题；

（2）以小组形式完成，小组人员不得多于 3 人。

组织与实施评价

（1）确定策划目标，小组人员明确分工；

（2）收集相关资料，确定策划思路；

（3）撰写策划书。

评估指标及标准如表 10-2 所示。

表 10-2　餐饮专项营销策划技能评价评分表

被考评人			考评地点			
考评内容		考评标准	分值 / 分	自我评价 / 分	小组评价 / 分	实际得分 / 分
专业知识技能掌握	策划书的内容结构	掌握	20			
	策划书编写技巧	掌握	15			
	策划书语言表述	清晰准确	10			
	策划书条理性	清楚	10			
	策划书创意	新颖	5			
通用能力培养	学习态度	积极主动，不怕困难，勇于探索	15			
	团队分工合作	能融入集体，愿意接受任务并积极完成	15			
	道德自律	自觉遵守纪律，有责任心和荣誉感	10			
合计			100			

注：1. 实际得分 = 自我评价总分 × 40%+ 小组评价总分 × 60%。
2. 考评满分 100 分，59 分及以下为不及格，60—74 分为及格，75—84 分为良好，85 分及以上为优秀。

小资料

龙柏饭店婚宴组合策划书

一、任务概述

龙柏饭店位于上海著名的虹桥高级商住区。饭店以商务客人、会议客人作为主要的目标市场。在森林般茂盛的花园里、标准的网球场上，可以看到悠闲散步、运动健身的客人，幽静中充满了生命的活力。

为了充分利用饭店现有资源，进一步拓展经营市场，拟开发婚宴组合产品。婚宴市场的需求量足以成为饭店的又一个经营热点，预计能给饭店带来 15% 的销售收入。

二、市场分析

据不完全统计，目前上海四、五星级饭店餐饮生意中的 30% 的营业额来自婚宴。饭店之所以对婚宴客人有吸引力，主要有如下一些优势：饭店环境优雅，“够派头”、上档次；有客房，可供客人闹新房；配套服务内容多，节省了客人的精力。

如今，人们对婚礼很看重。新人们采购化妆品、服装、床上用品等大多喜欢到东方商厦、巴黎春天、华亭伊势丹，往往是手拎大大小小的包装袋满载而归。而到大卖场去买家电、家用消费品，品种多、花色多，价格又比商店里便宜，很实惠。

到婚庆公司买喜糖也成了上海的一大时尚。沪上 50 多家婚庆公司、喜糖超市生意普遍兴旺。据玫瑰婚典喜糖公司反映，一天的喜糖销售能达到 10000 多元，不少年轻人看中的是婚庆公司的喜糖品种多、包装新、口味新，新人还可以根据自己的需要定做喜糖，时髦又有个性。

结婚定要风风光光地拍套结婚照。维纳斯淮海店每天要接待 10 对新人，结婚照的价格从 3000 元到上万元不等。

结婚要有鲜花、名车相伴，据沪上一家租车公司统计，每月出租凯迪拉克、林肯、宝马、奔驰这样的名车达 30 辆次，价格不菲。

总之，新人们的心理是：一辈子一次，该隆重些。但他们很忙，不想为此花费太多的精力。显然，婚宴市场的需求，饭店大多给予了满足。在占饭店餐饮营业收入 30% 的喜筵中，大多价格在 1000 多元，如果婚宴策划更有些情调、内容更丰富些、服务更周到些，相信有一部分客人愿意出更高的价格来购买更值的产品。

上海五星级饭店中，花园饭店的婚宴起价每桌为 1888 元，他们有别于一般的饭店婚宴。这一层次顾客的需求尚未完全满足。

三、饭店环境、设施和服务项目概况

饭店位于虹桥路 2419 号。虹桥路是上海西区的一条重要通道，周围集中了世贸商城、国际贸易中心、国际展览中心、友谊商城等高级商展、商住场所。

此外，这里也是上海最主要的高级住宅区、外籍居住中心区，如古北新区、龙柏花苑、锦江经纬、皇朝别墅等。虹桥路是高档的象征。

饭店的面积是其他任何竞争对手所不可比拟的，拥有上海商务饭店中最大的花园，森林般自然、安静、怡人，品种达上百种之多的花卉，把园地装扮得分外娇艳。园内神奇地缀着几块湖面，你可以在它的旁边欣赏倒影或是垂钓，偶尔在你不经意时，会有小鸟过来与你“对话”。这里有一种世外桃源的感觉。

饭店的客房隐在树林之中。客房内有电视、小酒吧、电话、七国语言的电视频道及与机场同步的即时航班信息频道、电热水瓶、吹风机等，可享受免费送报、擦鞋等服务。

四季厅是宴会厅，可容纳 250 人同时用餐，供应中式菜点。营业时间为 11：00—23：00。

茉莉厅装潢华丽，可容纳 100 人宴请。营业时间为 11：00—22：00。

莲花厅是一个点菜厅，有餐位 150 个，以经营上海菜为主。营业时间为 7：00—21：00。

沙逊花园餐厅是一个西餐厅，德国厨师主理。营业时间为 7：00—24：00。

此外，饭店还提供野外烧烤，可供近千人举办野外冷餐会。

饭店的综合部是沪上设施最好、项目最齐全的综合部。拥有室外标准网球场，室内标准游泳池、壁球、桌球、保龄球、健身房等数十个健身娱乐项目。

四、婚宴目标顾客

饭店的主要客源市场来自外籍职员、社会名流、外资商社、银行及证券机构等，这些客人层次高、消费额大，对饭店产品服务质量要求高，对环境也比较挑剔。所以，婚宴客人的层次也要高一些。

根据饭店的特色，通过设计独特的婚宴包价，将目标市场定位在月收入3000元以上的白领阶层是可能的。

每桌筵席的最低价为1588+15%服务费。

五、竞争对手情况

这一目标市场的主要竞争者是花园饭店的“花园婚典”。

花园饭店推出的主题是：锦绣婚宴在花园。一年举行四次婚宴发布会，请有关婚宴公司协助，展示婚宴模拟程序。

主要产品：1888元/桌、2880元/桌、3280元/桌。

主要享受项目：每桌精美菜单、主桌精美鲜花、嘉宾签名册、新娘换衣室1间、婚宴当晚免费停车券2张、婚礼程序策划、红地毯、音响、音乐、灯光，提供婚礼附属商品服务。

凡惠顾8桌以上可享有：新婚当晚蜜月标准房1间、新人次日玫瑰餐厅早餐、新房内鲜花1盆、新娘手捧花制成的卡贝艺术画1幅。

凡惠顾12桌以上可享有：新婚当晚蜜月标准房1间、新人次日玫瑰餐厅早餐、新房内鲜花1盆、新娘手捧花制成的卡贝艺术画1幅、新人午夜喜点、新婚次日饭店专车送新人（限市区内）。

凡惠顾20桌以上可享有：新婚当晚蜜月标准房1间、新人次日玫瑰餐厅早餐、新房内鲜花1盆、新娘手捧花制成的卡贝艺术画1幅、新人午夜喜点、新婚次日饭店专车送新人（限市区内）、玫瑰餐厅周末自助餐券2张。

六、婚宴产品组合方案

根据上述分析，龙柏饭店应利用独特的资源优势，设计竞争对手所没有、所无法模仿的产品，就有可能取胜。

1. 婚礼形式

（1）中西式婚礼仪式。在美丽的花园草坪上，缕缕阳光，小鸟嬉闹……乐队在演奏着欢快的乐曲。迎宾小姐、先生穿着中式（或西式）盛装，按中式（或西式）程序欢迎新人们……绿色的草坪，嫣红的地毯，专业的服务，让您倍感与众不同的温馨爱恋，纯洁的纱裙飘拂在草原浪漫的微风里。让新人们记住这花、这天、这气氛、这日子。

（饭店提供迎宾小姐、先生和经验丰富的司仪，代请乐队）

（2）焰火晚会（价格视婚宴规模商议）。当筵席完后，夜色中星星闪闪，灯光点点的花园里，喜庆的焰火在空中绽放……人们拥着新人，这样的情景，使婚宴进入高潮。

（饭店位于内环线之外，允许放烟花，这是一个有利条件。）

（3）浪漫同心结仪式。在花园里，有许多高大的树木，新人们可以把心爱的物品挂在树上。佳偶天赐，眷属终成，爱的坚定与永恒在此同心留驻。

（饭店提供精心设计的升降台）

（4）水上婚礼（价格视婚宴规模商议）。饭店的室内游泳池宽敞、气派，在蓝色的水波上搭一舞台，上铺红地毯，婚礼仪式就在这里举行。蓝色是永恒，爱情是蓝色的。

（饭店布置）

（5）花好月圆宴。经典欧陆风尚的花园自助餐（每人200元起）。上海滩唯一的户外草地餐厅，让人生中最美的一季永存真挚的诗篇。

2. 婚宴产品组合

A. 龙凤呈祥宴（每席1588+15%服务费）

凡惠顾10席以上，可获赠：

（1）蜜月房一晚（或提供豪华行政房一晚，补差价800元）；

（2）客房内精美鲜花篮和鲜果篮各一份；

（3）次日沙逊花园西餐厅欧式自助早餐两份；

（4）婚宴中雪碧、可乐、青啤畅饮（限时2小时）；

（5）提供主桌鲜花布置；

（6）提供音响设备；

（7）提供大巴士一辆接送客人（30千米内）；

（8）提供来宾泊车车位。

B. 玫瑰双人行（每席1888+15%服务费）

凡惠顾10席以上，在获赠（1）～（8）项基础上再增加或升级为：

（9）第（1）项中蜜月房升级为豪华行政房；

（10）第（3）项升级为次日早餐送房服务；

（11）提供隆重婚礼仪式（视当日天气而定）；

（12）提供迎宾花门1个；

（13）提供香槟塔；

（14）主桌赠送张裕大香槟1瓶；

（15）赠送三层喜庆蛋糕1个；

（16）嘉宾签名册1本；

（17）举行浪漫同心结仪式（视当日天气而定）；

（18）制作婚礼VCD（像带由新人提供）。

C. 豪华连理宴（每席2388+15%服务费）

凡惠顾10席以上，在获赠（1）～（18）项基础上再增加或升级为：

（19）第（9）项中豪华行政房一晚升级为两晚；
（20）入住期间，综合部所有项目（美容、按摩除外）免费开放（限新婚夫妇）；
（21）每桌赠送鲜橙汁两桶；
（22）主桌赠送龙凤立雕1座；
（23）每桌赠送王朝干红1瓶；
（24）主桌赠送进口香槟1瓶；
（25）赠送天然精美押花1幅。

D. 宝贵同心宴（每桌2888+15%服务费）

凡惠顾10席以上，在获赠（1）～（25）项基础上再增加或升级为：
（26）第（19）项中豪华行政房两晚升级为豪华套房两晚；
（27）提供婚宴前花园婚礼仪式的迎宾饮料（雪碧、可乐、锦碧矿水、青啤）；
（28）每桌赠送王朝干红两瓶；
（29）赠送度身量做的主题漫画、饭店婚房布置；
（30）奉送价值1000元的龙柏消费券。

七、广告策划

1. 广告创意和策略

主题：龙柏——您的爱情伊甸园

表现：①强调森林花园特色；②自然之美；③花园别墅前铺着红地毯，伸向绿色的草地深处，这是典型的东方色彩，烘托喜庆气氛；④蓝色的湖面，亭轩楼阁，曲桥潺水，象征爱的永恒；⑤白领、著名球星等的婚礼；⑥树上挂着同心结纪念品；⑦阳光从窗口进入婚房，桌上是精美的早餐。

策略：①让顾客知晓龙柏的婚宴产品。各媒体发广告（2008年3月开始）；策划球星的婚宴（2008年5月）；邀请沪上白领人士参加龙柏游园会（2008年6月）。②加深对龙柏婚宴产品的印象。电视台密集广告（2008年9月，每天有30秒，连续一个月）；与电视台“爱情牵手”专栏合作办一次节目，地点在龙柏花园。③提示顾客：2009年开始每月一次广告，每季一次形象推广活动。

2. 媒体策略

（1）《上海新娘》杂志。这是一本面向沪上婚宴市场的杂志，针对性很强。做2008年5月—2009年5月全年广告。

内容：龙柏婚宴形象、龙柏婚宴产品、新人在龙柏办婚宴的专访。

费用预算：37800元。

（2）《That's Shanghai》《Shanghai Talket》。这两份刊物面向在沪外籍人士和白领阶层，而这些读者是饭店婚宴的重要客人，他们对浪漫婚宴的向往及消费能力，决定了他们会在阅读刊物的休闲阶段，有兴致看龙柏的婚宴广告。做全年广告。

内容：龙柏的婚礼形象、完善的健身设施、自然之美。

费用预算：53000元。

（3）《申江服务导报》《新闻报》。这是沪上多数年轻人喜欢的两份报，一份以休闲为主，一份以经济信息为主。

内容：婚宴产品。

费用预算：70000元。

八、营业推广活动（如表10-3所示）

表10-3　营业推广活动方案

时间	活动内容	邀请对象	费用预算/元
5月	著名球星婚宴（婚礼仪式、同心结仪式等）	由新人确定新闻界人士（征得新人同意）	新人支付筵席成本，其余费用由饭店负责（约2000元）
6月	龙柏游园会观赏、游戏、抽奖等	沪上白领阶层，向沪上有影响的30家公司发请柬	30000
8月	游泳比赛	与沪上有影响的50家公司合作	20000
9月	龙柏室外音乐会	在沪境外人士、电视台爱情俱乐部、专栏嘉宾	10000
	龙柏啤酒节	境内外青年	售票
10月	赏月晚会	情侣	售票
	焰火晚会	情侣	售票
11月	桂花节《森林野餐》	情侣	售票
	爱情相约 联谊活动	由红娘公司选择100对寻觅者	10000
12月	圣诞节晚会 圣诞大餐 水上芭蕾	情侣优惠6折	15000

【点评】

饭店竞争的核心是产品服务的竞争，所以要想在激烈的市场竞争中立于不败之地，饭店必须不断完善现有产品和服务，策划新的产品和服务。

饭店产品分为核心产品和附加产品。例如床、带毛巾的浴室、电视机、餐厅等就是核心产品，健身设施、游泳池、洗衣房等就是附加产品，这两种产品组成了饭店的总产品。通常附加产品的提供是竞争对手所无法做到的，于是便形成了竞争优势。

策划新产品的想法来自顾客的需求，或者是从竞争对手那儿得来的启发。有时候，饭店只需要对现有产品进行重新包装或者扩大附加值，一个新产品就诞生了。而所有这些都应该是从顾客的需要出发、根据饭店自身的特点，努力使这种产品让竞争对手难以模仿。

当然，产品的策划与饭店的市场定位直接相关，无论是完善现有产品还是推出新产品，都必须围绕饭店的目标市场进行。具体说来，这些产品所面对的顾客、产品的价格和质量标准等应该是与饭店的目标市场相一致的，如果出现偏离，就有可能损害饭店的原有市场形象。

龙柏饭店婚宴策划就是一种产品服务的策划，推出这一产品的目的，是希望能够实现占饭店 15% 的营业收入，而这一设想的来源是人们越来越青睐在饭店举办婚宴，各饭店的婚宴收入所占的比例也越来越高，这是一个有发展潜力的市场。

那么龙柏饭店的婚宴市场怎样定位？产品怎样设计才有吸引力？策划书在这些方面的考虑应该是很成功的。饭店的目标市场是高级商务客人，所以婚宴客人的层次也应该相近，因此策划书把目标定在月收入 3000 元以上的白领阶层，问题是这一产品有什么优势，才能以较高的价格吸引这些客人？

策划书分析了饭店的设备、设施、环境，饭店的花园是其他商务饭店所难以媲美的，规模庞大、设施齐全的健身俱乐部也是开发附加产品的有利条件，婚礼需要热烈、祥和的气氛，燃放烟花可以达到这一气氛，而环线内的饭店不可以燃放。所有这些正是饭店的优势，在这些优势基础上去策划婚宴产品，竞争对手就很难模仿。

策划书正是利用饭店的优势分析了竞争对手的产品，设计了多种婚宴产品的组合，显然，组合主要是在附加产品上做了些努力，如花园里的婚典仪式、永结同心树、水上婚礼、宴席后的燃放烟花等策划是极其成功而又富有诱惑力的，这是竞争对手很难模仿的。

策划书的另一个成功之处是重视广告、营业推广的设计。一个好的产品必须通过有效的途径告诉目标顾客，通过活动让目标顾客进行体验，才能促使他们来购买。广告的创意很新、主题明确、选择的媒体有较强的针对性，而且采用房金抵充或联手举办活动等形式，使广告费用控制在最低限度。营业推广活动的设计富有诗意，对于恋人是浪漫的选择。

策划书不足的地方是：①可行性分析显得简略了点。一种新产品的推出，需要进行详细的可行性分析，包括对市场需求量和市场潜力的估计、预计市场份额、估计生产成本和营销该产品服务的所需费用、估算开发这一产品的收益等，这样，策划的价值就会大大提升。而这份策划书只是依据婚礼公司的销售情况、新人们在婚礼方面的消费支出等相对笼统的分析，得出这是一个有潜力的市场的结论，至于这一市场的规模有多大、产品推出后能否有足够的利润等，没有作估算和预测。②策划书选择的竞争对手很恰当，但在竞争分析时显得有些草率，因为用来分析的资料基本上是竞争对手公开的资料，而对竞争对手的服务水平、服务技巧、婚宴气氛设计、附加产品的价值等没有作详细的了解和剖析。

复习思考题

一、填空题

1. 餐饮营销策划可以分为____________和____________两种类型。

2. 餐饮营销策划书根据机密程度分为____________和____________两类。
3. 界定餐饮营销专项策划面临的相关问题的方法有____________、____________和____________。
4. 创意是人们为了能够更好地达到一个预定的____________，采取一种或多种表现形式来营造一种具有鲜明的____________与____________的过程。
5. 现代餐饮营销策划可以把宴会分成不同的类型，如____________、____________、____________等。

二、选择题

1. 餐饮专项营销策划中使用频率最高的营销活动是____________。
   A. 宴会策划　　B. 促销策划　　C. 服务策划　　D. 菜品策划
2. 下列____________是成功执行营销计划的关键问题。
   A. 准确识别问题　　B. 企业资源分配　　C. 组织工作　　D. 考核工作

三、简答题

1. 简述餐饮营销策划的定义。
2. 简述餐饮专项营销策划步骤。
3. 餐饮营销策划书撰写和制作的技巧有哪些?
4. 简述餐饮营销策划的要点

项目十一

餐饮服务营销

学习目标

知识目标

1. 理解服务营销基本概念、特点；
2. 掌握餐饮服务营销设计的程序；
3. 掌握餐饮服务差距的分析方法。

能力目标

1. 能够设计餐饮服务营销活动；
2. 能够找出消除服务差距的措施。

任务导入

东来顺的服务营销

东来顺始建于1903年，距今已有百年历史。东来顺是京城著名的涉外旅游定点清真老字号饭庄，北京市一级餐馆单位，以经营传统风味涮羊肉而驰誉海内外。东来顺着力于以品牌为依托，以餐饮主营为基础，以专业连锁为主线，以产业化经验发展为链条，继承诚信为本、艰苦创业的优良传统，不断创新，建立具有清真特色、连锁特许经营的东来顺集团化公司。

东来顺针对顾客对服务的新需求，进行服务过程创新，即根据顾客不断变化和升级的需求，对服务流程和规范进行调整和创新，以满足顾客的需求。比如，家庭聚会式的吃饭，东来顺服务人员会根据不同年龄段的顾客提供不同的服务；对于初次到东来顺吃饭的顾客，服务人员会根据顾客不同的消费层次建议性地帮顾客点出不同价位的菜肴，对老字号的特色菜还要向顾客介绍吃法及菜背后深厚的文化底蕴，让顾客觉得食有所获。

良好的服务和灵活有效的营销策略是东来顺成功的主要原因。在服务方面东来顺制订了一系列的服务规范，在服务内容、服务方式、服务时间、服务范围都有严格的要求来适应现代市场竞争的要求。对于其他老字号企业应当在服务方面制订相应的规范使餐饮服务标准化，对餐饮企业接触顾客的各个环节应达到的质量标准加以规定，如对服务人员拉椅、点烟等的每一个服务细节进行统一，以此提高服务质量，赢得顾客的认可。

任务分析

餐饮企业的主要产品是饮食与服务，再好的实物产品如果没有良好的无形产品来配合也不会给人以美感，所以餐饮企业的营销的主要任务就是服务营销，针对不同的顾客采取不同的服务营销策略，吸引顾客的注意，满足顾客的个性化需求，使顾客得到美好的就餐体验，彰显餐饮企业的自身特色，以此获得市场竞争的优势地位。

知识准备

任务一　餐饮服务营销设计

餐饮业属于典型的服务性行业，餐饮企业在提供有形的物质产品的同时也在提供着更为重要的一种无形产品，那就是服务。所以餐饮企业的营销其实就是一种服务营销。

一、餐饮服务营销的概念

餐饮服务营销是餐饮企业在充分认识顾客需求的前提下，为满足顾客的各种需求而在餐饮服务营销过程中所采取的一系列活动。服务作为一种营销组合要素，真正引起人们重视是在20世纪80年代后期，由于科学技术的进步和社会生产力的显著提高，产业升级和生产的专业化发展日益加速使餐饮产品中服务的比重日益增大。餐饮市场已转向买方市场，餐饮企业为了赢得市场不得不重视餐饮的服务营销。

小知识

发达国家成熟的服务企业的营销活动一般经历了7个阶段。

1. 销售阶段

由于竞争出现，销售能力逐步提高，所以开始重视销售计划而非利润，对员工进行销售技巧的培训，希望招徕更多的新顾客，而未考虑到让顾客满意。

2. 广告与传播阶段

这一阶段中企业增加广告投入，指定多个广告代理公司推出宣传手册和销售点的各类资料，顾客随之提高了期望值，企业却经常难以满足其期望，产出不易测量并且竞争性模仿盛行。

3. 产品开发阶段

企业意识到新的顾客需要，于是引进许多新产品和服务，因此产品和服务得以扩散。另外企业强调新产品开发、市场细分、品牌确立。

4. 差异化阶段

通过战略分析进行企业定位，寻找差异化来制订清晰的策略，更深层地进行市场细分和研究，重视营销策划和营销培训，强化品牌的运作。

5. 顾客服务阶段

企业开始重视顾客服务培训，开展微笑运动，改善服务的外部促进行为。但利润率受一定程度影响甚至无法得到相应的支持。

6. 服务质量阶段

企业开始重视服务质量差距并且基于消费者信息分析顾客行为，但疏于维系老消费者。

7. 整合和关系营销阶段

企业经常研究消费者和竞争对手，注重所有关键市场，严格分析和整合营销计划，平衡营销活动，改善营销程序和系统，改善措施维系老消费者。

到了 20 世纪 90 年代，关系营销成为企业营销关注的重点，把服务营销推向一个新的境界。

二、餐饮服务营销的特点

餐饮服务营销与实物产品营销相比较有其自己的特点。

1. 供求分散性

餐饮服务营销活动中产品的供求具有分散性。餐饮企业的分布较为广泛，在城市、乡村、街道都可以见到从事餐饮行业的企业。另外餐饮需求也是多样化的，正所谓众口难调，所以经营不同风味、服务方式的餐饮企业林林总总，以此来满足不同的消费市场需求。

2. 营销方式单一性

实物产品的营销方式有经销、代理和直销多种营销方式。实物产品在市场可以多次转手，经批发、零售多个环节才使产品到达消费者手中。餐饮服务营销则由于生产与消费的同一性，其只能采取直销方式，中间商的介入是不可能的，储存待售也不可能。餐饮服务营销方式的单一性、直接性在一定程度上限制了服务市场规模的扩大，也限制了服务业在许多市场上出售自己的服务产品，这给餐饮服务产品的推销带来了困难。

3. 营销对象复杂多变

餐饮服务市场的购买者是多元的、广泛的、复杂的。购买服务的顾客的购买动机和目的各异，某一餐饮服务产品的购买者可能牵涉社会各行各业不同类型的家庭和不同身份的个人。

4. 对服务人员的要求高

餐饮服务人员的技术、技能、技艺直接关系着餐饮服务质量。顾客对各种餐饮服务产品的质量要求也就是对服务人员的技术、技能、技艺的要求。所以对餐饮服务人员的服务质量要求做到没有最好只有更好，餐饮服务营销的竞争就是服务质量的竞争。

小知识 优秀餐饮服务员应提供的优秀服务

真情服务：在对顾客的服务中，热情不能少，真情更可贵。热情很容易做到，要做到真情自然流露在服务的全过程中，可没那么容易，搞不好还会弄巧成拙，画蛇添足。所谓真情服务，就是要求每一个餐饮服务员工把顾客当作自己的亲人一样看待，真心实意、心甘情愿地为他（她）服务，发乎情、发乎心、不矫揉造作，不惺惺作态，一切在自然而然中体现好客之道和服务技巧。

随时服务：也叫随机服务。在餐饮服务中，有量化的服务分工、服务流程、服务标准、服务时限，这些是构成常规服务的基本内涵。但如果是仅仅囿于条框的服务体系而生搬硬套、墨守成规，服务的价值就会大打折扣。因此，可以说，随时（机）服务又是一种主动服务的表现，是规范化服务程序中没有固定公式的服务。

超值服务：每一个顾客进入餐厅消费前，心中都装着一个期待值，例如，期待饭菜卫生可口、物美价廉等。如果这些基本的期待值能够得到满足，算是初步完成了店方与顾客的心理融合和价值认同。如果在此期间或第二次光顾的时候，餐厅能够做到服务更周全、服务项目更精彩，甚至包括能够记住顾客的名字和固定消费偏好等，顾客就更会有物超所值的感觉，久而久之，必定会成为该餐厅的固定而忠诚的顾客。

精细服务：餐饮服务多是一些细微琐碎的小事，小事做细做精才能达到做好。因此在细微之处精下功夫，是每一个优秀餐饮服务员工必须锻炼的一门功课。

距离服务：餐饮服务不仅要热情，而且要得体，要能够把握服务的分寸和距离，该到位时要在位到位，该保持一定距离时应该坚持做到距离服务，既不太近也不太远。例如，俩情侣在西餐厅举行烛光晚餐，两个餐饮服务员一左一右站在边上“殷勤”备至，一会儿加水，一会儿换碟，弄的俩情侣扫兴而归。距离产生美，太近或太远都是不适宜的，掌握得好与不好是衡量餐厅服务员是否灵活与优秀的标准之一。

隐形服务：在餐饮服务过程中，既要提供有形的服务，又要提供无形服务或隐形服务，隐形服务更能满足和照顾顾客的潜在需求，比有形服务更能体现出对顾客隐私的尊重、传扬餐饮服务品质的作用。例如，在预定的顾客到来前将热毛巾、茶水备好，当了解到预订的顾客会带着孩子来，就将儿童专用座椅备好等。

三、餐饮服务营销的原则

餐饮服务营销是一种通过关注顾客，进而提供服务，最终实现盈利交换的营销手段。实施服务营销首先必须明确服务对象。餐饮企业的顾客不管其身份地位的贵贱、消费水平的高低都应该一视同仁，将其视为上帝，提供优质的服务。通过服务，提高顾客满意度，最终建立顾客忠诚。因此，作为服务营销的重要环节，“顾客关注”工作质量的高低，将决定后续环节的成功与否，影响服务营销整体方案的效果。在服务营销中管理者要时时刻刻提醒自己做到以下四点。

1. 兼顾新老顾客

餐饮企业在拓展市场、扩大市场份额的时候，往往会把更多精力放在发展新顾客上，但发展新的顾客和保留已有的顾客相比花费将更大。根据调查资料显示，新顾客的期望值普遍高于老顾客。这使发展新顾客的成功率大受影响。新顾客代表新的市场，不能忽视。但餐饮企业必须找到一个平衡点，兼顾新老顾客。

2. 重视补救措施

在服务营销过程中，由于主观疏忽或是不可抗力等因素造成了服务瑕疵使顾客感到不满甚至愤怒是很常见的现象，因此一套成熟、完整的服务营销设计方案除了包括具体的服务营销活动细则外，更重要的是要有应对意外事件的紧急预案。竞争对手会利用消费者不满情绪，逐步蚕食其忠诚度，在消费者群体中扩大不良影响。餐饮企业要随时关注消费者的动向，及时发现顾客的不满情绪，找到有效的补救措施将问题解决，不给竞争对手可乘之机。

3. 积极面对投诉

有投诉才有对工作改进的动力，及时处理投诉能提高顾客的满意度，避免顾客忠诚度的下降。畅通沟通渠道，便于餐饮企业收集各方反馈信息，有利于市场营销工作的开展和企业的长远发展，所以企业要以积极的心态面对消费者的投诉。

4. 正确引导消费者。

“顾客永远是对的”，餐饮企业必须及时发现并清楚了解顾客与自身所处立场有差异的原因，告知并引导他们。当然这就要求餐饮企业要有一定的营销艺术和技巧，不同的方法会产生不同的结果，这也是对餐饮业从业人员职业素质的一大挑战。

四、餐饮服务营销的设计

餐饮服务营销的设计就是把服务营销中涉及的各项内容进行有机整合，主要内容有以下几个方面。

1. 餐饮企业目标

确定餐饮企业目标是餐饮企业制订服务营销战略的重要组成部分，餐饮企业有了明确的目标才会有明确的方向，才会产生内在的驱动力。目标的设置包括：市场地位、创新目标、生产率水平、资源开发利用、利润率、管理者的业绩和发展、职工的业绩和态度、公共责任等。

2. 态势考察

态势考察是对餐饮企业所处的环境、内在条件和发展态势的评审和分析。

（1）餐饮营销评审。其目的是搜集所有必要数据，从而确定如何在所选择参与竞争的每个营销细节获得成功。数据收集包括两类：餐饮企业外部环境的评价和内部评估。这些数据与现有情况和未来可能发展趋势相关联。

（2）SWOT 分析。目的是把餐饮营销评审中有意义的数据分出来，从而发现如何满足所选择市场的消费者的需要，识别那些对餐饮企业服务营销战略形成和实施有潜在影响的趋势、力量和条件。

（3）关键假设条件。目的是从态势考察角度辨别那些对餐饮服务营销战略的成败至关重要的因素。具体包括：国内生产总值的变化、经济形势、预计需求水平、通货膨胀率、利率变化等。对关键假设条件的变化，餐饮企业要制订应急的方案，以保证原有设计的顺利实施。

3. 战略选择

在经过客观全面的资料搜集与分析后，餐饮企业要为自己设定发展战略，面对不同的企业、行业特点及现状，餐饮企业可以选择不同的发展战略，餐饮服务营销设计要为餐饮企业的发展战略服务。

4. 营销组合

餐饮服务营销组合较之实物产品营销组合的特殊性表现为餐饮服务营销组合包括七项要素而不是传统的四项要素，这七项要素如图 11-1 所示。

（1）产品。餐饮企业要考虑其提供的餐饮服务产品的范围、质量和水准，另外还要注意的事项有企业的形象、公共关系等。餐饮服务产品中这些要素的组合变化相当大，例如，一家供应数样小菜的小餐厅和一家供应各色大餐的五星级大饭店的产品要素组合就存在着明显差异。

（2）定价。定价方面要考虑的因素包括：价格水平、折扣、折让、付款方式和信用。在区别一家餐饮企业的服务和另一家的服务时，价格是一种极为明显的识别方式，餐饮服务的价格可以从某种程度上体现出其价值的高低，所以定价时要货真价实，避免使消费者感觉餐饮企业的产品与服务是物无所值的。

（3）渠道。在餐饮企业的经营中，有不少都是采取的特许经营、加盟经营等方式，这样做的好处可以使餐饮企业的规模效应显现出来，更广泛地覆盖市场，吸引客源。但这样做的弊端是对各分销渠道（餐饮产品质量、餐饮服务质量、餐饮服务营销策划等方面）的管理较为困难。这就要求餐饮企业必须重视对其分销渠道的监督管理，达到统一化、规范化、常态化、特色化相结合。

（4）促销。促销包括广告、人员推销、销售促进或其他宣传方式的各种市场沟通方式，以及一些间接的沟通方式，如公关、主题套餐等。餐饮服务营销最直观的表现就是在促销环节上通过不同的媒介，以富于创意的促销手段来实现最终的销售目标。

（5）人员。餐饮企业的人员，在顾客看来其实就是餐饮企业的化身，大多数餐饮企业的特点是服务人员既承担对客人的服务工作又承担着一定的销售任务，既是服务员又是营销员。因此餐饮企业服务人员的角色极为重要，餐饮服务营销管理者必须重视所雇用人员的筛选、训练、激励和控制。

（6）有形展示。会影响顾客对一家餐饮企业的评价。有形展示包括的要素有：实体环境（如装潢、颜色、陈设等）、服务提供时所需要的实物（如餐厅里的名贵烟酒、高档餐饮用具等）、其他相关的实体展示（如服务员的仪容、仪态等）。通过有形展示将餐饮企业的企业文化，餐饮服务营销理念等较为抽象的东西具体化。

（7）过程。热情周到、认真负责的服务员，可以减轻顾客对等待服务的烦燥，或者平息消费者对服务上出现意外时的不满。整个服务体系的运作政策和程序方法的采用、服务供应中机械化程度、员工裁断权的适用范围、顾客参与服务操作过程的程度、咨询与服务的流动等都是餐饮企业管理者在餐饮服务营销过程管理中要特别注意的事情。

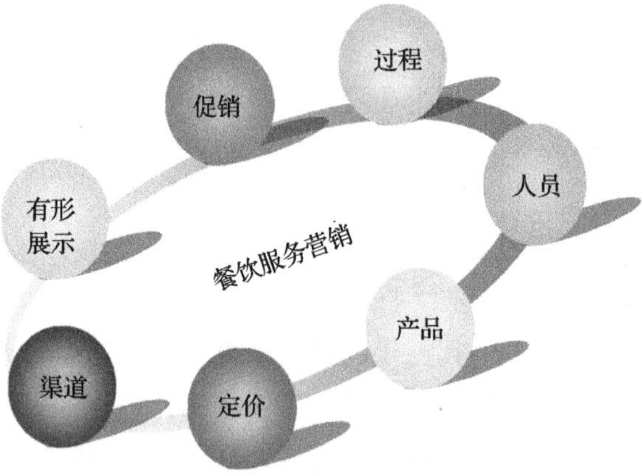

图 11-1　餐饮服务营销组合要素

5. 实施方案

这是对餐饮企业实施餐饮服务营销设计的具体时间安排和制订活动纲要，以及每一阶段要达到的目标的具体安排，前期的大量准备工作就是为了使实施方案科学合理，具有可操作性。

小资料

瑞士的酒店对餐饮非常重视，无论是城市酒店还是山村度假酒店，餐饮收入一般都超过客房收入，高的可占到酒店总收入的80%。在瑞士，厨师受到了广泛的尊重。在重大宴会即将结束前，宴会主持人总会请出值班厨师，并逐一介绍给顾客，所有的顾客会以掌声及其他方式感谢厨师辛勤而又充满创造性的劳动。

在瑞士，当天配菜及烹饪的厨师通常要向餐厅服务员解释菜名、原材料组成、切配方法及简要的烹饪过程。客源组合的差异、需求和季节的变化，以及经营者经营策略的变迁，都会使菜单的内容、价格及构成产生变化。经过厨师的讲解，餐厅服务员可以深入了解菜名、原材料、制作方法、价格等，以便更好地向顾客推销，从而提高销售率和服务质量。

在瑞士，即使是不起眼的小店，服务过程中的铺台布、摆台、上菜、撤台等都有一套严格的程序，这种“流水线”式的规范服务模式有效地保证了酒店的服务效率。瑞士酒店在规范的基础上，更重视服务的精细。酒店推出野味餐时，就会配上含飞禽走兽图案的菜单、狩猎的背景音乐及野味汤、野味汁等，有时还会在顾客进餐时，请传统的号角队表演一幕狩猎的场景。这样精细的服务就使“吃”不仅仅停留在食物的色、香、味、形上，而是上升到了“吃得考究”“吃出氛围”的高度。精细的服务还体现在服务节奏和服务效果上，例如，顾客酒杯中的酒少了，要及时添上，且要添得恰到好处。

任务二　餐饮服务差距管理

小案例

不要忽视每位顾客

某天晚上，北京一家五星级宾馆的中餐厅正在接待外宾会议团。孙先生是某公司负责接待外宾会议团的翻译，他把外宾安排好后就和同事一起到旁边的工作餐厅用餐。这天外宾团队的翻译、导游员和司机等也享受和外宾同等的用餐标准。孙先生入座后，服务员端上了茶水和凉菜，但等了很久仍不见其他菜上桌。他忍不住去催问服务员，服务员告诉他，今天太忙，请他再等一下。孙先生又等了半天，仍不见上菜，此时其他桌的菜已经上得差不多了。孙先生和同事又去催问了两次，还是没有上菜，孙先生赌气不再催问。外宾用完餐，孙先生直接带他们上车。此时，服务员追到车门前请孙先生签单结账。孙先生没好气地说：“我根本就没吃上饭，结什么账？我们虽然也是服务人员，但到了你们的饭店就是顾客，待遇也是平等的，你们给外宾和其他桌都上了菜，就是不给我们上菜，催了几次还不行，搞得我们现在都没吃上饭。要结账就找‘老外’吧！”

孙先生说着就要上车，其他人见状忙劝解孙先生，车上的外宾也有人问及此事。最后，孙先生还是和服务员一同回到餐厅结账。但拒绝了餐厅给他打包好的“晚餐”，只是对服务员说：“请你们记住这次教训，以后不要忽视每位顾客。”

餐饮服务是一项复杂的工作，并不是通常人们所说的“端盘子”那么简单，做好餐饮服务营销工作更是需要用心做好每一个细节，对每位顾客都要照顾到，把服务做到顾客张嘴之前，在合理而可能的前提下为顾客做好常规服务的同时，提供个性化的服务。服务人员由于工作任务、个人情绪、身体状况等原因在提供服务时会使服务质量与饭店、顾客的要求有差距，这就要求餐饮企业必须重视服务质量差距的管理。

餐饮服务营销的实施是建立在餐饮企业服务人员的实际服务工作表现上的，所以要重视餐饮服务企业的服务质量，服务质量就是餐饮服务企业的生命。

一、服务质量差距模型的含义

服务质量差距模型是20世纪80年代中期到90年代初美国营销学家帕拉休拉曼（Parasuraman）、赞瑟姆（Zeithamal）和贝利（Berry）提出的，该模型是专门用来分析质量问题的根源。如图 11-2 所示。顾客差距（差距 5）即顾客期望与顾客感知的服务之间的差距是差距模型的核心。要弥合这一差距，就要对以下四个差距进行弥合：差距 1——不了解顾客的期望；差距 2——未选择正确的服务设计和标准；差距 3——未按标准提供服务；差距 4——服务传递与对外承诺不相匹配。

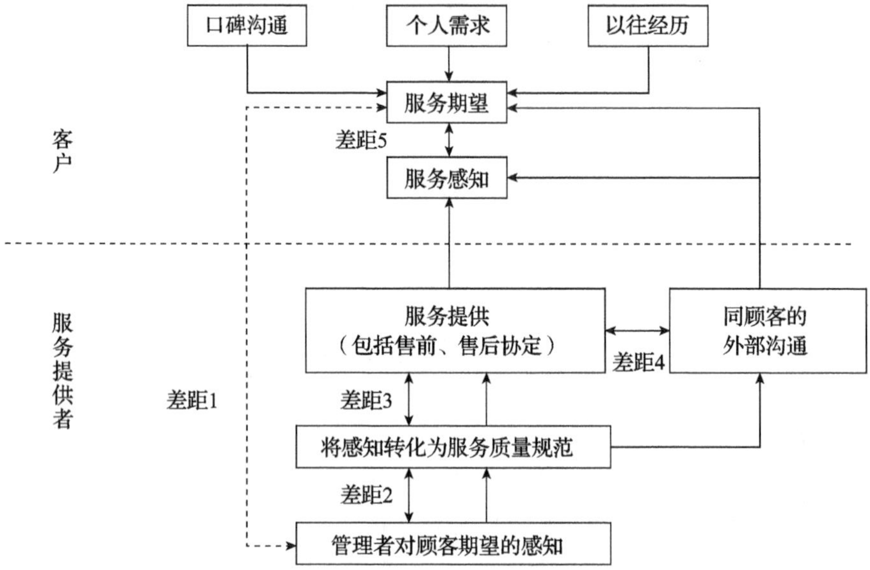

图 11-2　服务质量差距模型

测量餐饮企业内部存在的各种差距是有效地测量餐饮服务质量的手段。差距越大，顾客对餐饮企业的服务质量就越不满意，因此，差距分析可以作为复杂的餐饮服务过程控制的起点，为改善服务质量提供依据。因此，近 30 年来，服务质量差距研究便成了学者们关注的焦点。该模型在餐饮服务质量研究领域不断地被完善和扩展。这些扩展研究基本上都是围绕着消费者、各级管理者和一线员工三个层面、采用定性或定量两种研究方法展开的。

服务质量差距模型指导餐饮企业管理者发现引发质量问题的根源，并寻找适当的消除差距的措施。差距分析是一种直接有效的工具，它可以发现餐饮服务提供者与消费者对服务观念存在的差异。明确这些差距是制订餐饮服务营销战略、战术及保证期望质量和现实质量一致的理论基础。及时地消除这些差距会使顾客对餐饮企业的服务质量有积极的评价，提高消费者满意度。

二、餐饮服务质量差距存在的原因

在实际的工作中餐饮服务营销会存在质量差距问题主要原因有以下四种。

1. 管理者的认知差距

餐饮企业的管理者对市场研究和需求分析的信息不准确，联系顾客与餐饮企业的沟通渠道不畅通，在信息的传递过程中出现了问题，使管理者与顾客在服务质量上存在了认识偏差。

2. 管理中的标准差距

餐饮企业的服务营销计划失误且管理混乱，组织没有明确目标，更有甚者服务质量的计划得不到最高管理层的支持。另外餐饮企业将服务营销的标准制订得太复杂或太苛刻，使员工对标准有不同意见。标准与现有的企业文化发生冲突，服务生产管理混乱，内部营销不充分，技术和系统没有按照标准为工作提供便利等因素导致员工的服务质量不符合餐饮企业的质量标准。

3. 实践中的宣传差距

餐饮服务市场营销的宣传与实际服务工作不一致，传统的市场营销和服务生产之间缺乏协作，餐饮服务营销活动提出一些标准但餐饮企业各部门却不能按照这些标准完成工作。

4. 顾客的感知差距

造成这种情况的原因主要有两种：一种是餐饮企业的服务营销宣传言过其实，使顾客的期望值被不合理的提升；另一种是顾客对餐饮企业的服务与产品并没有一个合理的衡量标准，过于理想化。

三、餐饮服务质量差距消除的措施

借鉴该服务质量模型并结合餐饮行业的特点，从缩小认知差距、标准差距、宣传差距和感知差距入手消除服务质量差距的措施主要有以下四种。

1. 深入了解消费者所需，减少认知差距

了解顾客需求不能凭主观的判断，而是需要实际调查以掌握顾客真实的期望，其主要途径有：顾客调查、顾客投诉处理、内部员工培训等。因为这些方法都是直接从顾客一方或是服务一线获得信息，可以为餐饮企业服务营销管理者在减少认知差距上提供参考。

2. 合理设定服务规范，减少标准差距

掌握了顾客期望和感受后，企业要利用这些信息来制订适当的标准、建立相应的服务系统、提供顾客满意的服务。服务质量标准要尽可能地体现出管理层对顾客服务期望的认识和对员工的理解，减少标准差距。

3. 坦诚进行服务沟通，减少宣传差距

在餐饮企业中宣传计划由营销部门制订，而具体的服务是由餐饮部门来提供。所以如果部门之间缺乏沟通则会导致宣传活动中的承诺和实际提供的服务不一致。因此，在进行宣传时，营销部门和餐饮部门之间一定要沟通协调一致。

4. 提供标准服务，减少感知差距

在餐饮服务实践中关键是如何减少感知差距，即减少顾客感受和实际提供的服务之间的差距。要达到甚至超越服务标准，必须要求服务人员具备相应的知识和技能，要给员工物质和精神上的激励，要加强内部沟通，减少冲突，并适当授权给员工，要求他们真正做到顾客至上。

有时服务质量问题是由顾客导致的，所以在宣传活动中要告知顾客的权利与义务，可以给顾客一些建议，让他们明白好的服务与顾客的配合是分不开的。

小资料

英文单词Service译为“服务”，但正是这一个小小的单词却有着非常丰富而深刻的内涵，它诠释了顾客对餐饮服务的核心需求。

S——Safe（安全）

顾客来餐厅消费，首先在乎的是食品安全。

E——Ease（舒适）

顾客在餐厅消费都会追求一种舒适、轻松的感觉。对工作压力越来越大的现代人来说，更是如此。

R——Recreation（娱乐、休闲）

消费需求是随着时代的发展而不断更新的，新型餐饮消费者不但要吃饱吃好，还要求餐厅要提供一些娱乐、休闲项目，比如和厨师学习一些简单菜品的制作，DIY一把。

V——Value（价值）

不仅仅是物有所值，更应是物超所值。要想物超所值就要在服务上多做文章。

I——Impartial（公平、平等）

对不同的消费能力、消费观念的顾客要一视同仁。

C——Characteristic（特色）

餐饮企业要靠自身的特色来不断地吸引新老顾客。

E——Esteem（尊重）

诚如马斯洛的“需求层次理论”，人在满足了低层次的需求后，自然会转到更高的需求上来。这时顾客最想寻求的应该是一种被足够重视的感觉，即尊重。

四、餐饮服务差距管理的步骤

餐饮服务的质量差距是客观存在的，对餐饮营销的影响也是不容忽视的，借助服务质量差距模型分析餐饮服务差距存在的原因，为消除服务质量差距找到良策。餐饮服务差距管理的步骤如下。

1. 掌握服务质量差距模型

质量模型揭示了引起顾客不满的对服务预期和享受到的服务之间的差距，由服务过程中的四个方面的差距决定的：①认知差距，顾客预期与管理层认识之间的差距；②标准差距，管理层认识与服务质量规范之间的差距；③宣传差距，服务交付与外部沟通之间的差距；④感知差距，顾客期望与实际服务之间的差距。同时，由于这些差距难以完全避免，因此进行及时的服务补救也是提高服务水准的重要途径。服务质量模型的意义在于为餐饮企业指明了提高其服务质量的方向。

2. 分析餐饮服务质量差距存在的原因

根据服务差距模型的内容结合餐饮企业的经营特点分析餐饮服务差距存在的原因，针对这些原因可以找到有效的消除服务差距的措施。

3. 餐饮服务质量差距消除的措施

消除服务质量差距的措施是基于服务质量差距模型的分析下，结合餐饮服务营销自身的特点得出的，在实际的经营活动中要不断地改进完善，针对出现的新问题找出新措施。

任务实施

餐饮服务营销设计的步骤如图 11-3 所示。

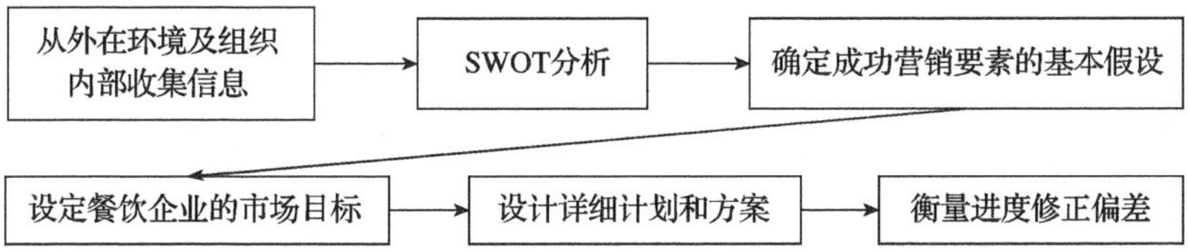

图 11-3　餐饮服务营销设计的步骤

餐饮服务营销设计是基于餐饮企业的内外部环境的全面调查，对餐饮目标市场精准定位，合理组合各服务营销要素，合理设定公司市场目标，并以此目标制作详细而可行的计划与方案，在实施中进行不断的评估与调整，对出现的问题及时纠正的过程。餐饮服务营销设计的步骤如下。

第一步：从外在环境及组织内部收集信息。餐饮企业要注重对市场营销中介、供应商、竞争者、各种相关公众、人口环境、经济环境、自然环境、技术环境、政治和法律环境、社会和文化环境，以及企业内部状态等诸多方面搜集信息，为餐饮企业的 SWOT 分析提供参考及必要的数据分析。

第二步：SWOT 分析。餐饮企业的 SWOT 分析是通过对餐饮企业的内部的优势、劣势及外部的机会和威胁加以综合评估与分析得出结论，然后再调整企业资源及企业策略，来达成企业的目标。通过 SWOT 分析可以将餐饮企业的业务分为不同的类型，针对不同类型的业务采取不同的服务营销策略。

理想业务：市场机会很多，严重威胁很少。对理想业务餐饮企业必须抓住机遇，迅速行动。

冒险业务：市场机会很多，威胁也很严重。对冒险业务餐饮企业不宜盲目跟风，也不应迟疑不决，坐失良机。

成熟业务：市场机会很少，威胁也不严重。对成熟业务餐饮企业可将其作为企业的常规业务，用以维持企业的正常运转。

困难业务：市场机会很少，威胁却很严重。对困难业务餐饮企业要么努力改变环境走出困境、减轻威胁；要么立即转移，摆脱困境。

第三步：确定成功营销要素的基本假设。对于餐饮企业的营销成功要素（例如，国内生产总值的变化、经济形势、预计需求水平、通货膨胀率、利息变化率等）进行科学合理的假设是餐饮企业制订市场目标的基础。

第四步：设定餐饮企业的市场目标。结合前面的分析与预测，对餐饮企业的市场目标（例如，市场定位、创新目标、生产率水平、资源开发利用、利润率、管理者的业绩和发展、职工的业绩和态度、公共责任等）进行明确的设定，市场目标将是指引餐饮服务营销的路标。

第五步：设计详细计划和方案。根据市场目标设计详细的行动方案和工作计划，要切实可行，扬长避短，将餐饮企业的资源充分利用起来，最大可能地发挥其具备的优势，实现最可观的经济效益和良好的社会效益。另外，餐饮企业的服务营销计划与方案还要具备一定的灵活性，以适应餐饮企业内外部环境的不断变化所带来的不可预计的不利影响。

第六步：衡量进度修正偏差。计划的制订具有其超前性，在实践中来自主观与客观方面的影响和变化会使餐饮企业的计划方案实施出现偏差或是发现原计划方案有不足之处，所以要不断地加强对餐饮企业服务营销计划方案的衡量、测评，发现问题及时解决。

任务总结

通过对服务营销的概念、特点、原则的分析，全面了解服务营销。针对餐饮服务的特点结合服务营销的相关内容，开发设计餐饮服务营销活动。熟悉整个餐饮服务营销的设计过程，了解每步过程的内容及要求。

餐饮服务质量差距管理是基于质量差距模型的分析下，结合餐饮服务营销自身的特点，分析造成服务质量差距的原因（管理者对期望质量的感觉不明确；服务质量标准与管理者对质量期望的认识不一致；在服务生产和交易过程中员工的行为不符合质量标准；感知或经历的服务与期望的服务不一样；营销沟通行为所做出的承诺与实际提供的服务不一致等），采取科学合理的措施，消除其对餐饮服务营销的不利影响，使餐饮企业的服务营销取得成功。

实训项目

目标

（1）培养学生掌握餐饮服务营销设计的步骤与方法；

（2）培养学生运用服务营销的相关知识开展餐饮服务营销的能力。

内容与要求

根据自己所搜集的相关资料与数据，运用餐饮服务营销的相关知识设计餐饮企业的服务营销活动。

组织与实施评价

（1）以项目团队为学习小组，小组规模一般是 5 ～ 8 人，分组时以组内异质、组间同质的原则为指导，小组的各项工作由小组长负责指挥协调；

（2）建立沟通协调机制，团队成员共同参与、协作完成任务；

（3）各项目团队根据实训内容互相进行交流、讨论，并点评；

（4）评价与总结：各项目团队提交实训报告，并根据报告进行评估。

评估指标及标准如下表所示。

表　餐饮服务营销设计评分表

被考评人			考评地点			
考评内容		考评标准	分值 / 分	自我评价 / 分	小组评价 / 分	实际得分 / 分
专业知识技能掌握	服务营销的概念	了解	10			
	服务营销的特点	掌握	10			
	服务营销的原则	掌握	10			
	餐饮服务营销的设计	掌握	20			
	报告完成情况		10			
通用能力培养	学习态度	积极主动，不怕困难，勇于探索	15			
	团队分工合作	能融入集体，愿意接受任务并积极完成	15			
	道德自律	自觉遵守纪律，有责任心和荣誉感	10			
合计			100			

注：1. 实际得分 = 自我评价总分 ×40%+ 小组评价总分 ×60%。
2. 考评满分 100 分，59 分及以下为不及格，60—74 分为及格，75—84 分为良好，85 分及以上为优秀。

复习思考题

一、填空题

1. ________是企业在充分认识满足消费者需求的前提下，为充分满足消费者需要在营销过程中所采取的一系列活动。
2. ________是一种内涵积累式战略。其内容是：通过降低成本的努力，使成本低于竞争对手，以便在行业中赢得总成本领先的优势，获得高于行业平均水平的收益。
3. 餐饮服务营销组合包括七项要素，即：________、________、________、________、________、________、________。

4.________即消费者期望与消费者感知的服务之间的差距——这是差距模型的核心。

5.服务营销方式的________、直接性，在一定程度上限制了服务市场规模的扩大，也限制了服务业在许多市场上出售自己的服务产品，这给服务产品的推销带来了困难。

二、选择题

1.确定餐饮企业目标是企业制订明确战略的重要组成部分，餐饮企业有了明确的目标，才会有明确的方向，才会产生内在的驱动力。目标的设置除了包括市场地位、创新目标、生产率水平、资源开发利用外，还包括________。

A.公共责任　　B.管理者的业绩和发展

C.职工的业绩和态度　　D.利润率

2.实施多角化战略的前提条件是________。

A.所有服务产品都处于市场生命周期的同一阶段

B.所有服务产品都是风险产品或滞销产品

C.所有服务产品都是同一价格

D.所有的服务产品都是一种宣传形式

3.合理设定服务规范，减少________差距。

A.认知　　B.标准　　C.感知　　D.宣传

4.坦诚进行服务沟通，减少________差距。

A.认知　　B.标准　　C.感知　　D.宣传

5.提供标准服务，减少________差距。

A.认知　　B.标准　　C.感知　　D.宣传

三、简答题

1.服务营销的特点。

2.服务营销的原则。

3.餐饮服务营销设计的程序。

4.餐饮服务质量差距消除的措施有哪些？

5.总成本领先战略具体表现在哪些方面？

项目十二

客户关系管理

学习目标

知识目标

1. 学习客户、客户关系与客户关系管理的概念；
2. 理解客户关系管理的核心思想；
3. 认知餐饮企业客户关系管理建立的目的、原则和意义；
4. 掌握餐饮企业建立客户关系的步骤、方法与技巧；
5. 学习客户满意度与客户忠诚度的概念；
6. 掌握餐饮企业提高客户忠诚度的策略；
7. 掌握餐饮企业流失客户的挽留策略。

能力目标

1. 能够运用正确的方法与餐饮企业客户建立关系；
2. 能够正确分析餐饮企业客户流失的原因并选择相应的挽留策略。

任务导入

4月，北京地区再次遭遇“毛毛柳絮天”。漫天飘舞的团团“白雪”，黏在人们的头上和衣服上，钻入脖颈和眼睛，刺痒的感觉令人烦恼，路人怨声载道。

营销部经理曹群想：在这样恶劣的天气下，顾客在饮食方面应该注意些什么？哪些食物能够帮助客人清肺排毒？通过与净雅的美食顾问及厨师做沟通，曹群得知，银耳羹可以润肺清火、排毒养颜，对肺燥引起的咳嗽有很好的疗效。于是，他马上通知服务部，将一条条温馨的提示信息群发给3000多名新老顾客——“尊敬的客人您好！为了抵御柳絮给您健康带来的伤害，净雅美食中心建议您经常食用润肺排毒的银耳羹、木瓜羹等，净化呼吸系统……”

短信群发出去，顾客一拨拨地来了，他们接过净雅美食部精心熬制的银耳羹满是欣慰，他们都连连称赞：“净雅的悉心呵护比家人还周到。”

任务分析

餐饮企业传统的服务模式、营销模式显然已很难适应现代社会，必须独具创新意识才能引领市场。而创新并非简单地复制，要在管理理念、思维方式上创新，净雅的这一做法正是对创新服务、创新营销的最好注解，让顾客感到了真真切切的关怀。

餐饮企业如何才能做到营销有新意呢？首先要明确顾客、顾客关系和顾客关系管理的含义，并将顾客关系管理引入餐饮企业，这是餐饮营销创新理念的基础。

知识准备

任务一　餐饮客户关系的建立

客户关系管理（Customer Relationship Management，CRM）是使餐饮企业扩大市场规模、增强核心竞争力、加速提升运营效果的经营管理模式，是现代管理科学与现代信息技术结合的产物。客户关系管理的理论基础来自西方的市场营销理论，最早产生于美国，概念由高德纳咨询公司（Gartner Group）提出，随后得到快速发展。客户关系管理的出现和发展体现了餐饮企业管理领域的两个重要发展趋势：一个是企业的管理从以产品为中心的模式向以客户为中心的模式转变；另一个是企业管理的视角从"内视型"向"外视型"的转换。关系营销强调与客户建立长期的真诚的双赢的合作关系，而不是单纯的交易关系。关系营销的目的是通过提升客户价值来提高客户满意度，核心是提高客户忠诚度。

小资料

高德纳咨询公司（Gartner Group）成立于1979年，它是第一家信息技术研究和分析的公司。它为有需要的技术用户提供专门的服务。今天，高德纳咨询公司已经成为一家独立的咨询公司。高德纳咨询公司的服务主要是迎合中型公司的需要，它希望使自己的业务覆盖到IT行业的所有领域，从而让自己成为每一位用户的一站式信息技术服务公司。

高德纳咨询公司是全球最具权威的IT研究与顾问咨询公司，总部位于美国康涅狄格州斯坦福德。其研究范围覆盖全部IT产业，在IT的研究、发展、评估、应用、市场等领域，为顾客提供客观、公正的论证报告及市场调研报告，协助顾客进行市场分析、技术选择、项目论证、投资决策。为决策者在投资风险和管理、营销策略、发展方向等重大问题上提供重要的咨询建议，帮助决策者做出正确抉择。公司负责帮助顾客理解并利用一个更大的全球商业范围内的各种市场机会，它引以为自豪的是它的研究与咨询团体拥有独一无二的国际能力，而这个团体是由位于全球75个以上地点的4000名员工建立起来的，这些地方包括布里斯班、约翰内斯堡、耶路撒冷、新德里、萨里、圣保罗与东京等。

一、客户、客户关系与客户关系管理

1. 客户的内涵

（1）客户的概念。对英文中的"customer"，中文有两种解释，即"顾客"和"客户”。前者主要是指传统意义上的消费者，即购买商品的人；而后者的意义则更为广泛，是指所有与企业有互动行为的单位或个人。“顾客”的概念仅适用于企业的销售部门和销售环节，而从营销和客户关系管理的角度来说，“客户”的概念更为准确。

客户由消费者客户、中间客户、公利客户三个部分组成。

（2）客户的类型。按照时序进行划分，客户可分为现实客户、潜在客户和过去客户；按照购买代表性角色进行划分，客户可分为个体客户和集体客户；按照客户购买目标的选定程度进行划分，客户可分为全确定性客户、半确定性客户和不确定性客户；按照购买态度和要求进行划分，客户可分为理智型客户、冲动型客户、疑虑型客户和不定型客户。

小知识

肯德基是以回头率来划分消费者的，其中，重度顾客是一个星期来消费一次的；中度顾客是大约一个月来消费一次的；而半年来消费一次的算为轻度顾客。重度顾客占全部消费者的30%～40%，对于他们来说，肯德基和他们的生活环境、习惯相联系，并逐渐成为他们生活中的一部分。

对于重度顾客，肯德基的策略是要保有他们的忠诚度，不要让他们失望；而对于轻度顾客，在调查中发现，许多人没有光临肯德基店的最大一个原因就是便利性，这只有通过不断地开设新店来实现了。

2. 客户关系的内涵

（1）客户关系的概念。是指企业为达到其经营目标，主动与客户建立起来的某种联系。这种联系可能是单纯的交易关系、通信联系，也可能是为客户提供一种特殊的接触机会，还可能是为双方利益而形成某种买卖合同或联盟关系。客户关系不仅仅可以为交易提供方便、节约成本，也可以为企业深入理解客户的需求和交流双方信息提供机会。

客户关系具有多样性、差异性、持续性、竞争性、双赢性的特征。

（2）客户关系的类型及选择。企业在具体的经营管理实践中，建立何种类型的客户关系，必须针对其商品的特殊性和对客户的定位来做出抉择。著名的营销学家菲利普·科特勒在研究中把企业建立的客户关系分为五种不同的类型：基本型、被动型、负责型、能动型、伙伴型。

这五种客户关系类型之间并不具有简单的优劣对比程度或顺序，因为企业所采用的客户关系类型取决于它的产品以及客户的特征。企业可能根据其客户的数量和边际利润水平，依据图12-1所示的思路，选择合适的客户关系。

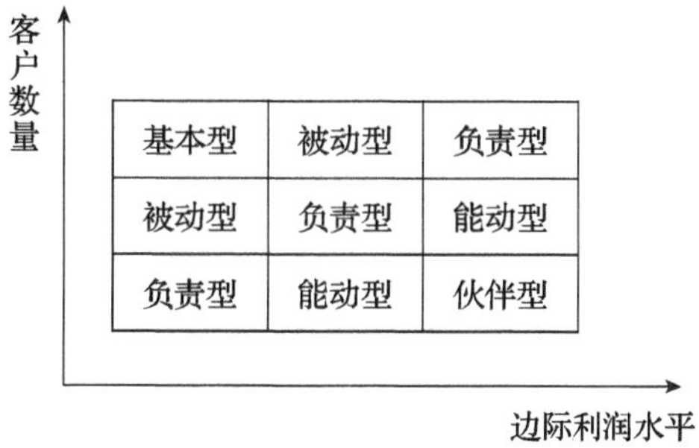

图12-1 选择客户关系类型示意图

如果企业在面对少量客户时，提供的产品或服务的边际利润水平相当高，那么它应当采用“伙伴型”的客户关系，力争显现客户成功的同时，自己也获得丰厚的回报。如果产品或服务的边际利润水平很低，客户数量极其庞大，那么企业会倾向于采用“基本型”的客户关系，否则它可能会因为售后服务的成本较高而出现亏损。因此，一般来说，企业对客户关系进行管理或改进的趋势，应当是朝着为每个客户提供满意的服务，并提高产品的边际利润水平的方向转变的。

3. 客户关系管理的内涵

（1）客户关系管理的概念。起源于20世纪80年代初期的搜集整理客户与企业联系的所有信息的接触管理（Contact Management）理论，到20世纪90年代初演化为包括电话服务中心与资源资料分析的客户关怀（Customer Care）理论。经过20多年的发展，它不仅成为一种具有可操作性的管理方法和管理技能，而且成为一种企业战略管理理念。

对于客户关系管理的概念，不同的研究机构有着不同的理解和表述。可以将客户关系管理定义为：一种倡导以客户为中心的企业管理思想和方法。这一定义包含3个层面的内容，即宏观层面的管理理念、中观层面的企业管理模式和微观层面的应用系统。从宏观层面的管理理念来看，客户关系管理是企业为提高核心竞争力而树立的以客户为中心的发展战略和经营指导思想；从中观层面的企业管理模式来看，客户关系管理是企业改善客户关系的新型管理机制；从微观层面的应用系统来看，客户关系管理是企业在不断优化客户关系中所使用的信息技术解决方案的总和。

（2）客户关系管理的内涵。根据客户关系管理的概念，可以将其理解为理念、机制、技术三个层面。正确的理念、机制是客户关系管理实施的指导，信息技术是客户关系管理系统成功实施的手段和方法。三者构成客户关系管理稳固的“铁三角”，如图12-2所示。

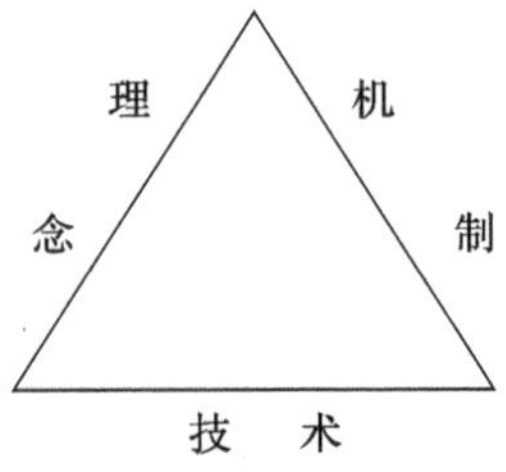

图12-2　客户关系管理铁三角

①核心理念。客户关系管理作为企业的发展战略和经营指导思想，其核心理念主要包括四个方面的内容：一是客户价值理念，客户关系管理是选择和管理客户的经营思想和业务战略，目的是实现客户长期价值的最大化；二是市场经营理念，客户关系管理要求企业的经营以客户为中心，在市场细分、市场定位和价值实现中都应贯彻这一理念；三是业务运作理念，客户关系管理要求企业从“以产品为中心”的业务模式转向“以客户为中心”的业务模式；四是技术应用理念，客户关系管理要求以客户为中心的商业运作流程实现自动化，并通过先进的技术平台来支持、改善业务流程。

②新型商务模式。客户关系管理作为一种改善企业和客户之间关系的新型管理机制，与传统的静态商业模式存在本质的区别。客户关系管理系统的建立意味着企业在市场竞争、销售及支持、客户服务等方面形成动态协调的全新关系实体，从而实现企

业客户资源的最优化管理。

③客户关系管理应用系统。是CRM计算机应用系统，是一种纯技术的概念，它是指利用最新的信息技术，针对“销售、服务、营销、客户交互、客户分析”等企业业务领域而设计出的各种软件功能模块的组合。另外，客户关系管理应用系统也可以代表用于帮助企业组织管理客户关系的一系列信息技术和手段。如建立精确描绘客户关系的数据库、实现客户信息的集成、综合各类接触点的电话中心或联络中心等。

二、客户关系管理的核心思想

在当前的环境下，市场竞争的焦点已经从产品的竞争转向品牌的竞争、服务的竞争和客户关系的竞争。与客户建立和保持一种长期的、良好的伙伴关系，掌握客户资源，赢得客户信任，分析客户需求，提供满意的客户服务等客户关系管理的核心思想在实践中的具体运用是企业提高市场占有率、获取最大利润的关键。客户关系管理的核心思想主要包括以下四个方面：客户让渡价值是建立高质量客户关系的基础；重视客户的个性化特征，实现“一对一”营销；提高客户满意度，留住老客户，争取新客户；客户关怀贯穿营销的全过程。

三、客户关系管理建立的目的、原则

1. 客户关系管理建立的目的

（1）提高企业销售收入。区别于其他侧重节流、以产品为中心的企业后端管理理念和软件（例如ERP、MRP Ⅱ、财务管理），餐饮企业CRM应用于企业前端组织（例如销售组织、服务组织、市场营销组织），主要用于开源。销售管理是CRM的核心业务组成部分。

餐饮企业CRM的本质是客户价值差别化管理，以及应对方法差别化管理。既然企业80%的销售收入和利润是由20%的客户创造的，那么这20%的“最具价值客户”就一定要识别出来，他们对企业的生存和发展至关重要，甚至对企业生死攸关。

（2）改善餐饮企业服务、提高客户满意度。服务管理是餐饮企业CRM的核心业务组成部分。餐饮企业CRM可以改善企业的服务能力和质量，CRM强调服务是个性化的，是提高客户对企业满意度的，是企业整体营销的一个环节。

餐饮企业CRM中的服务要求是个性化的。对不同客户，服务方式可能有所差别。例如，对某些有左手用餐习惯的客户，餐饮企业的工作人员在得到销售部门的信息后，摆台的时候会按照客户的习惯对餐具进行摆放，使客户满意度大大提高。

（3）提高员工生产力。CRM在现场销售、服务、协同工作、客户关怀等方面，有效地提高了员工生产力。CRM导入餐饮企业后，销售人员在接到客户预定的同时，就能够通过系统了解到客户的消费情况、用餐喜好等信息，可以在第一时间为客人安排好其满意的宴会菜单并将具体信息通知到厨房生产和餐厅服务部门，在提高了工作效率的同时打破了销售组织与服务组织之间的壁垒，提供了高效的协同机制。

CRM还能帮助员工做好个性化客户关怀。例如，在节日期间，为增进客户关系，餐饮企业销售人员会给成百上千的客户寄送信函、发送电子邮件进行问候。员工可以在 CRM 的帮助下，为每一位客户发送“个性化”的信件。

2. 客户关系管理建立的原则

客户关系管理建立的原则是保障目标达成的重要手段。一般建立客户关系管理系统时，餐饮企业要遵循以下三条原则。

（1）建立 CRM 的推动力是企业内部的革新需求。客户对企业的影响力逐步增强，越来越多的餐饮企业领导者发现，要让今天的和未来的客户满意，必须将餐饮企业与客户的距离拉近，必须充分地、深刻地了解现有和潜在客户，必须从客户的需求出发设计企业的产品、服务甚至运营流程。

（2）建立 CRM 目标必须明确。将“以客户为中心”的 CRM 管理理念贯彻到各个客户接触点之后，餐饮企业的绩效应当有较大的提高。各种绩效衡量指标的提高对餐饮企业管理来说都很重要，在实施 CRM 之前，管理人员需要根据餐饮企业本身的管理现状，将最需要解决的问题和最期望获得的改变排出优先顺序，以此来确定实施目标。

（3）建立 CRM 不仅是安装软件。在餐饮企业的高层参与下确定了 CRM 实施目标之后，在软件实施小组的配合下，餐饮企业将开始流程优化和技术更新。

小案例

于先生因公务出差到泰国，下榻在东方饭店，由于上一次入住时良好的饭店环境和服务给他留下了深刻的印象，所以这次他依然选择了这里。

入住的第二天早上，当他走出房门准备去餐厅时，楼层服务生恭敬地问道：“于先生是要用早餐吗？”他感到很奇怪：“你怎么知道我姓于？”服务生说：“我们饭店规定，晚上要背熟所有客人的姓名。”这令于先生大吃一惊，因为他频繁往返于世界各地，入住过无数高级酒店，但这种情况还是第一次碰到。

于先生高兴地乘电梯到餐厅所在的楼层，刚刚走出电梯门，餐厅的服务生并没有看他的房卡，直接说：“于先生，里边请。”于先生更加疑惑：“你也知道我姓于？”服务生答：“上面刚刚来电话，说您已经下楼了。”如此高的效率让于先生再次大吃一惊。

于先生刚进餐厅，服务小姐微笑着说：“于先生还要老位置吗？”于先生的惊讶再次升级，心想尽管我不是第一次在这里吃饭，但距离上一次也有一年多了，难道这里的服务小姐的记忆力那么好？看到于先生惊讶的目光，服务小姐主动解释说：“我刚刚查过电脑记录资料，您去年 8 月 8 日在靠近第二个窗口的位子用过早餐。”于先生听后兴奋地说：“老位子，老位子！”服务小姐接着问：“老菜单，一个三明治，一杯咖啡，一只鸡蛋？”现在于先生已经不再惊讶了：“就要老菜单！”于先生已经兴奋到了极点，这次早餐给他留下了深刻的印象。

给于先生上菜时，服务生每次回话都退后两步，以免自己说话时唾沫不小心飞溅到客人的食物上，在美国最好的饭店里于先生都没有见过一顿早餐有这样好的服务。

就这样，东方饭店给于先生留下了终生难忘的印象。

此后3年多，于先生因业务调整没再去泰国，可是在于先生生日的时候突然收到了一封东方饭店发来的生日贺卡："亲爱的于先生，您已经3年没有来过我们这里了，我们全体人员都非常想念您，希望能再次见到您。今天是您的生日，祝您生日愉快！"于先生当时就激动不已……

四、餐饮市场营销进行客户管理的重要意义

1. 客户管理一体化

客户关系管理的首要意义在于打破餐饮企业部门之间信息不通畅的现状，将分散于各个部门的信息，通过现代信息技术在客户关系管理理念指导下，将客户关系集中到一起，是客户管理实现一体化，为一线员工的客户服务提供业务指导，协调各部门的工作，为合作伙伴提供信息支持，保证供应、生产、销售、服务的良性运营。

2. 识别有价值的客户

不同的客户对餐饮企业的价值也是不同的。营销大师菲利普·科特勒曾指出，营销符合"20/80/30定律"，即最能让公司获利的20%的客户，贡献了公司总利润的80%，而最差的30%的客户会使公司的潜在利润减半。通过客户关系管理可以有效地支持餐饮企业对客户商业价值的分析，根据不同的客户的成本、利润、影响力、信用、忠诚度等的动态分析，来识别有价值的客户，并针对不同价值的客户来制订战略和分配资源。

3. 提高餐饮企业营销效益

现代餐饮企业的营销活动主要包括餐饮市场研究、餐饮市场需求预测、产品开发、定价、广告宣传、促销、服务等。餐饮企业营销活动实际上是一种信息搜集和传递的过程。通过客户关系管理可以有效搜集客户信息，把握客户的需求变化及对企业营销政策的反应。准确掌握客户的信息后，有助于餐饮企业进一步细分和深入市场，创造新的机会，开发新的产品、新的服务，增加其市场开拓的广度和深度。可以看出，通过客户关系管理可以改变餐饮企业传统的营销模式，有利于企业营销效益的全面提高。

4. 提高客户满意度

客户关系管理建立一种面向客户的、融合企业管理理念及销售、营销、客户服务和技术支持、呼叫中心、电子商务和决策支持的自动化解决方案，为客户提供了一个完整的商务平台。这种平台引入餐饮企业中，客户服务效率会大大提高。同时，餐饮企业能够对客户的需求和潜在需求进行挖掘，进而向客户提供独特的产品和超常化的服务，满足客户的个性化需求，实现客户让渡价值的最大化，真正实现餐饮服务带给客户的最佳感受"满意+惊喜"。

5. 实现企业目标

餐饮企业实施客户关系管理的指导思想是通过了解客户需求，并对其进行系统

化的分析和跟踪研究，在此基础上进行“一对一”的个性化服务，从而达到客户的全面满意，为企业带来更多的利润。从直接目标层面来看，餐饮企业通过实施客户关系管理：一是可以降低运营成本，提高工作效率；二是可以通过个性化的服务，给客户提供更大的让渡价值，从而有助于提高客户的满意度，进而发挥保留客户的作用。同时，通过客户的口碑效应，可以拓展客户群体，实现降低营销成本，增加利润的目标。

五、餐饮建立客户关系的步骤

餐饮企业要与客户建立关系并留住客户，提高客户的忠诚度，应在正确识别客户的基础上按照以下三个步骤发展客户关系。

1. 对客户进行差异分析

不同的客户之间的差异主要在于两点：第一，客户对于企业的商业价值不同；第二，客户对于产品的需要不同。因此，对客户进行有效的差异分析，可以帮助餐饮企业区分客户、了解客户需求，进而更好地配置企业资源，改进产品和服务，推出适合不同消费群体的菜品和不同档次的服务，牢牢抓住客户，取得最大的利润。

2. 与客户保持良好的接触

客户关系管理的一个主要组成部分就是降低与客户接触的成本，增加与客户接触的效果。前者可以通过开拓“自助式”接触渠道来实现，用互联网上的信息交互来替代人工的重复工作。后者的实现需要更及时、充分地更新客户的信息，从而加强对于客户需求的透视深度，更精确地描述需求画面。具体地讲，也就是把与客户的每一次接触或者联系放在“上下”的环境中，对于上一次接触或者联系何时何地发生，都应该清楚了解，从而可以在下次继续下去，形成一条连续不断的客户信息链。

3. 调整产品或服务以满足每个客户的需要

要进行有效的客户关系管理，将客户锁定在“学习型关系”之中，餐饮企业就必须因人而异提供“个性化”的产品或服务，调整点不仅仅是最终产品，还应该包括服务。

客户关系的建立是餐饮企业新型营销模式的核心所在，除遵循以上三个步骤外，还要在实施环节中，根据突发事件、客户特殊要求等酌情增加或减少步骤。

任务二　客户关系维系与管理

小案例

2019 年的夏天，酷热难当，济南车站旁常常看到一个娇小的女孩，提着一个十几斤重的大西瓜在等公交车。她就是济南净雅的客服部长小郭。她正提着让厨房事先冰好的大西瓜去拜访净雅老客户。当客户正在为炎炎夏日烦躁时，看到大汗淋漓的小郭手捧大西瓜，客户的惊喜与感动不言而喻。

原来，济南每年的七八月天气异常炎热，来酒店吃饭的人也就随之减少，面对这种惨淡状况，大家心里虽然着急，但也没有办法，只能看着空荡荡的餐厅发呆。正当大家无计可施的时候，客服部长小郭说："上次开会张总给咱们说只有淡季思想，没有淡季市场。现在客户少，我们给客户做个超值服务吧……"于是，就出现了故事开头的那一幕。

在小郭的带动下，大家纷纷行动起来，给客户带去了具有净雅特色的惊喜。功夫不负有心人，没过多长时间，酒店又恢复了往日的热闹，那些熟悉的老客户又来到了净雅，他们被净雅人真诚的行为感动了。净雅人大热天送西瓜的故事被传为美谈。

作为餐饮企业，客户是企业的衣食父母。对待客户就要像对待父母一样，"父母"也会像对"孩子"一样关爱、呵护你。特别是在服务行业中，没有淡季的市场，只有淡季的思想。所以，只有做好客户关系维系与管理工作，使客户满意，并达到客户忠诚，才是餐饮企业工作的重中之重。

餐饮市场营销通过导入客户关系管理，餐饮企业会发现客户满意度水平得到了很大提高，但同时，服务成本也相应有所升高。通过对餐饮企业收入、利润及成本比较后，可以看出，80% 的客户为企业带来的利润并不高，而他们从餐饮企业获得的服务却很满意；20% 的客户贡献了超过餐饮企业利润的 90% 甚至更多，但对从餐饮企业获得的服务却并不是很满意。这个时候，餐饮企业就要弄清楚什么是客户满意和客户忠诚。这些数据表明，提高客户满意度和忠诚度并不是指一定要提高所有客户的满意度和忠诚度，而是要在对客户细分的基础上，采取有针对性的策略，最大限度地让更有价值的客户满意。

一、客户满意与客户忠诚

1. 客户满意的内涵

（1）客户满意的概念。客户满意（Customer Satisfaction）是 20 世纪 80 年代中后期出现的一种经营思想，其基本内容是：企业的整个经营活动要以客户满意度为指针，要从客户的角度、用客户的观点而不是企业自身的利益和观点来分析客户的需求，尽可能全面尊重和维护客户的利益。

客户满意是客户对某种产品或服务可感知的实际体验与他们对产品或服务的期望值之间的比较。满意度是客户满意的程度的度量。由此可见，客户的满意度是由客户对产品或服务的期望值与客户对购买的产品或服务所感知的实际体验两个因素决定的。

（2）客户满意的类型。从理论上讲，客户满意可分为三种类型：不满意、一般满意和高度满意。如果可感知效果低于期望值，客户就不会满意；如果可感知效果与期望值相等，客户就会感到一般满意；如果可感知效果超过期望值，客户就会感到高度满意。例如，在用餐过程中，客户满意与否不仅仅体现在对菜肴这一产品的满意，更体现在对用餐过程中整个服务系统的整体满意，包括就餐环境、餐中服务等。那么客户满意度达到何种程度就要看餐饮企业为客户提供的这一过程的质量高低。这种关系可用图 12-3 来表示，假设客户对产品或服务的期望值为 Q_0，客户对产品或服务所感知的实际体验为 Q_1，则客户可感知效果与期望值比较的结果为不满意、一般满意或者高度满意。

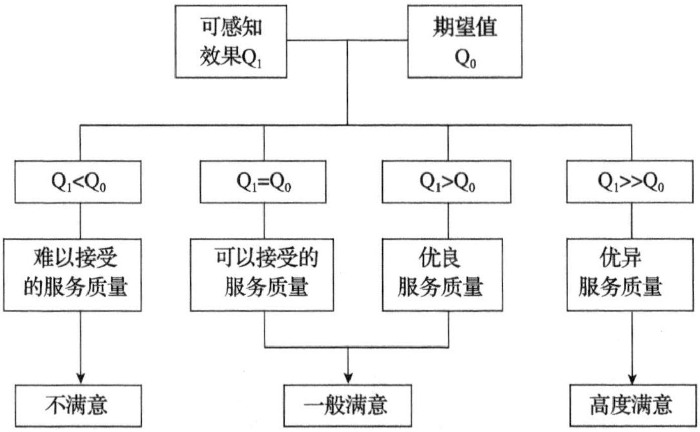

图 12-3　客户满意的类型

（3）影响客户满意的因素。影响客户满意的因素是多方面的，涉及企业形象、产品、营销与服务体系、企业与客户的沟通以及客户关怀等各种因素。其中任何一个方面给客户创造了更多的价值，都有可能增加客户的满意度；反之，上述任何一个方面客户价值的减少或缺乏，都将降低客户的满意度。根据“木桶原理”，一个木桶所能装水的最大限度，由其最短的一块板决定。同样，一个企业能够得到的最大的客户满意度，由其工作和服务效率最差的一个环节或部门所决定。例如，在餐饮企业中，如果你的菜品做得非常好，但你的服务不到位，同样达不到客户的满意。

影响客户满意的因素可归结为以下五个方面。

①企业因素。企业是产品与服务的提供者，其规模、效益、品牌和公众舆论等在内部或外部表现的东西都影响客户的判断。如果企业给客户一个很恶劣的印象，很难想象，客户会考虑选择其产品。

②产品因素。产品因素包括四个层次的内容：首先是产品与竞争者同类产品在功能、质量、价格方面的比较。如果有明显优势或个性比较强，则容易获得客户满意。其次是产品的消费属性。客户对高价值产品要求比较苛刻，因此这类产品难以取得客户满意，一旦客户满意，客户忠诚度将会很高。再次，产品包含服务的多少。如果产品包含服务较多，则难以取得客户满意，而不含服务的产品只要指标基本合适，客户就容易满意。如果其产品与其他企业差不多，客户很容易转向他处。最后，产品的外在因素，比如菜肴色泽、盛器、点缀等，如果设计得精美，在客户就餐时，既能满足其生理需求又能满足其心理需求，就会使客户满意。

③营销与服务体系。企业的营销与服务体系是否有效、简洁，是否能够为客户带来方便，售后服务时间长短，服务人员的态度、响应时间，投诉与咨询的便捷性等都

会影响客户满意度。

④沟通因素。企业与客户的良好沟通是提高客户满意度的重要因素。很多情况下，客户因为质量、服务中存在的问题要向企业投诉，如果缺乏必要的沟通渠道或渠道不畅通，容易使客户不满意。

⑤客户关怀。是指不论客户是否咨询、投诉，企业都主动与客户联系，对产品、服务等方面可能存在的问题主动向客户征求意见，帮助客户解决以前并未提出的问题，倾听客户的抱怨、建议。通常客户关怀能大幅度提高客户满意度，但客户关怀不能太频繁，否则会造成客户反感，适得其反。

2. 客户忠诚度的内涵

（1）客户忠诚的概念。客户忠诚（Customer Loyalty）是指客户对某一特定产品或服务产生了好感，形成了偏爱，进而重复购买的一种行为趋向，客户忠诚实际上是一种客户行为的持续性。客户忠诚度是指客户忠诚于企业的程度。

（2）客户忠诚的表现形式。客户忠诚表现为两种形式：一种是客户忠诚于企业的意愿；另一种是客户忠诚于企业的行为。前者对于企业来说本身并不产生直接的价值，而后者则对企业来说非常有价值。道理很简单，客户只有意愿，却没有行动，对于企业来说没有意义。企业要做的，一是推动客户从“意愿”向“行为”转化，二是通过交叉销售和追加销售等途径进一步提升客户与企业的交易频度。

（3）产生客户忠诚的主要因素。

①产品和服务的特性。企业长期提供的是价格合理、质量可靠、合乎客户使用要求的产品和服务，已经赢得了客户的高度认同。

②避免购买风险。当客户面临众多新的选择时，往往会选择自己熟悉的品牌和企业，以降低购买风险。所以，一个企业要从竞争对手手中夺得一个对方的长期客户是十分困难的。

③降低客户的相关购买成本。客户要寻找一个新的企业，必须花费相当的时间、精力和金钱，为了降低这方面的代价，客户宁愿选择熟悉的企业与其进行长期合作。

④符合客户的心理因素。客户对某一品牌或某一企业的产品和服务忠诚，可能是为了体现自身的价值，或是认同对方的价值观，也可能是因为对企业的承诺放心等。

小案例

许先生是净雅的常客，他性格内向，不善言谈，总给人一种孤傲的感觉，这种距离感让服务人员很难与他接近。当许先生来到金宝净雅就餐时，服务员张晓斐忙上前热情接待，而许先生不论是点菜还是付账，表现得都很冷漠，不愿多说一句话，给他递名片他也不拿，更不用说留电话了。

张晓斐暗下决心，一定要攻下这个客户。餐尾时晓斐特意递给许先生一个果盘，并说：“许先生，听口音您好像是南方人？”许先生说了句：“对，我是福建人。”了解到这一信息，晓斐开始动起了脑筋。

这一天，许先生又带着几位客人来吃饭，餐后，晓斐把事先准备好的福建特产“福清饼”送给了许先生，并说：“这是净雅为客人提供的超值服务，欢迎下次再来。”金黄酥脆，芝麻点点，看着家乡的地道小吃，许先生眼眶湿润了：“来北京做生意已经有两年多，亲人都不在身边，在异乡找不到归属感，这么多年，这是我头一次收到这么贴心的礼物。”

几天后，许先生打电话让晓斐为他预订包间，并主动把自己的电话留给了晓斐。电话里许先生感慨地说：“到过那么多酒店，这是我第一次打电话订餐。”从此以后，许先生的各种宴请都会来到净雅酒店，并且每次都会给晓斐打电话订餐，成为净雅的忠诚客户。

二、提高客户忠诚度的策略

忠诚客户所带来的收益是长期并具有累积效果的。一个企业的忠诚客户越多，客户对企业保持忠诚的时间越久，客户为企业创造的价值就越大，企业所获得的利益也就越多。因此，现代企业不仅要使客户满意，还要努力培养客户的忠诚度，使更多的满意客户进一步升级为忠诚客户。提高客户忠诚度要注意以下几点。

1. 选择培养目标

并不是所有客户都能发展成为忠诚客户，因此企业在培养忠诚客户之前，必须首先确定自己培养的对象，通过对客户资料的分析，寻找那些最具有潜力成为忠诚客户的客户群。例如，餐饮企业可以通过收集用餐客人的个人信息，通过其来店消费次数、金额来确定其是否可作为自己的培养目标。

2. 提供特色服务

客户的忠诚主要是建立在非常满意的基础上的，因此，企业除了要提供高质量的产品和无可挑剔的基本服务，还要选择最吸引客户的方式，提供与众不同的特色服务，以增加客户的价值。在餐饮企业的服务过程中，最为提倡的就是给客户“满意+惊喜”的感受，可口的菜肴，优质的服务，都可以使客户感到满意，但惊喜就需要“特色”，例如，许多餐饮企业主打生日餐这一主题特色，除了正常的服务外，还给客户提供赠品、互动节目的惊喜。

3. 加强与客户的沟通

企业要保证畅通的沟通渠道，让客户发表自己的意见和建议，在客户需要的时候随时与之交流，以及时了解客户的需求，不断增进与客户的情感。通过与客户进行交流而获得的信息将成为企业宝贵的资产，为企业的经营注入活力。例如，许多餐饮企业会采取意见卡、投诉电话、销售代表拜访等多种形式以保证与客户的沟通渠道畅通。

4. 妥善处理客户抱怨

任何企业都难免出现不尽如人意的地方，因此客户抱怨随时都有可能发生。客户的抱怨会使企业产生负面影响，因而要尽力避免客户抱怨的发生。但在客户抱怨已经发生的情况下，企业应当认真听取客户的抱怨，真诚地接受客户的批评，并全力帮助客户解决所遇到的问题。实践证明，客户的抱怨如果能够得到妥善的处理，反而更容易使其成为忠诚客户。因此，企业应该把客户抱怨的妥善处理作为企业建立客户忠诚的一个重要途径。

三、客户流失的原因分析

1. 客户流失的概念

客户流失是指企业的客户由于种种原因不再忠诚，而转向购买其他企业的产品或服务的现象。客户流失一般包括两种情况：客户选择主动转移到另外一家企业，使用他们的产品或服务，称之为主动流失的客户。而那些由于恶意欠款等原因被企业解除服务合同的客户则是被动流失客户。

客户背后有客户，流失一位重复购买的客户，不仅使企业失去这位客户可能带来的利润，还可能损失与受其影响的客户交易的机会，此外，还可能会极大地影响企业对新客户的开发。因此当客户关系出现倒退时，企业不应该轻易放弃流失的客户，而应当重视他们，积极对待他们，尽力争取挽留他们，促使他们重新购买企业的产品和服务，与企业继续建立稳定的合作关系。

2. 客户流失的形成过程

如果已经成为企业的客户，说明以前他是认可企业产品或服务的，积累了一定的购买经验，有一定的使用感受。通常情况下，客户在下一次购买产品时，首先会与上一次购买进行比较。如果产品性能还可以，服务还不错，即使价格高一点，客户还会重复购买。但是，客户如果第一次购买后，发现产品性能与宣传的不一样，使用过程中出现问题得不到解决，或者投诉无结果，客户就会抛弃以前的企业，而去选择其竞争对手的产品。客户流失主要集中在售后服务出现问题之后，抱怨、投诉得不到解决时（如图 12-4 所示）。

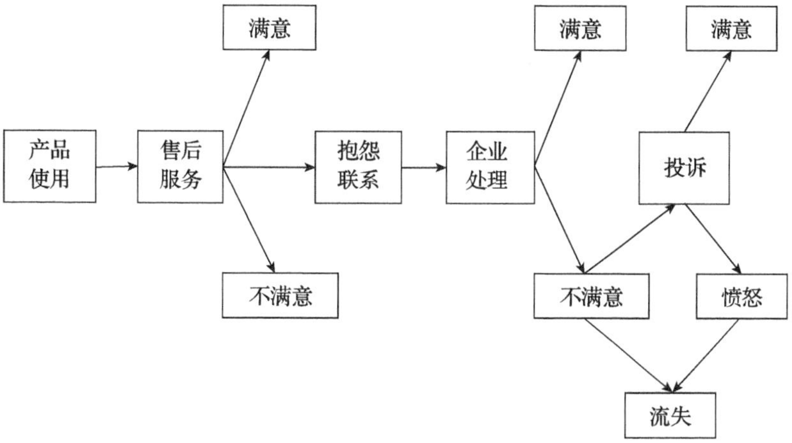

图 12-4　客户流失的形成过程

3. 客户流失的原因分析

客户流失的原因可能有很多，从客户价值和客户满意的角度来看，主要有以下几种。

（1）自然流失。由于客户的经济情况改变或发生地域上的迁徙等，将会被迫和企业断绝交易关系。这种类型的客户流失不是人为因素造成的，也是不可避免的，应该在弹性流失范围之内。

（2）竞争流失。由于企业竞争对手的影响而造成的流失称为竞争流失。市场上的竞争突出表现在价格战和服务战上。竞争对手采取优惠、特价、折扣等措施，或是竞争对手推出功能和质量更好的产品和服务，将原来属于本企业的客户挖走。

（3）过失流失。由于企业自身工作中的过失，使其客户不满而造成的流失称为过失流失。比如，企业形象不佳、产品性能不好、服务态度恶劣等。过失流失在客户流失总量中所占的比例最高，但企业也可在分析客户流失因素的基础上，通过采取一些有效手段来防止。

（4）恶意流失。一般是指企业主动放弃客户。由于企业产品技术含量提高，升级换代，目标客户群体发生改变，从而主动放弃部分原来的客户。客户信用度低、客户有故意欺诈行为等也会导致企业放弃这部分客户。

（5）其他流失。除上述几种情况外，还有很多导致客户流失的原因。例如，由于企业员工跳槽而带走的客户，这种现象在餐饮企业中以销售人员跳槽最为严重；由于企业对市场监控不力，市场出现混乱，客户经营企业的产品不能获利而导致客户流失等。

小案例

美国的肯德基国际公司的子公司遍布全球85个国家和地区，拥有11000家营业点，每天服务约800万顾客，但如何保证他的下属能循规蹈矩呢？一次，上海肯德基有限公司收到了三份总公司寄来的鉴定书，对他们外滩快餐厅的工作质量分三次评比打分，分别为83、85、88分。分公司中、外方经理都为之瞠目结舌，这三个分数是怎么定的呢？原来，肯德基国际公司雇用、培训了一批人，让他们佯装客户进入店内进行检查评分，以此来监督企业，完善服务。

这些佯装客户的人甚至可以故意提出一些问题，以测试企业的营销人员能否适当处理。例如，一个佯装客户的人可以对参观的食品表示不满，以试验餐厅如何处理这些抱怨。

四、流失客户的挽留

1. 客户挽留的概念

运用科学的方法对将要流失的有价值的客户采取措施，争取将其留下的营销活动，即客户挽留。它将有效延长客户生命周期，保持市场份额和运营效益。因此，客户挽留是 CRM 实现的关键功能之一。

2. 客户挽留的策略

（1）服务第一，客户为先。优质的客户服务可以为企业带来更高的利润，并保证企业基业长青。聪明的企业不能一味通过降低和消减成本来增加收入，因为成本消减总有一个限度，聪明的企业是通过重新设计服务战略来达到目的的。服务战略包括制订全方位的客户服务解决方案、建立服务矩阵、加强服务创新和优化服务流程等方面。

（2）关系的培育和积累。留住企业的游资和客户需要与客户处好关系。当前，业界普遍流行的观点是：企业成功 =（能力 + 勤奋 + 机遇）× 关系。该模式认为，缺少能力、机遇和勤奋中的任何一项，只要有一定的关系，同样可以成功，关系是一个人乃至企业成功的主要因素。不能仅仅从背景上看，还要从完善自我的角度上来理解关系，积累关系的关键因素就是完善自我。一个人必须从三个方面来完善自我：真诚、尊重和重视别人以及学会问和听，只有这样，才能在交往中积累好自己的关系。

（3）客户关怀可以成为核心竞争力。核心竞争力是企业在很长的一段时间内形成的，蕴含于企业内质中的，企业独具的，支撑企业过去、现在和未来的竞争优势，并能使企业长时间在竞争环境中取得主动的核心能力。现代经济其实就是客户经济，当今社会所倡导的全局观、全流程的龙头就是客户。

（4）别忽略潜在的优质客户。每个人的精力都是有限的，不可能和所有人去打交道。餐饮企业要选择重点，先设定自己的目标，然后围绕这个目标来长期、持续地投入时间和精力。但在这一过程中，要反对那种功利的做法，不应该只重视眼前有用的客户，不重要的客户就完全忽略掉，应该对潜在的优质客户也保持持续关注和投入。

任务实施

客户挽留流程如图 12-5 所示。

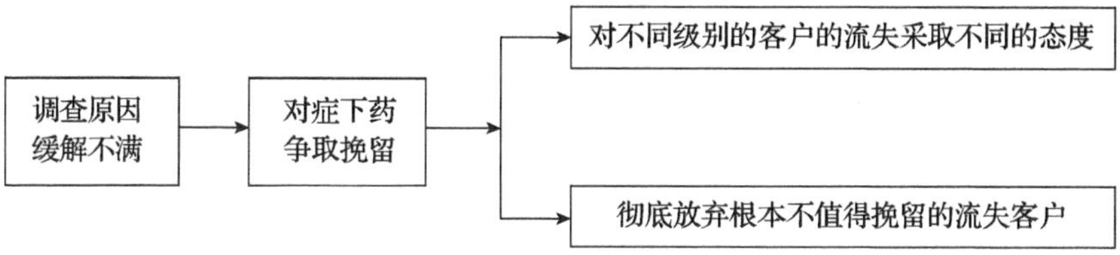

图 12-5　客户挽留流程

第一步：调查原因，缓解不满。首先，企业要积极与流失客户联系，访问流失客户，诚恳表示歉意，缓解矛盾；其次，要了解流失的原因，弄清问题究竟出在哪里，并虚心听取他们的意见、看法和要求，让他们感受到企业的关心，给他们反映问题的机会。

第二步：对症下药，争取挽留。企业要根据客户流失的原因制订相应的对策，尽力争取及早挽回流失的客户。

第三步：对不同级别的客户的流失采取不同的态度。企业应该根据客户的重要性来分配投入挽留客户的资源，挽留的重点是那些最能盈利的流失客户，这样才能达到挽留效益的最大化。针对下列三种不同级别的流失客户，企业应当采取的基本态度如下。

（1）对重要客户要极力挽留，对主要客户也要尽力挽留；

（2）对普通客户的流失和非常难避免的流失，可见机行事；

（3）基本放弃对小客户的挽留努力。

第四步：彻底放弃根本不值得挽留的流失客户。有些流失客户，例如以下情况的流失客户根本不值得挽留。

（1）不可能带来利润的客户；

（2）无法履行合同规定的客户；

（3）损害员工士气的客户；

（4）声望太差，与之建立业务关系会损害企业形象的客户。

对这些不值得挽留的客户，企业要彻底放弃。

任务总结

客户关系是指企业为达到其经营目标，主动与客户建立起的某种联系。这种联系可能是单纯的交易关系、通信联系，也可能是为客户提供一种特殊的接触机会等。餐饮企业建立高质量的客户关系要以客户让渡价值为基础，达到餐饮企业提高销售收入、改善企业服务、提高客户满意度和提高员工生产力的目的。

客户关系维系与管理必须提高客户满意度和忠诚度，提高客户的忠诚度需要采取一定的策略，必须认真分析客户流失的原因并对流失客户进行挽留。作为客户关系管理的关键功能之一，客户挽留必须按照规范的程序去实施，同时要明确提高客户满意度和忠诚度，并不是指一定要提高所有客户的满意度和忠诚度。正确的做法是在对客户进行细分的基础上，采取有针对性的策略，最大限度地让更有价值的客户满意，而不是取悦所有客户。

实训项目

目标

（1）培养学生分析判断客户流失原因的能力；

（2）培养学生选择客户挽留策略及实施客户挽留计划的能力。

内容与要求

教师帮助学生联系校外实训基地（以有一定规模的大型知名餐饮企业为佳），不同小组分别对应一家餐饮企业，企业给出曾出现的详细的客户流失情况。根据以上资料，判断出客户流失的原因，制订有效的客户挽留计划，按步骤实施，并记录整个过程。

组织与实施评价

（1）选择目标餐饮企业，根据其所提供资料分项目小组进行调查；

（2）根据调查资料信息，分析判断该餐饮企业客户流失的原因；

（3）根据所判断的客户流失原因，制订有效的客户挽留计划并尝试按步骤实施并预测；

（4）提交该项目的可行性分析报告，并根据报告进行评估。

评估指标及标准如下表所示。

表 餐饮企业客户挽留技能评价评分表

被考评人			考评地点			
考评内容		考评标准	分值 / 分	自我评价 / 分	小组评价 / 分	实际得分 / 分
专业知识技能掌握	客户流失概念	掌握	10			
	客户挽留概念	掌握	10			
	客户挽留策略	熟练掌握	10			
	客户挽留流程及应用	熟练掌握	10			
	报告完成情况		20			
通用能力培养	学习态度	积极主动，不怕困难，勇于探索	15			
	团队分工合作	能融入集体，愿意接受任务并积极完成	15			
	道德自律	自觉遵守纪律，有责任心和荣誉感	10			
合计			100			

注：1. 实际得分 = 自我评价总分 ×40%+ 小组评价总分 ×60%。

2. 考评满分 100 分，59 分及以下为不及格，60—74 分为及格，75—84 分为良好，85 分及以上为优秀。

复习思考题

一、填空题

1. 按照时序进行划分，客户可分为________、________和________。

2. 著名的营销学家菲利普 · 科特勒在研究中把企业建立的客户关系分为________、________、________、________和________五种不同的类型。

3. ________、________和________构成客户关系管理稳固的“铁三角”。

4. 客户满意可分为________、________和________三种类型。

5. 提高客户忠诚度的策略有________、________、________和________。

二、选择题

1. 客户关系管理的定义包含________等层面的内容。
   A. 宏观层面的管理理念　B. 中观层面的企业管理模式
   C. 一般层面的计算机技术　D. 微观层面的应用系统
2. 客户关系管理的核心思想包括________。
   A. 客户让渡价值是基础　B. 重视客户的个性化特征
   C. 提高客户满意度　D. 客户关怀贯穿营销的全过程
3. 客户流失一般分为________两种情况。
   A. 主动流失　B. 自然流失　C. 被动流失　D. 恶意流失
4. 客户挽留是 CRM 实现的________功能之一。
   A. 关键　B. 特色　C. 次要　D. 辅助
5.________是产生客户忠诚的主要因素。
   A. 产品和服务的特性　B. 避免购买风险
   C. 降低客户的相关购买成本　D. 符合客户的心理因素

三、简答题

1. 餐饮市场营销进行客户管理有何重要意义？
2. 客户关系管理的内涵是什么？
3. 影响客户满意的因素有哪些？
4. 客户忠诚的表现形式是什么？
5. 什么是客户挽留？客户挽留的策略有哪些？

项目十三

餐饮营销人员能力素质训练

学习目标

知识目标

1. 了解餐饮市场营销人员应具备的能力素质要求；
2. 熟悉餐饮市场营销能力素质训练的程序；
3. 掌握处理顾客异议的种类、原则和程序；
4. 掌握处理顾客异议的方法技巧。

能力目标

1. 能树立正确的营销心态，运用谈话技巧，善于通过顾客的语言和非语言捕捉信息，学会树立、发挥个人魅力；
2. 能正确认识顾客异议，能运用一定的方法和技巧处理顾客异议。

任务导入

在中秋到来之前，某酒店新入职的销售人员王奇只身到顾客单位去拜访，销售酒店的月饼。由于是第一次拜访顾客，难免会有些紧张，在与顾客交流过程中，他不知道如何回答问题，于是便转而介绍自己的产品，这样的销售结果可想而知了。那么为什么王奇的营销行为会失败呢？

任务分析

王奇的失败是由于他没有掌握从事餐饮营销工作要具备的能力和素养，这是营销人员从事营销工作的基础和重要条件。营销人员的营销能力和素养在一定程度上决定着营销人员营销活动成功与否。与其他行业一样，餐饮营销从业人员应具备良好的职业道德素养和专业知识，但除此之外更重要的是销售心态、谈话技巧、捕捉顾客信息、个人魅力等能促进销售成交的关键素质能力。营销人员要注重日常点滴训练，并积极从营销活动中积累经验，通过不懈努力提高营销能力素质。

知识准备

任务一　营销人员能力素质训练

一、树立正确的销售心态

有96%的顾客是产品被推销四次以上才购买的，而只有4%的顾客是在产品被推销四次以下就购买的。而60%的营销人员在失败四次以前放弃了销售，只有40%的销售人员在失败四次以后仍然坚持向顾客推销产品。任何一个成功的营销人员都必须经历一个从无知到有知、从生疏到熟练的过程，只要敢正视暂时的失败和挫折，并善于从中吸取经验教训，那么成功终会向你招手。如何正确看待失败和挫折，就需要营销人员具有正确的销售心态。

1. 建立信心，积极开发新顾客

方法：克服自卑心态的“百分比定律”。

（1）假定每位顾客都会成交。营销人员要对每一个到来的顾客假定都会购买，使自己形成一种条件反射积极地去销售，从而增大成功率使营销人员具有成功感而信心倍增。

（2）配合专业形象。好的形象能拉近人与人之间的距离，便于双方的沟通。自我感觉良好，自然信心会增加，自我发挥会良好。

2. 正面看待失败

（1）衡量得失。营销人员通常都会遇到被人拒绝或面子上不好过的事情，例如，派发宣传单时有可能会遭到拒绝，懂得衡量得失的正确的做法是认为自己本身并没有任何损失，反而增长了见识，学会在逆境中调整心态。

（2）正确对待被人拒绝。被拒绝是很普遍的，但营销人员不要让这表面的拒绝所蒙蔽。当顾客只是借口拒绝，并不是没有回旋的余地时，那就表明还有机会，营销人员不要轻易放弃，应该过一段时间再跟进。

3. 相信顾客需要自己的产品

（1）从顾客的立场出发。所有的推销是针对顾客的需要而不是营销人员的喜好。营销人员要先了解客人的目的，明确自己的销售目的，清楚自己的出发点，并对症下药。结合顾客的情况进行介绍，迎合客人的心态，拉近双方的距离。

（2）不要过分夸大产品。世界上没有十全十美的东西，大部分人对夸大的说法均会反感，营销人员过分的夸张，会引起顾客的不相信和不满；若对无关痛痒的不足作及时的补充和说明，做到自圆其说，并帮助顾客作对比，让顾客有真实感，反而能加深其对营销人员的信任感。

二、谈话的技巧

营销人员在与顾客谈话销售过程中，要注意哪些说话技巧呢？沟通要有技巧，良好的口才可以助人事业成功，拥有好的沟通能力可以改变一个人的人生。所以，当销售人员与顾客交流时，要知道什么话应该说，什么话不应该讲，什么话该怎么去说。

1. 不要与顾客针对某个问题进行争辩

餐饮服务有一个“客人永远是对的”的准则，要求营销人员不要与客人争对错，这同样也适用于营销服务过程。

2. 不要以质疑的语气与顾客谈话

营销人员与顾客交流沟通时，要尊重并理解顾客的思想与观点，不要采取质问的方式与顾客谈话。用质问或者审讯的口气与顾客谈话，是不懂礼貌的体现，是不尊重顾客的反映，是最伤害顾客的感情和自尊心的。

3. 不要用命令的口气与顾客交流

营销人员在与顾客交谈时，多一点儿微笑，态度和蔼一点儿，说话轻声一点儿，语气柔和一点儿，要用征询、协商或者请教的口气与顾客交流，千万不能采取命令和批示的口吻与人交谈。一定要记得，你不是顾客的领导和上级，你无权对顾客发号施令，指手画脚。但是要做到不卑不亢、吐字清晰、条理分明。

4. 不要向顾客炫耀

当与顾客沟通谈到自己和公司时，要实事求是地介绍自己，稍加赞美就可以了，万万不可忘乎所以、得意忘形地自吹自擂，自我炫耀自己的出身、学识、财富、地位、业绩、收入和公司的规模有多么大，有多大的实力等。这样就会人为地造成双方的隔阂和距离。要知道人与人之间，脑袋与脑袋是最近的，而口袋与口袋却是最远的。切记，能够引起顾客青睐的不是你的学识、你的出身，而是餐饮企业的产品质量和价格，及对他有什么价值。

5. 说话不能过于直白

俗语道：“打人不打脸，揭人不揭短。”在与顾客沟通时，如果发现他在认识上有不妥的地方，不要直截了当地指出。多数人最忌讳在众人面前丢脸、难堪，要忌讳直白。康德曾经说过：“对男人来讲，最大的侮辱莫过于说他愚蠢；对女人来说，最大的侮辱莫过于说她丑陋。”一定要看交谈的对象，看什么人说什么话，要分析一个人的性格。

6. 顾客有错误时不要直接进行批评

在与顾客沟通时，如果发现他身上有什么缺点，也不要当面批评和教育他，更不要大声地说出来。要知道批评与指责解决不了任何问题，只会招致对方的怨恨与反感。与人交谈要多用感谢词、赞美语；要多言赞美，少说批评，要掌握赞美的尺度和批评的分寸，要巧妙批评，旁敲侧击。有句话叫话不投机半句多，所以一定要注意这一点。

7. 交流不是你一个人在说话

与顾客谈话时要鼓励对方讲话，多让顾客来说话，通过他说的话，可以了解顾客个人的基本情况，理解他内心的想法，了解他的需求。切忌销售人员一个人在唱独角戏，只顾自己狂侃一顿。俗语讲：嘴上无毛，办事不牢。这样会让顾客觉得你是一个夸夸其谈的人。

8. 善于倾听不要打断顾客的谈话

善于倾听的人给人的印象是谦虚好学，是专心稳重，诚实可靠的。营销人员特别善于倾听，在谈判与推销过程中，“倾听”其实比“劝说”更加重要，善于倾听的营销人员能充分调动对方的积极性，让对方产生如遇知己的感觉。他们是通过了职业的训练的，通过倾听来引发顾客表达的欲望，从而产生沟通。善于倾听能减少不成熟的评论，避免不必要的误解。善于倾听的人会从顾客的谈话中捕捉顾客的真正需求信息，常常会有意想不到的收获。

9. 任何情况下都不要冷场

与顾客谈话，态度一定要热情，语言一定要真诚，言谈举止都要流露出真情实感，要热情奔放、情真意切、话贵情真。俗语道：“感人心者，莫先乎情。”这种“情”是营销人员的真情实感，只有你用自己的真情，才能换来对方的感情共鸣。在谈话中，冷淡必然带来冷场，冷场必定带来业务泡汤。

10. 保持语气温和，不要生硬

营销人员在与顾客说话时，声音要洪亮、语言要优美，要抑扬顿挫、节奏鲜明，语音有厚有薄；语速有快有慢；语调有高有低；语气有重有轻。要有声有色，有张有弛，声情并茂，生动活泼。切忌说话没有高低、快慢之分，没有节奏与停顿，生硬呆板，没有朝气与活力。

三、捕捉顾客信息

在与顾客进行交谈的过程中，营销人员要尽可能从顾客的言行当中捕捉和获取对方信息，从了解顾客需求、有效处理顾客异议等方面找到突破口。与顾客进行交谈和沟通的过程中，捕捉顾客信息的途径一方面是顾客的语言，另一方面则是顾客的非语言。

1. 从语言沟通中获取信息

一个精明的营销人员，往往会通过主动问询的方式，在对方并没有心理提防的领域将真实信息挖掘出来从而获得重要信息。尤其是对于那些经验并不怎么丰富的顾客，他们往往在营销人员“东拉西扯”中暴露了目标。但对于任何比较有经验的受众顾客而言，这种方法似乎效果不佳，当与顾客谈到比较深入、比较敏感的话题时，不但没有获取对方潜在意图，反而导致顾客转移话题、避而不答，甚至态度变得很不友好。这很可能是营销人员在试探和语言诱导时过于暴露了目的，引起了对方加倍的警觉。从心理学分析中得知，人的潜意识所带来的意图虽然可以掩饰，但总会从某些方面暴露出来，只要消除了人的防范意识或人为地制造一些情感压力，往往可以直接或间接地了解所要探询的信息。

在日常生活中可以发现，任何人在情绪好时，都很喜欢打开心扉，畅所欲言；但是在心情不好时，往往喜欢陷入沉默或者对厌恶的东西变本加厉的诅咒。人作为自然界的产物，当然也无法超脱于大自然所烙上的本性印痕。在分析了这些情况以后，很自然能够得出一些规律性的东西，用之于实践。所以每一位营销人员都应是一位心理学家，他们每一次销售洽谈的过程都是一次心理诊断。目标就是运用自己的智慧和情绪，营造舒适、开放的沟通环境，从而获取顾客的真实意图，为达成销售做铺垫。

2. 从非语言沟通中获取信息

营销人员最终能否实现预期的销售目标，一定程度上还取决于非语言的沟通过程。著名人类学家、现代非语言沟通首席研究员雷·伯德威斯特尔指出，在典型的两个人的谈话或交流中，口头传递的信号实际上还不到全部表达意思的35%，而其余65%的信号必须通过非语言信号的沟通来传递。

营销人员可以通过自己的身体语言向顾客传递各种信息，同时，顾客也会在有意无意间通过肢体动作表现某些信息，这就要求营销人员认真观察、准确解读。可以说，准确解读顾客的身体语言，是营销人员实现销售目标的重要条件之一。

在沟通过程中，顾客的肢体动作包括很多种，如果对顾客的每一个动作都进行分析和解读，那是不现实的，况且那么做也常常会错过重要信息而在一些无效信息上浪费巨大的时间和精力。实际上，最能表达信息的肢体语言常常是眼神、面部表情、手势或其他身体动作等。在解读顾客肢体动作时，营销人员可以从以下几方面入手。

（1）观察顾客眼神的变化。俗话说“眼睛是心灵的窗户”，营销人员应该首先从顾客的眼神中观察其透露出的相关信息。比如，如果顾客的眼睛一直关注手头正做的事情而不理会营销人员的介绍，那么这样的顾客常常有一种拒人于千里之外的冷淡态度；如果顾客的眼睛盯着包装精美的产品，那么销售人员不妨通过产品展示等方式引起顾客的关注。

顾客的眼神会随着沟通情境的不同发生一定的变化，有经验的营销人员会从这些变化中捕捉到十分重要的信息。比如，当你正滔滔不绝地介绍产品性能时，却发现顾客已经闭起双眼，或者开始东张西望，那就表明他（她）已经对你的介绍感到厌烦，或者对你的话题没有兴趣了。此时，你就要换一个话题，或者停下来，引导顾客参与谈话，以了解顾客真正关心的问题。

（2）面部表情可以反映顾客心理。那些表情严肃、双唇紧闭、说话速度不紧不慢但语气却非常坚定的顾客通常更为理智。与这些顾客沟通时，销售人员最好把话题集中到与销售有关的内容上，不要东拉西扯。对于这些顾客提出的问题，销售人员要给予自信而坚定的回答，不要模棱两可、躲躲闪闪。

那些表情较为丰富且变化较快的顾客更趋向于情绪型，有时一句感情色彩比较浓厚的话就可能会能引起他们的强烈共鸣，一个不得体的小动作也可能会使他们的情绪迅速低落。对于这类顾客，营销人员要给予更多的体贴和关怀，要多倾听他们的意见。

（3）注意顾客的手势动作。顾客常常会通过快速摆手臂或者其他手势表示拒绝，如果营销人员对这些手势动作视而不见，那么接下来可能就是毫不客气的驱逐，事情一旦到了这一步就很难有回转的可能。所以，当发现顾客用手用力敲桌子、摆弄手指或摆动手臂时，营销人员就应该反思自己此前的言行是否令顾客感到不满或厌烦了，然后再采取相应的措施。

（4）从不经意的小动作中捕捉有效信息。有些顾客不愿意通过口头表达或其他方式透露相关信息，但是他们的一些不经意的小动作常常会“出卖”他们。注意观察这些小动作，往往可以从中捕捉到至关重要的信息。

小知识

在人们的日常生活中，人们往往会因为各种原因说错话，那些原本不是出自内心的话被称为“口误”。一般人从不重视口误，而弗洛伊德却非常有兴趣。他提醒我们，口误是非常有研究价值的。因为口误并非偶然，恰恰相反，口误的内容往往是内心深处的真实想法的反映和写照。

根据弗洛伊德的理论，潜意识的一切结构特征，都是一组简单的机制（凝缩、置换、戏剧化和二度修改）。因此，其结果不局限于所谓的“神经官能症病患”，也同样构成于“正常”的主体。就像是梦和口误，作为“正常”主体潜意识的产物，通过精神分析也可以纳入一切潜意识研究，并且分析的结论是相当具有实践意义的。所以心理学分析认为，从一个人的口误中，往往可以发现对方内心深处的某些秘密。获得弗洛伊德口误的细节有以下6种。

1. 主动提问式谈话

为了能将销售洽谈尽快展开，同时更多地获取顾客信息，最好采用问询式的谈话方式，将话语引导给顾客。销售人员可以尽可能多地使用如“怎么、为什么、哪”等代词、副词开始对话。实际上这也完全符合销售技巧一贯的原则——让顾客多说话才能做好销售。

2. 改变谈话的立场

销售手法应该避免急功近利和斩尽杀绝，营销人员应该站在顾客的角度去想问题，去帮助顾客分析需求，甚至把自己当成顾客的顾问去讨论产品。这样是非常有助于获取顾客的真实想法的。所谓“口误”在这种环境下也是比较容易出现的。

3. 直面产品的缺点

任何一种产品都不可能十全十美，顾客需要的是满足自己需求的产品或服务。任何不切实际的吹嘘和掩盖只会加剧顾客的戒备、不满甚至排斥。不加掩饰的真实情况，才是顾客愿意了解的。诚实和诚恳往往更能建立通畅的顾客交流平台，双方都会愿意在这样的环境下面表达自己心里的真实想法。

4. 控制主动权

当一次交流开始后，营销人员应该学会控制谈话的主动权，也就是话语权。这个时候，营销人员或提问或聆听，都是主动控制着进程，引导着顾客意识往自己期望的轨道行进。这个时候要注意顾客的反问，对于介绍产品有利的反问应该积极正面回答，但是过多的反问会影响谈话的主次，会失去主动权。所以应该及时换转话题，跳出被动格局。对于顾客的提问，可以考虑用类似这句话去转换：“这是个好问题，但我能不能先问您一下另一个问题？”

5. 当一个好听众

大家都知道“营销发生于言语，但购买却是无声的”。很多营销人员喜欢滔滔不绝，甚至妙语连珠，像是一场表演。某些营销人员特别喜欢打断顾客的表述，接茬话题，以此来显示自己的聪明和预见性。其实在顾客未完成话语前，过早放弃倾听很不聪明。这很可能丧失探求顾客真实想法的机会，也就是把你面前的“弗洛伊德口误”给噎了回去。

6. 全身投入关注顾客

在洽谈时，做到全神贯注还不够，应该把自己所有感官的注意度都放在顾客身上。只考虑顾客所讲，仔细观察顾客任何细小动作给你的信息，就像聚光灯一样照射着你对面的顾客，这个时候，他的任何一个举动都逃不过你的感觉，即便没有出现“口误”，任何反常的动作或习惯性的动作都可能给你带来提示。

四、个人魅力的发挥

个人魅力是指在人际交往中体现出来的令人喜欢、愉快的能力及品质；个人魅力同样也是生产力，作为一名餐饮营销工作人员，发挥好你的个人魅力可以彰显你的销售力。

通常餐饮营销人员的个人魅力主要体现在两个方面：一是基于个人的，称之为人格魅力；二是基于营销方式、技能的，称之为营销魅力。对于餐饮营销人员而言，两者缺一不可。具体表现在：营销人员自身的品德素养、敬业精神、职业忠诚度、对专业知识的掌握程度、个人谈吐与工作方法技巧的利用、行业及同事间专业权威的树立、对追随者的吸引力等多个方面。营销人员可以通过以下几个方面树立自己的个人魅力。

1. 个人基本素养的打造

“严于律已，宽以待人”，打造个人品德素养；努力学习，掌握更多的专业知识与销售技巧，并用自己的行为去影响、感染你周围的人，打造你的职业素养。这是打造个人魅力的基础。

2. 适当地表现自己，建立个人影响力

这是指个人如何从积极的角度去影响他人，从而在影响别人的过程中提升个人影响力。这一点可以通过把握机会，在日常工作当中树立自己的影响力。例如，有效的会议发言、日常销售总结、区域销售标准的树立、优势市场的打造等，这是打造个人魅力的有效途径。

3. 树立个人的处事风格

在日常工作、生活当中，言谈举止要表现出一名销售人员特有的风度；在日常事物处理上，要讲究工作方法、技巧，表现出一名餐饮销售人员特有的干练、泼辣与稳重。要注意谈吐与处事方法，这是打造个人魅力的关键所在。

4. 树立专业形象与行业权威

在餐饮企业的销售管理过程中，注意经验总结与标准建立，多总结案例，优化工作标准，同时可通过在专业性网站杂志或论坛等媒体发表个人见解等途径，逐渐树立个人在行业间的影响力，从而使个人魅力得到有效升华。

5. 让他人感觉到自身的重要

人是感性动物，有着强烈的自尊心，希望得到他人的重视与尊重，餐饮营销人员的行为要让顾客感觉到他的存在与作用，这样才能得到对方的承认与认可，才能最终起到提升个人魅力的作用。

任务二　处理顾客异议

餐饮营销服务过程中顾客对企业的产品、服务等都会产生质疑或不满，这就是顾客异议。如何解决顾客异议对餐饮营销工作具有重要意义和作用。

一、顾客异议的含义、分类

顾客异议又叫推销障碍，是指顾客针对营销人员及其在销售中的各种活动所做出的一种反应，是顾客对营销产品、营销人员、营销方式和交易条件发出的怀疑、抱怨，提出的否定或反对意见。在实际营销过程中，营销人员会经常遇到“对不起，我很忙”“对不起，我没兴趣”“价格太贵了”“质量和效果能保证吗”等被顾客用来作为拒绝购买推销品的回答，这就是顾客异议。顾客异议主要有以下三类。

（1）真实的异议。顾客表达目前没有需要或对您的产品抱有偏见或是对产品不满意，例如，因菜品份量不足引发顾客对菜品的不满意；顾客从朋友那里听说宴会的服务不周到。

（2）假的异议。顾客不想诚意地和销售人员会谈，用借口、敷衍的方式应付销售人员。

（3）隐藏的异议。顾客并不把真正的异议提出，而是提出各种真的异议或假的异议，目的是要借此假象达到隐藏异议解决的有利因素，例如，顾客认为宴会服务费用高，希望降价，但却提出其地理位置、场地大小、停车场等异议，以降低产品的价值，从而达到降价的目的。

二、处理顾客异议的原则

无论什么原因导致顾客产生的异议，都是顾客对餐饮企业营销服务的进一步需求的外在表现。对于顾客的异议，作为基层营销服务人员，要认真加以对待，避免因处理不当或者不及时而导致顾客的投诉，影响和削弱良好的客我关系，原因就在于顾客的异议不能被限制或者阻止，只能设法加以控制。减少顾客异议发生的机会，无疑是处理顾客异议的最好办法。但是，实际情况却并非如此。一旦餐饮企业遇到顾客的异议，如何进行处理应把握以下原则。

1. 认真聆听

客户经理在拜访顾客的时候，面对顾客的质疑，据理力争或者保持沉默都是不可取的，都无益于问题的解决，倾听是解决的有效途径。要通过聆听来进一步了解顾客的真实想法、了解问题的关键点，从而为处理异议提供更多的机会，得出更加正确的结果。顾客也会因为被尊重而感到心情舒畅，放松原有的观点。

2. 详细记录

俗话说："好记性不如烂笔头。"要凭借记忆记住顾客的异议极易产生错误和偏差。面对顾客的投诉，要在"听"的基础上，有目的地做好异议记录，把握顾客异议的关键点和期望解决值，这样，在回答顾客的异议的时候，才会有所选择，有所侧重。

3. 给予理解

追求服务的零缺陷是营销人员所努力追求的。但是，由于客我双方所处的位置、所受的文化背景的不同，对餐饮企业的产品和服务有看法，产生异议是人之常情。对于顾客的异议（质疑），要给予理解，要站在顾客的立场考虑问题，也就是"假如我是零售顾客，我将会怎么办"。如果销售人员改变了看待问题的角度，很自然地便会将理解融入处理异议的全过程，更利于异议的解决。

4. 区别对待

对于顾客提出的异议，营销人员要把顾客的异议与顾客本人区别开来，即要把顾客自身与顾客提出的每一次异议区别对待，也是日常工作中所大力倡导的"对事不对人"的原则和方法。对于顾客的异议，要充分体谅顾客提出异议时的心情，注意保护顾客的自尊心，避免对顾客人身、心灵的伤害。只有这样，异议的处理才会顺畅。

5. 及时回复

对于顾客提出的异议，一定要坚持"尽快答复"的原则。这样做的好处就是：①能让顾客真真切切地感受到被尊重。②表示对于解决问题的诚心和诚意。③可以进一步防止顾客的负面宣传所可能造成的恶劣的影响。对于可以在现场解决的问题，务必要当即回复；不能解决的，要给顾客以准确回复时间，换取顾客的信任，为以后工作的顺利开展扫清障碍。

三、顾客异议处理的程序

顾客异议的处理要遵循一定的程序，具体处理程序如图 13-1 所示 .

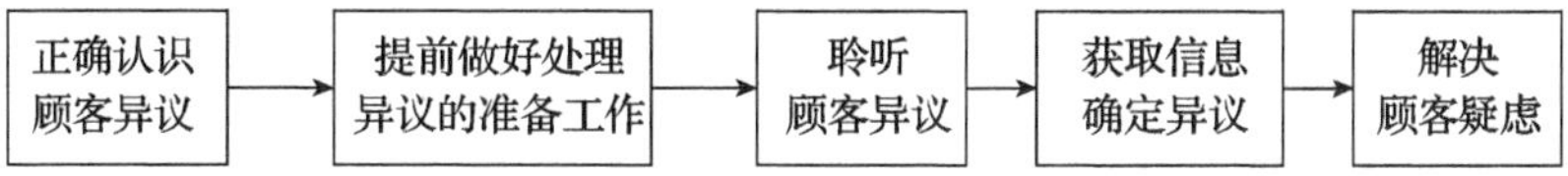

图 13-1 处理顾客异议程序示意图

1. 正确认识顾客异议

这是正确处理顾客异议的关键。首先要明确顾客异议是营销过程中的必然环节；其次要正确认识顾客异议的重要作用，它对营销人员捕获顾客信息提供了机会，以积极的态度看待顾客异议。

2. 处理异议的准备工作

是指营销人员一是要做好面对和处理异议的心理准备，二是要预测顾客异议，提前思考处理方法。

3. 当顾客提出异议时，营销人员要认真听取顾客的异议

回答顾客异议的前提是要弄清顾客究竟提出了什么异议。在不清楚顾客说些什么的情况下，要回答好顾客异议是困难的，因此要做到听顾客讲，在顾客未讲完之前，不要打断顾客谈话；并要带有浓厚兴趣去听。应避免打断顾客的话，匆匆为自己辩解，竭力证明顾客的看法是错误的现象，这很容易激怒顾客，并会演变成一场争论。

4. 复述顾客提出的问题

为了向顾客表明你明白了他的话，可以用你的话把顾客提出的问题再复述一遍。对于顾客提出的假异议要能够分辨，通过与顾客的交谈获取信息，判断顾客真正异议所在。

5. 对顾客提出的异议，推销员要回答清楚，这才能促使推销进入下一步

回答顾客问题之前应有短暂停顿。这会使顾客觉得你的话是经过思考后说的，你是负责任的，而不是随意乱侃的。这个停顿会使顾客更加认真地听你的意见；要对顾客表现出同情心，这意味着你理解他的心情，明白他的观点，但并不意味着你完全赞同他的观点，而只是了解他考虑问题的方法和对产品的感觉。顾客对产品提出异议，通常带着某种主观感情，所以，要向顾客表示你已经了解了他的心情，如对顾客说："我明白你的意思""很多人这么看""很高兴你能提出这个问题""我明白了你为什么这么说"等。

顾客异议处理应注意的是，营销人员应当避免在后面的介绍中，又提及顾客前面提到的异议。这样做，只能夸大问题的严重性，容易在顾客脑子里留下不必要的顾虑。

四、顾客异议处理的方法与技巧

1. 忽视法

"忽视法"，顾名思义，就是当顾客提出一些反对意见，并不是真的想要获得解决或讨论时，这些意见和眼前的交易扯不上直接的关系，你只要面带笑容地同意他就好了。

对于一些"为反对而反对"或"只是想表现自己的看法高人一等"的顾客意见，若是你认真地处理，不但费时，尚有旁生枝节的可能，因此，你只要让顾客满足了表达的欲望，就可采用忽视法，迅速地引开话题。

忽视法常使用的方法如：

（1）微笑点头，表示"同意"或表示"听了您的话"。

（2）“您真幽默！”

（3）“嗯！真是高见！”

2. 补偿法

潜在顾客：“这道海参菜的色泽、烹调、口味都非常好，令人耳目一新，可惜海参的品质不是顶好的。”营销人员：“您真是好眼力，这个的确不是最好的，若选用最好的海参，价格恐怕要高出现在的两倍以上。”

当顾客提出的异议，有事实依据时，你应该承认并欣然接受，强力否认事实是不智的举动。但记得，你要给顾客一些补偿，让他取得心理的平衡，也就是让他产生两种感觉：产品的价格与售价一致的感觉；产品的优点对顾客是重要的，产品没有的优点对顾客而言是较不重要的。

世界上没有一样十全十美的产品，当然要求产品的优点越多越好，但真正影响顾客购买与否的关键点其实不多，补偿法能有效地弥补产品本身的弱点。补偿法的运用范围非常广泛，效果也很实际。

3. 太极法

太极法取自太极拳中的借力使力。太极法用在销售上的基本做法是当顾客提出某些不购买的异议时，营销人员能立刻回复说：“这正是我认为您要购买的理由！”也就是营销人员能立即将顾客的反对意见，直接转换成为什么他必须购买的理由。

每一个营销人员都有自己独特的处理异议的方法，不同的方法适用于不同的顾客、产品和场合。作为一名优秀的销售员，只有了解并掌握多种多样的消除异议的方法，才能在处理顾客异议的过程中取胜，使销售工作顺利地进入下一个阶段。下面是处理异议的几种技巧。

（1）分担技巧。是指营销人员要学会站在顾客的角度考虑问题，并给顾客以恰当的表扬和鼓励。例如，对顾客提出的异议，可以这样回答：“您的意见很好”或“您的观察力非常敏锐”。

（2）态度真诚、注意倾听。顾客提出异议时，要注意认真倾听，辨别异议的真伪，并发现顾客真正的疑虑所在。对顾客异议中不合理之处，不要马上予以反驳，可以进行正确的引导，使他们逐渐接受正确的观点和建议。

（3）重复问题，称赞顾客。重述顾客的意见，既是对顾客的尊重，又可以明确所要讨论问题。例如，对于顾客提出的异议，可以这样进行重复：“如果我没有理解错的话，您的意思是……”这种讨论方式有利于与顾客进行下一步的交流，也便于顾客接受营销人员的观点。要注意选择可称赞的地方，友善地给顾客以鼓励。

（4）谨慎回答，保持沉着。对顾客要以诚相待，措辞要恰当、和缓，说话要留余地，不能信口开河，随意给顾客无法实现的承诺。

（5）尊重顾客，巧妙应对。无论什么时候，都不可轻视或忽视顾客提出的异议，也不可赤裸裸地予以反驳，否则顾客会成为天然的反对派。特别是对顾客知识上的匮乏和欠缺，不可直接指出，要避免伤害顾客的自尊心。

（6）准备撤退，保留后路。并非所有异议都可轻易解决，如果遇到实在无法解决的情况，应给自己留下后路，以待在以后能有新的合作。

五、顾客异议处理的程序

（1）顾客异议的积累。把每天遇到的顾客异议写下来，有可能的话把顾客异议处理的过程也积累下来。

（2）顾客异议的统计分析。定期将顾客的异议统计和分类并进行分析，找出顾客异议产生的根本点。

（3）形成处理顾客异议的对策。在分析顾客异议产生的原因基础之上，表现出对顾客的理解和同情，主要针对自己的言语和行动找出处理方法和对策。并对每次处理异议的过程、结果及对策效果进行总结，不断提高应对和处理客户异议的技巧。

（4）演练使用。在日后的顾客交谈过程中，运用总结方法，检验使用效果。

（5）总结修正，完善对策。在使用之后，马上找出处理顾客异议方法的不足，修正和完善处理对策，同时一定要针对自己的销售行为进行分析，修正自己的销售行为，尽可能减少因为自身原因产生顾客异议或影响顾客异议的处理。

处理顾客异议是营销人员必须掌握的一项营销技能，顾客异议是指顾客针对销售人员及其在销售中的各种活动所做出的一种反应，是顾客对推销产品、推销人员、推销方式和交易条件发出的怀疑、抱怨，提出的否定或反对意见。顾客异议有真有假，要学会辨别。营销人员要明确顾客异议处理时的仔细聆听、表示理解、及时回复等有关原则，按照一定的程序，灵活运用技巧处理顾客异议。在处理顾客异议技能的训练上，要养成记录和积累顾客异议的习惯，学会统计分析顾客异议，找出处理对策，并将其在实践的活动中反复使用和完善提高，最终练就良好的处理顾客异议的能力。

任务实施

餐饮营销人员的营销能力素质训练程序如图 13-2 所示。

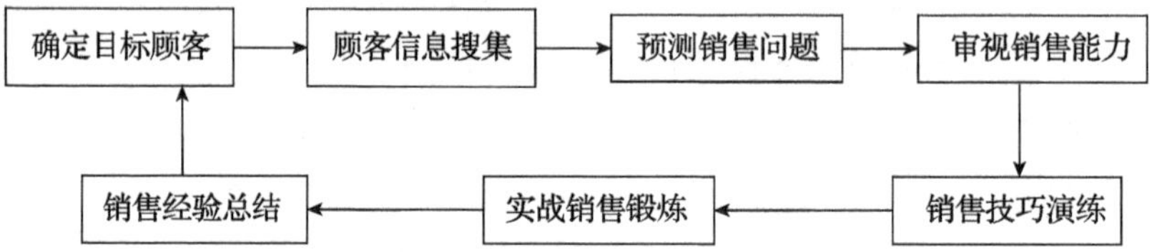

图 13-2　餐饮营销人员能力素质训练程序

一个成功的营销人员都要经历多次的实际销售后才能不断总结销售经验，提高销售技巧。而销售技巧的提高也不是简单的盲目销售活动的积累，而是按照一定的程序进行，从确定目标顾客到顾客信息收集，从预测销售过程中的困难到确定销售技巧，从销售技巧的模拟演练到实战销售，直至最后的经验总结和销售技巧提高，每一阶段都非常重要。

第一步：确定目标顾客。这是每次销售工作的开始，为销售技巧选择和运用明确了对象。顾客可以分为新顾客和老顾客，对于从潜在消费目标群体中确定目标顾客，收集每个顾客的基本信息十分必要，这些信息可以反映出顾客对产品的需求状况和对产品所持态度，从而营销人员可以判断顾客接受产品的难易程度等。通过逐个分析每个顾客的基本情况，选择较有可能营销成功的顾客作为目标顾客，这对刚从事餐饮营销工作的人员来说可以增强其营销信心和积极性。当然对于受挫能力比较强的营销人员来说，可以选择先从难度较大的顾客入手，锻炼营销心态的同时，增加销售谈判经验，从而提高营销能力。

第二步：目标顾客信息的搜集。此处的顾客信息是营销谈判具体对象的相关信息，营销人员要尽可能多地搜集营销谈判对象的一些个人信息，这些信息可以帮助营销人员选择合适的营销方式和手段。

第三步：预测销售问题。在掌握了营销对象的一些具体信息后，还要根据这些信息，推测出在营销谈判过程中要出现的问题，提前找出应对方法和处理对策。

第四步：审视销售能力。在销售谈判过程中可能营销人员会遇到很多难于处理的问题，但问题的处理结果因营销人员的营销能力素质的差异会有不同。营销人员要客观审视自身销售能力素质水平，找到短板。

第五步：销售演练。在拜访顾客之前可对推测出现的问题的处理进行模拟练习，在巩固和提高营销能力的同时对增强个人自信心大有裨益。销售人员在平时要利用一切机会有意地多与陌生人接触，锻炼提高应对拒绝和抵抗挫折的能力，培养积极乐观的心态，在与陌生人谈话过程中注意从对方的语言、行为、表情中，提高捕捉顾客信息的能力和谈话技巧。另外要注重不断学习各种对营销有利的知识，如行为心理学、销售语言等，为提高营销能力和素质奠定扎实的理论基础，也为提升个人魅力增加筹码。

第六步：实战销售锻炼。任何的演练都只能是虚假招式，实际销售才是真枪实干，实战销售是提升销售能力的关键。真正的销售过程需要营销人员根据顾客的情况对演练内容进行灵活变通。无论成败如何，关键是要把每次的销售看作是一次锻炼和提高的机会，从中吸取经验，为百分百的销售成功而不懈努力。

第七步：销售经验总结。对每一次的实战销售情况进行总结，一方面记录和完善顾客的信息，另一方面找出自己的优点和不足，从而明确下一个能力训练的目标，并力争在下一个训练循环过程中得到改善和提高。

任务总结

营销人员的营销能力是开展营销工作的必需条件，树立和保持正确的、良好的营销心态至关重要。首先要建立信心，积极开发新顾客；其次，正面看待失败；最后，要充分相信顾客需要自己的产品。有了正确的心态还要依靠营销人员的言行“征服”顾客，这需要营销人员善于运用谈话的技巧，体现对顾客的尊重，在轻松美好的气氛中与顾客进行交流，从顾客的语言和眼神、面部表情、手势动作、不经意的小动作等非语言沟通中捕捉顾客的信息，并注意体现个人基本素养和专业素养，充分发挥个人魅力，增添顾客对营销人员的信赖，促进销售成功。当然这些营销能力素质要依靠营销人员不断通过销售演练和实际营销活动锻炼、提高。

实训项目

目标

（1）掌握正确营销心态等营销基本能力素质的内容；

（2）掌握营销能力素质的训练程序和方法。

内容与要求

（1）进行销售情景模拟训练；

（2）以 3 ～ 5 人为小组，到校外人流较多的地带，小组成员每人对 6 ～ 10 名陌生人推销某类食品，并对每个人的营销能力做出评价。

组织与实施评价

（1）2 人为一组，每人将对方视为顾客，按照能力训练程序，进行模拟销售训练；

（2）在校外实训项目中小组成员中任何一名的销售行为都要在其他组员的观察下进行；

（3）每人在校内外实训项目结束后，对专业知识的运用情况进行分析，撰写项目实施分析总结报告。

评估指标及标准如下表所示。

表　餐饮营销能力素质训练评价评分表

被考评人			考评地点			
考评内容		考评标准	分值 / 分	自我评价 / 分	小组评价 / 分	实际得分 / 分
专业知识技能掌握	销售心态	掌握	10			
	谈话技巧	掌握	10			
	捕捉顾客信息	掌握	10			
	个人魅力	掌握	10			
	报告完成情况		20			
通用能力培养	学习态度	积极主动，不怕困难，勇于探索	15			
	团队分工合作	能融入集体，愿意接受任务并积极完成	15			
	道德自律	自觉遵守纪律，有责任心和荣誉感	10			
合计			100			

注：1. 实际得分 = 自我评价总分 ×40%+ 小组评价总分 ×60%。

2. 考评满分 100 分，59 分及以下为不及格，60—74 分为及格，75—84 分为良好，85 分及以上为优秀。

复习思考题

一、填空题

1. 捕捉顾客信息的途径有________和________。
2. 顾客异议有________、________和________三类。

二、选择题

1. 下列哪些是餐饮营销人员应具备的能力素质________。
   A. 正确的营销心态　B. 谈话技巧　C. 捕捉顾客信息能力　D. 个人魅力
2. 对谈话技巧说法不正确的是________。
   A. 不与顾客争辩　B. 不打断顾客谈话　C. 质问顾客　D. 说话直白
3. 发挥个人魅力的正确做法是________。
   A. 体现良好的个人基本素质　B. 显示自身的重要性
   C. 形成自己的处事风格　D. 建立个人影响力
4. 捕捉顾客信息的非语言途径包括________。
   A. 眼神　B. 表情　C. 行为举止　D. 谈吐

三、简答题

1. 如何树立正确的营销心态？
2. 什么是顾客异议，处理顾客异议的原则是什么？
3. 请简述处理顾客异议的程序。
4. 处理顾客异议的方法和技巧有哪些？

参考文献

[1] 马刚，李洪心，杨兴凯．客户关系管理 [M]. 大连：东北财经大学出版社，2008.

[2] 王晖，于岩平．旅游企业客户关系管理 [M]. 北京：旅游教育出版社，2005.

[3] 李光明，李伟萁．客户管理实务 [M]. 北京：清华大学出版社，2009.

[4] 杨沛霆．净雅的管理故事与哲理 [M]. 北京：机械工业出版社，2009.

[5] 戴桂宝．现代餐饮管理 [M]. 北京：北京大学出版社，2006.

[6] 陈云川．餐饮市场营销 [M]. 北京：高等教育出版社，2003.

[7] 赵西萍．旅游市场营销学——原理、方法、案例 [M]. 北京：科学出版社，2006.

[8] 王文华．市场营销学 [M]. 北京：中国物资出版社，2010.

[9] 李文柱．市场营销实务 [M]. 北京：机械工业出版社，2010.

[10] 何丽萍．餐饮服务与管理 [M]. 北京：北京理工大学出版社，2010.

[11] 梁东，刘建堤．市场营销学 [M]. 北京：清华大学出版社，2006.

[12] 严伟．旅游饭店市场营销 [M]. 上海：上海交通大学出版社，2003.

[13] 黄文波．餐饮管理 [M]. 北京：对外经济贸易大学出版社，2007.

[14] 陈云川，张洪刚．现代餐饮营销 [M]. 南京：东南大学出版社，2008.

[15] 秦永良．市场营销基本技能 [M]. 北京：中国劳动社会保障出版社，2010.

[16] 徐宝良，朱永松．餐饮营销管理细节 [M]. 北京：中国宇航出版社，2007.

[17] 杜向荣．服务营销理论与实务 [M]. 北京：清华大学出版社，北方交通大学出版社，2009.

[18] 刘红一．服务营销理论与实务 [M]. 北京：清华大学出版社，2009.

[19] 苗月新．市场营销学：理论与实务（第 2 版）[M]. 北京：清华大学出版社，2008.

[20] 乐盈．饭店餐饮管理 [M]. 重庆：重庆大学出版社，2002.

[21] 赵西萍．旅游市场营销学 [M]. 北京：高等教育出版社，2002.

[22] 田雅琳．酒店市场营销实务 [M]. 北京：人民邮电出版社，2010.

[23] 陈思．餐饮市场营销 [M]. 北京：旅游教育出版社，2014.

[24] 刘伟．餐饮行业微营销实战攻略 [M]. 北京：清华大学出版社，2018.

[25] 马开良．餐饮市场营销实务 [M]. 北京：高等教育出版社，2016.

[26] 杨勇，程绍珊．餐饮新营销 [M]. 天津：天津人民出版社，2019.

[27] 方辉．餐饮企业营销模式与活动策划 [M]. 广州：广东经济出版社有限公司，2016.